广视角·全方位·多品种

权威·前沿·原创

皮书系列为
"十二五"国家重点图书出版规划项目

中国餐饮产业发展报告
（2014）

ANNUAL REPORT ON CATERING INDUSTRY DEVELOPMENT
OF CHINA (2014)

主　编／邢　颖
执行主编／荆林波

图书在版编目(CIP)数据

中国餐饮产业发展报告. 2014/邢颖主编. —北京：社会科学文献出版社，2014.6
（餐饮产业蓝皮书）
ISBN 978-7-5097-6183-0

Ⅰ.①中… Ⅱ.①邢… Ⅲ.①饮食业-经济发展-研究报告-中国-2014 Ⅳ.①F719.3

中国版本图书馆CIP数据核字（2014）第127589号

餐饮产业蓝皮书
中国餐饮产业发展报告（2014）

主　　编／邢　颖
执行主编／荆林波

出 版 人／谢寿光
出 版 者／社会科学文献出版社
地　　址／北京市西城区北三环中路甲29号院3号楼华龙大厦
邮政编码／100029

责任部门／经济与管理出版中心（010）59367226　　责任编辑／王玉山　高雁　恽薇
电子信箱／caijingbu@ssap.cn　　责任校对／孙彪
项目统筹／周丽　王玉山　　责任印制／岳阳
经　　销／社会科学文献出版社市场营销中心（010）59367081　59367089
读者服务／读者服务中心（010）59367028

印　　装／北京季蜂印刷有限公司
开　　本／787mm×1092mm　1/16　　印　张／19.5
版　　次／2014年6月第1版　　字　数／314千字
印　　次／2014年6月第1次印刷
书　　号／ISBN 978-7-5097-6183-0
定　　价／69.00元

本书如有破损、缺页、装订错误，请与本社读者服务中心联系更换
△ 版权所有　翻印必究

餐饮产业蓝皮书编委会

顾　问　杨　柳

主　编　邢　颖

执行主编　荆林波

编　委　（以姓氏笔画为序）
　　　　　王雪峰　王喜庆　朱云龙　李　力　李明哲
　　　　　李惠中　邱国军　尚哈玲　赵文珂　赵京桥
　　　　　阎希娟

主要编撰者简介

杨 柳 女,回族,经济学博士,高级经济师,硕士生导师,现任宁夏回族自治区旅游局党组书记、局长,兼任世界中国烹饪联合会会长。主编餐饮管理专业系列教材,出版餐饮专著,主持多项省部级课题,在国家一级刊物发表多篇学术论文。获得第二届中国出版政府奖、全国商业科技进步一等奖等多个奖项。

邢 颖 现任中国全聚德(集团)股份有限公司董事、总经理,兼任世界中国烹饪联合会副会长、中国连锁经营协会副会长、中国商业经济学会副会长、中国公共关系协会常务副会长等职。曾获得"中国特许经营十年贡献奖"、第四届"北京青年企业家金奖"等奖项,获得"中国餐饮业年度十大人物"、"中国公共关系十大人物"等荣誉称号。曾担任高等教育自学考试餐饮管理专业《餐饮经济学导论》、《餐饮企业战略管理》教材主编。

荆林波 现任中国社会科学院中国社会科学评价中心专职副主任,博士生导师,曾任中国社会科学院财经战略研究院副院长,享受国务院特殊津贴专家,21世纪"百千万人才工程"国家级人选,获得"有突出贡献中青年专家"荣誉称号。商务部经贸政策咨询委员会委员,多个部委特聘专家、地方政府顾问和大学兼职教授。曾获得孙冶方经济科学奖、万典武商业经济学奖等多项奖励。社会兼职:世烹联国际饮食文化研究分会会长,APEC电子商务工商联盟专委会主任委员,中国市场学会常务副会长,中国物流学会副会长,中国商业经济学会副会长,全国高等院校贸易经济教学理事会副会长等。参与多项国家和部委的重大课题研究及重要文件起草,主持国家"十二五"规划子课题——《我国"十二五"文化产业发展规划》。

摘　要

《中国餐饮产业发展报告》自 2006 年起连续发布，注重对餐饮产业现状的分析和发展趋势的展望，直击产业发展的焦点和前沿问题，对于行业研究和企业发展具有重要的参考价值和借鉴意义。

《中国餐饮产业发展报告（2014）》分为总报告、产业发展篇、专题研究篇、企业案例篇、地区状况篇和国际篇六个部分。

总报告回顾了 2013 年中国餐饮产业的总体运行情况和产业运行特点，展望了 2014 年的发展趋势，并提出了餐饮企业转型升级需要关注的问题。产业发展篇重点分析了 2013 年餐饮市场的运行情况和餐饮产业在资本市场的发展情况。专题研究篇重点关注了餐饮行业商业保险的需求及采购模式、餐饮业中的乳品安全问题、中华面食文化的现代市场意义和餐饮业培训的现状。企业案例篇选取了业内具有代表性的企业：全聚德、北京宴、金百万和小南国，通过对其历史、现状的分析，总结其经验，希望能够对餐饮企业的发展提供可借鉴的范例。地区状况篇，选取北京、广东、上海、河南和宁夏五个省区市作为重点研究对象，它们涵盖了我国华北、华南、华东、华中和西北五个区域。国际篇以在华韩国餐饮企业以及李锦记和羲和国际为研究对象，总结其发展成功之道。

此外，本报告在附录部分列出了消费者权益保护、食品安全、食物与营养发展纲要等相关的政策法规或规范性文件，以供读者参考。

Abstract

The Annual Report on Catering Industry Development of China has been released every year since 2006, which concerns about analysis of current catering industry and its development tendency. It explicitly discusses the focus and forefront issues of industry development, has outstanding meaning for industry study and enterprise development.

The Annual Report on Catering Industry Development of China (2014) is divided into six parts: general report, industry development, special reports, enterprise cases, regional situations and international analysis.

The general report reviews Chinese catering industry's overall operation and industry operation characteristics in 2013, shows the trend of the development in 2014, and proposes issues that catering enterprises should focus on during transforming and upgrading. In the chapter of industry development, we provide a significant analysis of catering market operation in 2013 and the circumstance of catering industry in capital market. The special research focuses on the demand of the commercial insurance and purchasing pattern, the dairy safety issues at catering industry, modern market meaning of Chinese pasta dishes and the situation of catering industry training. In the chapter of enterprise cases, we select the industry representatives such as China Quanjude, Beijing Parade, Jinbaiwan and Shanghai Min, through the analysis of their history, present situation, summarize their experiences, hoping to provide reference to the development of catering enterprises. In the chapter of regional situations chapter, we select Beijing, Guangdong, Shanghai, Henan and Ningxia, totally five cities and autonomous region as main research subjects, which cover north China, south China, east China, central China and northwest China. For the chapter of international analysis, we select Korean catering enterprises in China, Lee Kum Kee and Xihe International as research subjects respectively, and summarize the secrets of success.

In addition, the report has provided the latest policies and regulations paper for readers reference, including the Modification of Law of the People's Republic of China on Protection of Consumers' Rights and Interests by Standing Committee of the National People's Congress, the notification of solicit public opinion about the People's Republic of China's food safety law (draft revision) published by State Council Legislative Affairs Office, the Development of Chinese Food and Nutrition Program (2014 – 2020) published by General Office of the State Council.

序

餐饮业是重要的民生产业,也是永恒的朝阳产业,经过改革开放30多年的发展,已从小到大,由弱变强,成为弘扬文化、促进就业、扩大消费的中坚力量。2013年的餐饮业在环境变化与成本上升的双重压力中艰难前行,全年实现餐饮收入25569亿元,同比增长9%,跌入23年来的历史低谷。餐饮业为摆脱困境,积极转变思路,不断创新探索。我们欣喜地看到,行业出现了一些积极变化。

行业增速稳步回升,转型成效初步显现。2014年1~4月,全国餐饮收入实现8482亿元,同比增长10.0%,限额以上单位餐饮收入实现2447亿元,同比增长2.0%,其中4月份餐饮收入增速和限额以上单位餐饮收入增速达到近16个月来的最高值,分别为10.7%和5.3%,餐饮业呈现出持续稳步回升的发展态势。

市场结构不断优化,产业创新持续深入。2013年一些高端餐饮陆续关转调停,以市场需求为导向的新兴大众化餐饮品牌不断出现,去除浮华、挤掉泡沫后的餐饮市场更加注重创新,研究消费需求、精准市场定位、便利快捷服务成为当前餐饮企业转型升级的重要选择。

内生动力日益提升,发展后劲逐渐增强。随着全面深化改革的推进,政府职能转变、经济体制改革不断释放企业活力,并购整合、品牌创新、跨界合作力度空前,信息技术、移动互联、大数据、微营销对餐饮业的渗透前所未有,行业O2O探索持续深入,团购、外卖外送、在线预订、电子支付风起云涌,不仅提高了企业经营效率,还为餐饮消费提供了便利。以大众消费为主导,以信息技术为支撑,以提质增效为核心的行业增长将更加健康、可持续。

与此同时,我们也要看到,中国目前正处在经济增长速度换档期、结构调整阵痛期、前期刺激政策消化期的关键阶段,面临着经济下行的风险与挑战,餐饮业也将深受影响。2014年是全面贯彻落实党的十八届三中全会精神的开局之年，也是深化改革的关键一年，公务消费压缩持续加强，成本上升压力不可逆转，餐饮业的转型升级时不我待、任重道远。幸运的是，我们有一批专家学者对餐饮业投入极大研究热情，他们本着实事求是、科学严谨的精神打造这本蓝皮书，提出很多负责任的、理性的、独立的问题思考，为行业发展贡献智慧和力量。希望业界和读者能从中找到有价值的研究数据、思路启发和决策参考。由于时间和能力所限，难免挂一漏万，不足之处恳请读者批评指正。

杨柳

2014年5月20日

目录

BⅠ 总报告

B.1 中国餐饮产业在转型中前行
——2013~2014年中国餐饮产业回顾与展望 ………… 荆林波 / 001

BⅡ 产业发展篇

B.2 2013年餐饮市场运行分析及2014年发展预测
………………………………………… 世界中国烹饪联合会 / 021
B.3 2013年中国餐饮产业与资本市场 ………………… 赵京桥 / 032

BⅢ 专题研究篇

B.4 餐饮行业商业保险需求及采购模式研究 ………… 曹 劼 / 047
B.5 餐饮业中的乳品安全问题探讨 …………………… 曹 成 / 066
B.6 中华面食文化的现代市场意义 …………………… 王喜庆 / 080
B.7 餐饮业培训的现状与综述 ………………………… 朱云龙 / 088

BⅣ 企业案例篇

B.8 全聚德——德文化铸造名品牌 …………………… 彭 程 / 101

B.9 北京宴：高端餐饮转型之道 …………………… 李 琳 韩忠芹 / 109
B.10 金百万：餐饮电子商务的典范 ……………… 马小清 曾 雷 / 118
B.11 小南国：中餐企业翘楚的发展创新之路 …………… 陈园园 / 129

BⅤ 地区状况篇

B.12 北京餐饮产业发展分析 …………………………… 谢岳峥 / 138
B.13 广东省餐饮产业发展报告 ………………… 李 力 余构雄 / 158
B.14 上海餐饮业的发展现状和趋势 …………………… 沈思明 / 169
B.15 河南餐饮行业的形势及发展 ……………………… 张海林 / 180
B.16 宁夏餐饮业发展情况分析 ………………… 李 军 庞子杰 / 191

BⅥ 国际篇

B.17 在华韩国餐饮企业发展分析 ……………………… 李明哲 / 202
B.18 传承与创新 铸就百年李锦记 …………………… 李锦记 / 222
B.19 浅谈餐饮企业国际化战略模式
——羲和国际餐饮机构竞争力研究
…………………………………… 张 勇 潘 旭 毋芳芳 / 233

BⅦ 附录

B.20 新消法 ……………………………………………………… / 243
B.21 食品安全法 ………………………………………………… / 255
B.22 国务院办公厅关于印发中国食物与营养发展
纲要（2014～2020年）的通知 …………………………… / 286

皮书数据库阅读使用指南

CONTENTS

B I General Report

B.1 Chinese Catering Industry Steps Forward During the Transformation
　　　　　　　　　　　　　　　　　　　　　　　　　　Jing Linbo / 001

B II Industry Development

B.2 Analysis of Catering Market Operation in 2013 and Development Forecast
　　in 2014　　　　　　　　　　　*World Association of Chinese Cuisine* / 021
B.3 Chinese Catering Industry and Capital Market, 2013
　　　　　　　　　　　　　　　　　　　　　　　　　　Zhao Jingqiao / 032

B III Special Research

B.4 Research on Commercial Insurance Demand and Purchasing
　　Patterns of Catering Industry　　　　　　　　　　　　*Cao Jie* / 047
B.5 The Discuss of Dairy Safety Issues in Catering Industry　　*Cao Cheng* / 066
B.6 Modern Market Meaning of Chinese Pasta Dishes　　*Wang Xiqing* / 080
B.7 The Current Status and Summary of the Catering Industry Training
　　　　　　　　　　　　　　　　　　　　　　　　　　Zhu Yunlong / 088

003

餐饮产业蓝皮书

₿ Ⅳ　Enterprise Cases

₿.8　Quanjude: "Virtue" Culture Casting a Famous Brand　　　*Peng Cheng* / 101

₿.9　The Beijing Parade: High-end Catering Enterprise Transformation
　　　　　　　　　　　　　　　　　　　　　　　Li Lin, Han Zhongqin / 109

₿.10　Jinbaiwan Restaurant: An Outstanding Model of E-commerce Catering
　　　　　　　　　　　　　　　　　　　　　　　Ma Xiaoqing, Zeng Lei / 118

₿.11　Shanghai Min: The China's Leader Catering Enterprise
　　　　　　　　　　　　　　　　　　　　　　　　Chen Yuanyaun / 129

₿ Ⅴ　Region Situations

₿.12　Analysis on the Development of Beijing Catering Industry
　　　　　　　　　　　　　　　　　　　　　　　　Xie Yuezheng / 138

₿.13　Guangdong Province Catering Industry Development Report
　　　　　　　　　　　　　　　　　　　　　　　Li Li, Yu Gouxiong / 158

₿.14　The Current Situation and Trends of Shanghai Catering Industry
　　　　　　　　　　　　　　　　　　　　　　　　Shen Siming / 169

₿.15　The Situation and Development of Henan Province Catering Industry
　　　　　　　　　　　　　　　　　　　　　　　　Zhang Hailin / 180

₿.16　Analysis on the Development of Ningxia Catering Industry
　　　　　　　　　　　　　　　　　　　　　　　Li Jun, Pang Zijie / 191

₿ Ⅵ　International Analysis

₿.17　An Analysis of the Development of Korean Catering Enterprises
　　　In China　　　　　　　　　　　　　　　　　　*Li Mingzhe* / 202

B.18 Inheritance and Innovation: Creating a Hundred-years Brand of
       Lee Kum Kee   *Lee Kum Kee* / 222

B.19 Brief Talk about Internationalization Strategic Modes of
       Catering Enterprises
                                    Zhang Yong, Pan Xu and Wu Fangfang / 233

B Ⅶ Appendix

B.20 The Modification of Law of the People's Republic of China on
       Protection of Consumers' Rights and Interests by Standing Committee
       of the National People's Congress   / 243

B.21 The Notification of Solicit Public Opinion about the People's Republic
       of China's Food Safety Law(Draft Revision) Published by State Council
       Legislative Affairs Office   / 255

B.22 The Development of Chinese Food and Nutrition Program(2014-2020)
       Published by General Office of the State Council.   / 286

总 报 告
General Report

中国餐饮产业在转型中前行
——2013~2014年中国餐饮产业回顾与展望

荆林波*

一 2013~2014年中国餐饮产业回顾

（一）总体运行情况

2013年和2014年是中国餐饮业的重要转型期。在政治、经济、社会、技术等多种因素影响下，2013年中国餐饮业面临巨大的增长压力，全年餐饮收入尽管保持了增长，达到了25392亿元，但增速进一步下滑至9.1%（见图1），这是自2010年以来，连续三年增速下滑，更是进入21世纪以来，中国餐饮业首次

---

* 荆林波，中国社会科学院中国社会科学评价中心专职副主任，博士，博士生导师，邮箱：jinglinbo@ sina. com。

增速低于10%。剔除价格因素影响后，2013年餐饮收入实际增长速度，比2012年大幅下降4.3个百分点，仅为4.1%（见图2）。

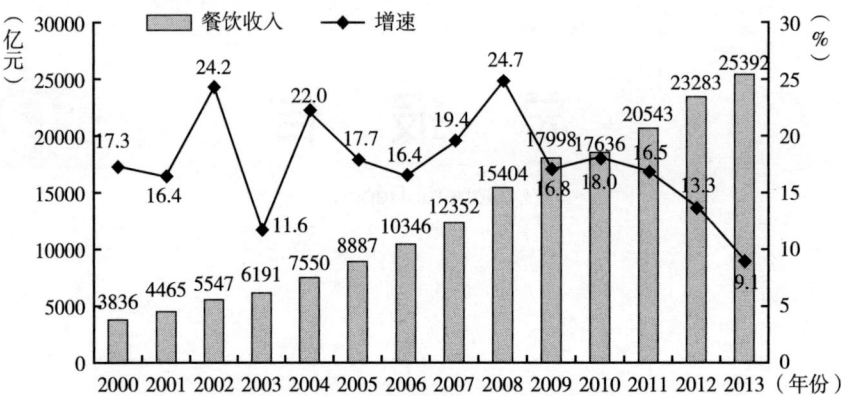

图1　中国餐饮业收入规模增长情况（2000~2013年）

注：国家统计局于2010年更改统计口径，2009年之前（包括2009年）数据为住宿与餐饮业零售总额，自2010年开始数据为餐饮收入统计数据。2010年增速为同口径增速。

资料来源：国家统计局，www.stats.gov.cn/。

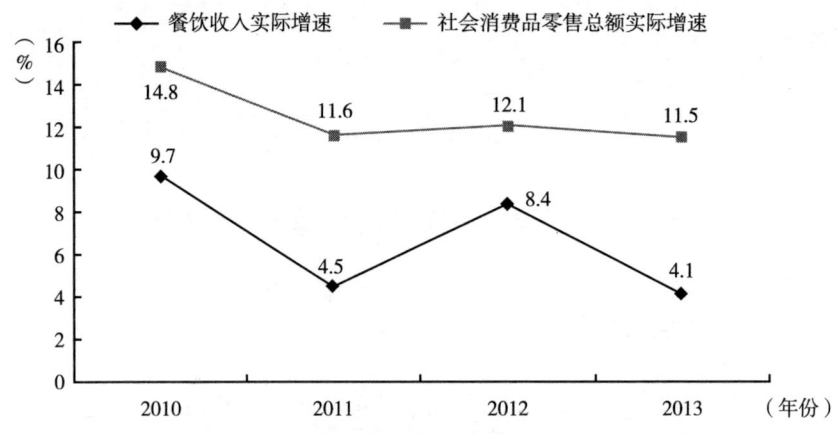

图2　中国社会消费品零售总额与餐饮收入实际增长速度

注：中国社会消费品零售总额实际增速为剔除商品零售价格指数影响，餐饮收入实际增速为剔除商品零售价格分类指数中的食品零售价格指数影响。

资料来源：国家统计局，www.stats.gov.cn/。

从限额以上餐饮企业来看，经济增长放缓、公务消费缩减、经营成本增长给限额以上餐饮企业带来了巨大的经营困难和转型压力。在经历了2011年的快速增长后,2012年和2013年增速快速回落。到2013年年底,限额以上餐饮企业餐饮收入为8180.7亿元,同比下降1.8%,占全国餐饮收入总额比重下滑至32.2%(见图3)。

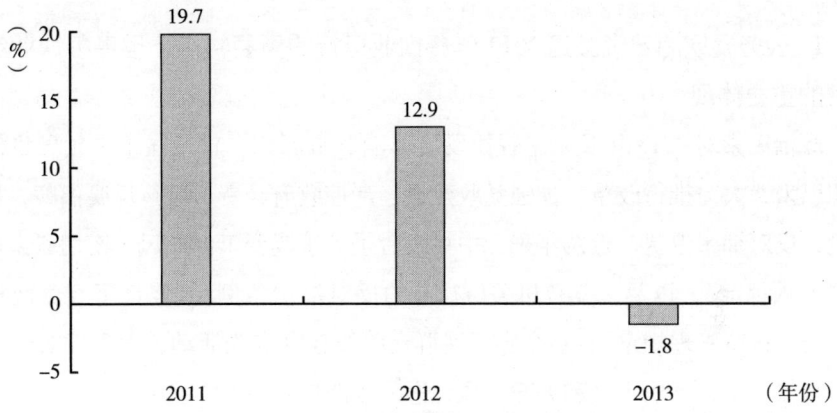

图3 限额以上餐饮企业餐饮收入同比增速

资料来源:国家统计局,www.stats.gov.cn/。

从社会消费品零售结构来看,由于餐饮收入增长放缓,连续四年增速低于社会消费品零售总额,餐饮收入比重已经从2010年的11.41%,逐年下降至2013年的10.83%(见图4)。这既反映了在中国消费升级的进程中,餐

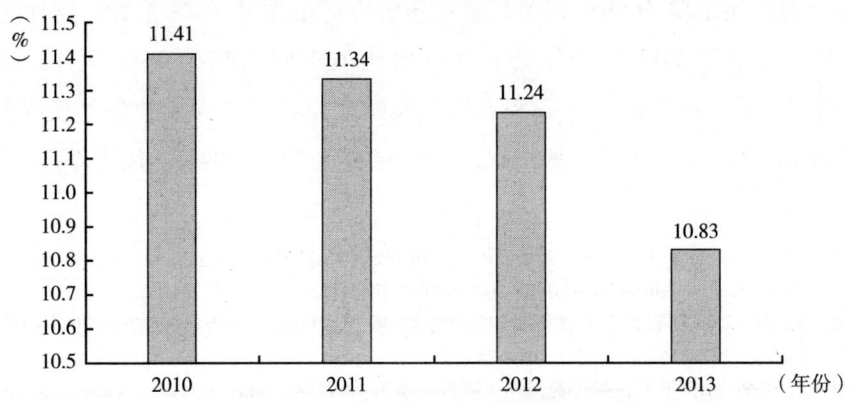

图4 餐饮收入占社会消费品零售总额比例

资料来源:国家统计局,www.stats.gov.cn/。

饮消费在整个消费结构中的调整,同时也反映了餐饮产业相对于其他商品零售发展面临更多挑战。

(二)产业运行特点

1. 公务餐饮消费锐减是2013年餐饮业运行的重要特点,也是餐饮业结构转型的重要体现

政治因素对2013年及未来餐饮发展影响非常深刻。新一届中央领导集体自履职以来,大力推行改革,加强党政建设,严控政府经费,厉行反腐倡廉,提倡节约,反对铺张浪费。近两年来,中央出台了关于改变工作作风、密切联系群众的"八项规定",以及《党政机关厉行节约反对浪费条例》,修订了《党政机关国内公务接待管理规定》;在全党开展群众路线教育实践活动,大力反对形式主义、官僚主义、享乐主义和奢靡之风,进一步严控"三公"经费。

中央各部门、地方政府贯彻落实中央八项规定和关于厉行节约的有关要求,规范公务接待活动,使得中央和地方公务接待费用都有较大比例下降。从部分已经公开的公务接待费用2013年预算执行情况和2014年预算来看,财政部公开的中央本级2013年公务接待费为12.09亿元,比预算减少2.25亿元,2014年公务接待费预算为10.48亿元[1],比2013年进一步缩减约1.6亿元;北京市2014年公务接待费预算比上年减少20.21%,为7500万元;山西省2013年省级公务接待经费同比下降46%[2],2014年公务接待费用预算1.28亿元,同比下降20.2%;辽宁省2013年全年公务接待费比上年同期减少0.31亿元,下降47.8%[3];浙江省2013年全省和省级公共财政预算拨款安排的公务接待费分别下降24.7%、35.3%[4];四川省2014年60个省级部门的公务接待费用预算也

---

[1] 《中央本级2013年"三公"经费预算执行和2014年预算安排情况》,http://yss.mof.gov.cn/zhengwuxinxi/caizhengshuju/201404/t20140418_1069112.html,2014-04-25。

[2] 《山西:2013年省级公务接待费用同比下降46%》,http://www.gov.cn/jrzg/2014-01/22/content_2573356.htm,2014-04-25。

[3] 《辽宁省2013年公务接待费同比下降近一半》,人民网,http://leaders.people.com.cn/n/2014/0126/c178291-24228758.html,2014-04-25。

[4] 《关于浙江省2013年全省和省级预算执行情况及2014年全省和省级预算草案的报告》,http://www.mof.gov.cn/zhuantihuigu/2014yshb/201402/t20140219_1044580.html,2014-04-25。

都有不同幅度的下降,等等。全国从中央到地方公务接待费用的执行情况和2014年预算情况都有不同程度的减少,对公务餐饮消费产生了直接影响。

受到八项规定等因素影响,全国不少高档餐饮在2013年面临经营困难乃至倒闭。从餐饮上市公司的数据来看,以经营高端餐饮为主的全聚德、湘鄂情、名轩控股、小南国都在营业收入和营业利润上出现不同程度的下滑(见表1),尤其是湘鄂情,2013年营业额仅有8亿元,比上年下降41.2%,营业亏损4.3亿元,下降498.1%,面临巨大的经营压力,在2013年餐饮百强中排名第61位,下跌24位。辽宁省公布的数据显示,辽宁省内18家以商务接待、公务消费为主的大型酒店、宾馆,公款消费收入下降超过80%。

表1 部分正餐上市公司2012~2013年经营数据

单位:亿元

	营业额			营业利润		
	2012年	2013年	2013年增速(%)	2012年	2013年	2013年增速(%)
全聚德	19.44	19.02	-2.2	2.10	1.7	-19.0
湘鄂情	13.60	8.00	-41.2	1.08	-4.3	-498.1
名轩控股	1.25	0.99	-20.8	0.098	-0.26	-367.9
小南国	13.32	13.86	4.1	1.52	0.06	-96.2

资料来源:根据全聚德、湘鄂情年报及谷歌财经提供数据整理。

还有一些高档会所在行政干预下停业,按照中央纪委、中央教育实践活动领导小组发出的《关于在党的群众路线教育实践活动中严肃整治"会所中的歪风"的通知》精神,各地针对高档会所开展了专项整治行动。比如,杭州市通过"三还于民"(还湖于民、还园于民、还景于民)的专项整治行动,已经关停了西湖景区30家高档经营场所①,西溪湿地、湘湖、千岛湖景区也开始整治行动,部分高端会所已经被关停;北京市排查了公园文物内37家私人会所和高档娱乐场所,已经有6家场所关闭或正在清退,11家停业整顿②。

---

① 《杭州西湖30家会所被关停续:29家不得再设餐饮》,人民网,http://politics.people.com.cn/n/2014/0425/c1001-24941394.html,2014-04-25。
② 《北京整治37家公园文物内会所6家关闭11家停业》,人民网,http://politics.people.com.cn/n/2014/0228/c14562-24491191.html,2014-04-25。

这一系列的"规定"、"禁令"、"条例"和各种"整治行动"以及来自中央和群众的广泛监督,对以公务消费、高端消费为主的大型餐饮企业带来了严重打击,同时也遏制了餐饮消费的铺张浪费,直接加速了餐饮产业的结构转型。

2. 大众化餐饮消费成为市场发展主流

在公务消费及高档餐饮消费市场受到深刻影响的同时,大众化餐饮消费市场依然保持了较快速度增长,成为中国餐饮业增长的重要动力。以大众化餐饮消费为主要目标市场的限额以下餐饮企业,2013年餐饮收入达到了17211.2亿元,同比增长达15%,远远超过全国餐饮产业收入增长平均水平。

从2013年餐饮企业百强经营来看,以大众化餐饮消费为主要目标市场的餐饮企业其经营表现总体更好[①],以海底捞、佳客来、真功夫、黄记煌、呷哺呷哺、大娘水饺、西贝餐饮、乡村基、眉州东坡、豪享来、外婆家、包天下等为代表的企业在百强中都呈现较快的上升趋势,其中海底捞迅速从2012年百强第9位攀升至第3位,显示了强劲的增长势头。代表公务、高端消费的全聚德在2013年退出了餐饮十强,从而使得大众化餐饮企业完全占据了十强位置(见表2)。

表2 2013年餐饮十强

1	百胜餐饮集团中国事业部
2	天津顶巧餐饮服务咨询有限公司
3	四川海底捞餐饮股份有限公司
4	香港稻香集团
5	河北千喜鹤饮食股份有限公司
6	内蒙古小尾羊餐饮连锁有限公司
7	浙江两岸食品连锁有限公司
8	重庆市毛哥食品开发有限公司
9	重庆刘一手餐饮管理有限公司
10	福州佳客来餐饮连锁有限公司

资料来源:《2013年全国餐饮百强名单发布及餐饮百强分析报告》,http://www.foodaily.com/market/show.php?itemid=8004,2014-04-25。

---

① 《2013年全国餐饮百强名单发布及餐饮百强分析报告》,http://www.foodaily.com/market/show.php?itemid=8004,2014-04-25。

大众化餐饮的高速发展和巨大发展潜力使得陷入经营困境的高端餐饮纷纷向大众化餐饮转型。一方面，高端餐饮通过推出平价菜单，或者通过大力度促销，获得大众化消费市场。比如全聚德推出平价烤鸭自助、平价外卖；顺峰餐饮通过电子商务团购方式吸引消费者。这种"平民化"方式尽管在短期内可以增加营业额，但长期来看，可能会使企业失去高端客户，同时中低端市场也无法获得牢固的市场份额。另一方面，高端餐饮企业通过新设或者收购方式，经营大众化餐饮业态，比如湘鄂情通过收购进入快餐市场和团餐市场；净雅开始经营火锅业态来迎合大众需求；金鼎轩开设小吃连锁店，吸引大众消费者。从私募基金的投资动向来看，定位于大众消费市场的餐饮企业是投资重点，在近两年公开的为数不多的餐饮私募投资项目中，德州扒鸡、呷哺呷哺、安徽老乡鸡都是典型的大众化餐饮企业。

3. 文化主题餐饮消费不断涌现

餐饮业具有浓厚的文化底蕴。全球化进程的不断深入，加速了世界各国餐饮文化的交流和传播，特别是各类影视作品的广泛传播，引发了诸多文化主题餐饮消费热潮，使得消费者在体验不同美食的同时也在体验不同的文化。

2014年，在中国热播的韩国电视连续剧《来自星星的你》中，剧中女主角热衷的美食——啤酒加炸鸡，引起了中国粉丝对韩式美食"啤酒加炸鸡"的狂热追捧。不仅仅是韩餐，日式料理、泰式料理、法餐等各式西餐已经成为中国消费者体验不同餐饮文化的重要消费选择。

而中国消费者最为偏好的依然是具有悠久历史的中国餐饮文化。2012年，7集纪录片《舌尖上的中国》以精美的画面，展现了具有深厚中国文化的食材、烹饪技艺、美食、饮食习俗，引起了全国性的对中国传统餐饮文化的消费热潮，迅速激发了餐饮消费者对纪录片中的美食的追捧。而在2014年播出的《舌尖上的中国》第二季，通过《脚步》《心传》《时节》《家常》《秘境》《相逢》《三餐》七个主题继续讲述中国美食文化，再次激发了中国传统餐饮文化的消费热潮。

4. 互联网与餐饮消费结合更为紧密

随着我国互联网的快速发展，特别是基于互联网的电子商务应用不断普及和深入，网络消费成为中国消费市场的重要特征，2013年，全国网购人数达到了3.02亿人，网购渗透率达到了48.9%，网络零售超过1.8万亿元，占社会消费品零售总额的8%。但餐饮产业作为传统服务业，由于其产品特征和服务特性，与互联网的结合在过去一直比较松散，电子商务应用比较落后。

在智能移动终端、移动互联网、基于位置服务技术（LBS）以及社交网络（SNS）的迅速发展后，互联网餐饮服务模式发展迎来了巨大的空间，互联网与餐饮消费的结合已经从最初的松散型模式向更加紧密的融合模式快速发展，从量变向质变发展，已经从最初的网页展示、网络订餐服务、网络团购等市场营销和销售互联网化，向具有互联网特征的餐饮企业流程、战略和组织层面发展（见图5）。

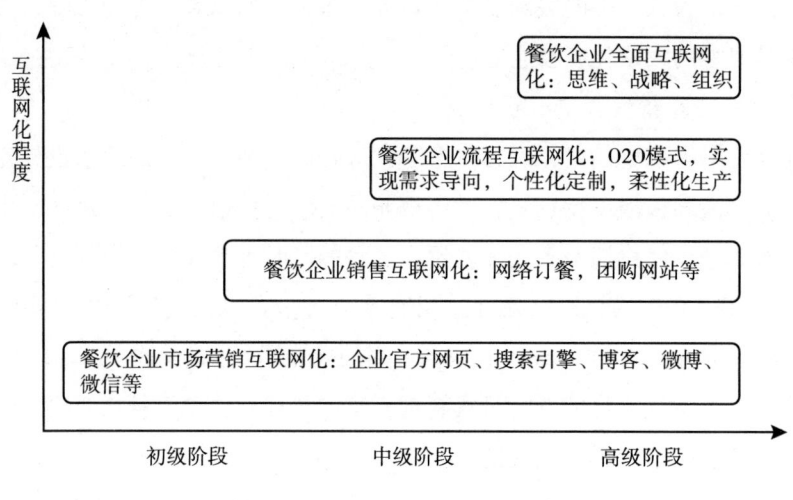

图5 餐饮企业与互联网融合发展

在过去的几年中，互联网餐饮服务发展可以归结为三种路径：

第一种是以大众点评网为典型代表的综合性第三方消费评价平台。随着移动互联网的发展，这类第三方消费评价平台与团购、社交网络、移动应用、位置服务（LBS）结合，为消费者提供商户信息、优惠信息、评价信息等信息服务，已经成为消费者搜索和选择餐饮服务重要的综合餐饮服务平台。

第二种是餐饮O2O模式，提供点餐和送餐等服务。餐饮O2O模式又可分为自营模式和平台模式。自营模式是指餐饮企业基于自身业务开发的互联网餐饮服务。丽华快餐是中国较早实现互联网订餐和送餐服务的餐饮企业，目前全国性的自营O2O餐饮服务已经有丽华快餐、麦当劳、肯德基、海底捞、金百万、湘鄂情等。还有不少餐饮企业在开发自身的O2O服务平台,以更加便捷地为消费者提供用餐环境、促销信息、订餐、送餐等服务(见表3)。

表3 主要餐饮O2O服务平台

名称	服务区域
饭统网(于2014年4月底关闭)	全国性
订餐小秘书	全国性
淘点点	全国性
外卖库	全国性
豆麦网	全国性
到家美食会	北京、上海、杭州
易淘食	北京、上海等7个城市
饿了么	北京、上海等27个城市
美餐网	北京、上海、广州、天津等
外卖网	北京、上海
锦食送	北京
随点外卖	深圳
点我吧	杭州
外卖超人	上海、宁波、南京
叫饭	深圳

资料来源:根据各餐饮服务平台整理。

平台模式是指为多个餐饮企业提供开放式互联网餐饮服务平台,并依托平台提供商户信息、优惠信息、订餐、送餐、团购等互联网餐饮服务。餐饮服务平台在近几年发展迅速,已经形成了订餐小秘书、到家美食会、淘点点、易淘食、饿了么、美餐网等诸多全国性和区域性的互联网餐饮服务平台。部分发展较好的平台受到了风险投资的重点关注。比如,到家美食会已经完成了第三轮融资,饿了么获得了2500万美元的投资,易淘食获得了600万美元的融资。相对于过去的互联网餐饮服务平台,新兴餐饮O2O平台基本都具有移动应用和位置服务的功能,消费者可以随时随地通过互联网了解周边餐饮门店情况,进行在线点菜,享受美食。

在餐饮O2O平台发展如火如荼的同时,作为最早进入互联网订餐服务领域的平台——饭统网却在2014年4月底突然倒闭。成立于2003年的饭统网,经过十年发展,已经成为中国最大的互联网餐饮服务平台之一,但其在商业模式创新上的落后,内部管理的失败,技术路线的错误,最终导致资金链断裂,公司无法持续经营。饭统网倒闭对当前餐饮O2O平台发展的启示在于:①要紧跟技术发展趋势,特别是移动应用、位置服务、大数据技术等在餐饮服务中的应用,局限于传统网页服务的模式必定要失败;②要形成可持续的盈利模式,风险投资的进入可以支持企业做大,获得更多市场份额,但如果没有可持续的盈利模式,长期烧钱经营必定会对资金造成很大压力;③要积极探索服务创新,服务同质化是当前互联网餐饮服务平台的重要特点,服务创新是企业获得核心竞争力的重要途径。

第三种是利用互联网思维经营餐饮业。互联网思维正在引起所有人的思考。从百度的关键词热度变化,可以看到在2011年、2012年,互联网思维并没有引起人们的关注,以李彦宏、雷军、马化腾为代表的互联网企业领军人物曾在公开场合提出互联网思维,但并没有引起足够的关注。随着以阿里巴巴、腾讯、百度、小米等为代表的互联网企业的快速成长,对传统企业产生了巨大冲击,互联网思维从2013年下半年,尤其是10月份开始,热度迅速上升,成为关注焦点(见图6)。

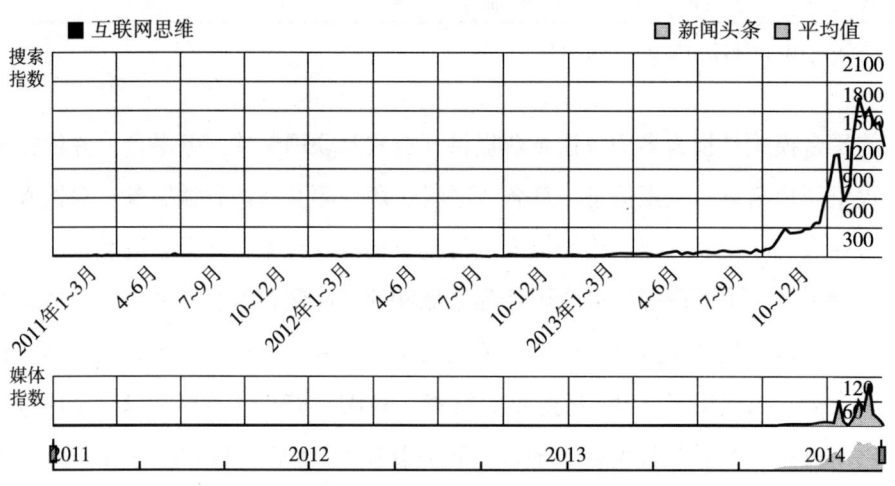

图6 百度关键词热度指数:互联网思维

注:截至2014年3月24日。

餐饮产业作为最为传统的服务业，其经营环境也在迅速互联网化，尤其是消费者的互联网化，要求餐饮产业也要加速互联网化，只有这样才能适应环境的变化。雕爷牛腩在2013年取得的巨大成功就是充分利用了互联网思维经营餐饮业。一个从事互联网化妆品业的餐饮行外创业者跨界创业，却利用互联网思维颠覆了餐饮业的传统经营方式。精简的产品线，极致的产品，持续的创新，快速的口碑传递，以及互联网式营销使得雕爷牛腩获得了快速的成功，开业两个月凭两家门店便获得了6000万元的风险投资，估值超过4亿元。

5. 明星投资成为餐饮业的重要投资主体

2013年餐饮业尽管面临转型的阵痛，却依然有新投资群体不断加入，尤其是明星投资。由于餐饮业具有相对较低的进入门槛，因此餐饮业往往是明星投资的首选产业。通过明星的"粉丝经济"往往能带来较好的投资回报。冯小刚、葛优、那英、何炅、杜海涛、吴昕、李湘、高圆圆、任泉、李冰冰、黄晓明、印小天、郭德纲、范冰冰、钟汉良、杨乐乐、徐熙娣、谢娜等众多明星都已经投资餐饮业（见附表1）。

在众多明星进入餐饮业的同时，也有不少明星投资餐饮业失败的案例。如果没有专业的餐饮业管理和经营团队，仅仅依托"粉丝经济"带来的人气，往往只是昙花一现。郭德纲的郭家菜、孙楠的都太餐厅等在经历了短暂的火爆后，都已经歇业。

二 中国餐饮产业展望

中国餐饮产业正在转型中前行。尽管在2013年遇到前所未有的压力，但从2014年第一季度数据来看，中国餐饮产业增长有回升的趋势：第一季度餐饮收入6464.8亿元，同比增长9.8%，高于2013年第一季度增长速度；限额以上餐饮企业收入1866.0亿元，已经恢复增长1%，其中三月份收入612.7亿元，同比增长4.2%（见图7）。处于调整期的中国餐饮业虽然无法保持过去的高速增长，但餐饮业作为中国扩大消费的重要产业，在经济增长、居民收入增长、消费升级、城镇化发展的长期利好因素下，增长空间依然广阔；在产业积极转型升级中，未来餐饮业将会保持稳定增长的态势。

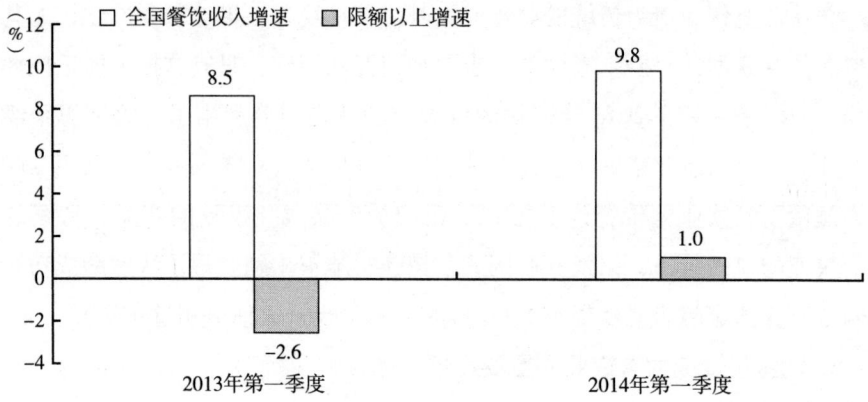

图7 中国餐饮业第一季度收入数据

资料来源：国家统计局月度数据。

（一）中国经济保持稳定增长

中国经济正处于重要的结构调整时期，增长速度已经告别了过去两位数的高速增长，从2012年开始进入7%~8%的波动区间。2013年实现国内生产总值568845亿元，比上年增长7.7%（见图8）。2014年，中国经济有望继续保持7.5%~7.7%的增长速度（见表4），实现国内生产总值突破10万亿美元。

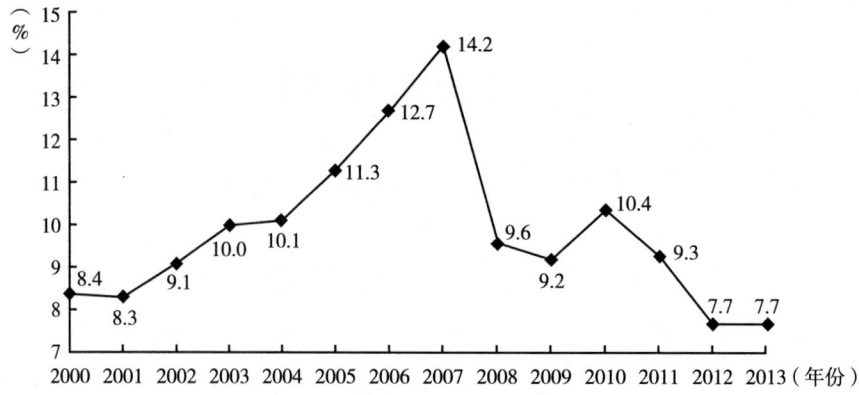

图8 中国国内生产总值增速

资料来源：国家统计局年度数据统计。

表4　主要机构对中国2014年经济增长预测

单位：%

预测机构	2014年增长速度	预测机构	2014年增长速度
中国社科院	7.5	IMF《世界经济展望报告》	7.5
中国科学院	7.6	世界银行《全球经济展望》	7.7

资料来源：根据四家机构发布报告整理。

从中国中长期经济增长来看，保持持续稳定合理的增长速度依然可以期待。首先从中国经济工作来看，中共十八大提出了到2020年国内生产总值翻一番的目标，因此尽管经济工作更加重视经济增长质量的提高，但保持经济持续稳定合理的增长依然是国家宏观经济政策的首要目标。其次从经济增长动力来看，一是中国拥有巨大的国内市场，围绕以扩大内需，特别是扩大消费需求为中心的宏观经济政策正在调整中国经济增长动力结构；二是新一届领导集体大力推行政治、经济体制改革，进一步处理好市场与政府的关系，制度变革将会改善市场效率，为未来经济增长带来改革红利。餐饮业作为推动中国消费增长的重要产业之一，也会受益于宏观经济政策和整体经济增长，在未来保持稳定增长。

（二）居民收入稳定增长

到2020年实现城乡居民人均收入比2010年翻一番是中共十八大报告中首次把量化居民人均收入作为发展目标，体现出党和国家在未来经济工作中对收入分配、民生改善的重视。

"十二五"期间，中国城镇居民家庭人均可支配收入和农村居民家庭人均纯收入实现了快速增长，高于同期国内生产总值增长速度。2013年，城镇居民人均可支配收入和农村居民家庭人均纯收入分别达到了26955元和8896元，同比增长9.7%和12.4%（见图9、图10）。

在居民人均可支配收入快速增长的同时，城镇居民的恩格尔系数较为稳定，2013年为35，较2012年下降1.2，并没有出现大幅下降趋势，从2005年开始稳定在35~37的区间内，这意味着城镇居民在食品上的支出保持了较快增长（见图11）。从农村地区来看，尽管恩格尔系数呈现持续下降趋势，体现

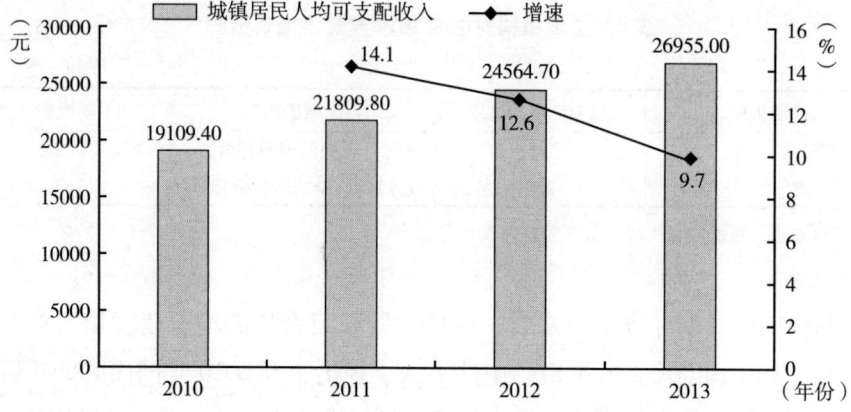

图9　中国城镇居民家庭人均可支配收入

资料来源：国家统计局年度数据及《2013年国民经济和社会发展统计公报》。

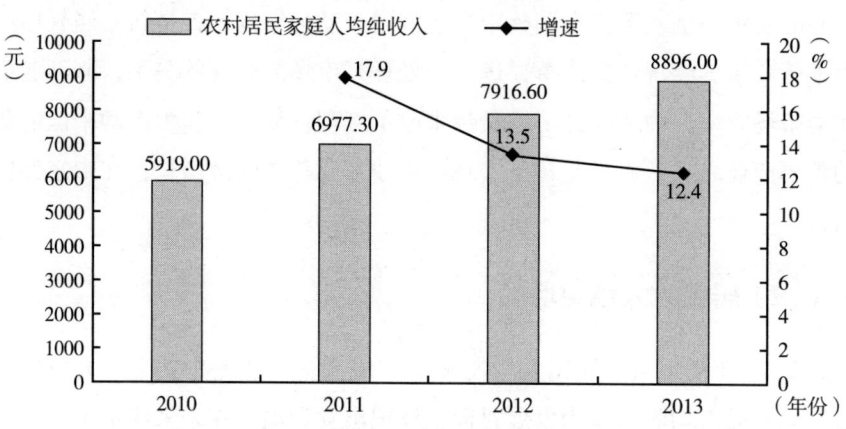

图10　中国农村居民家庭人均纯收入

资料来源：国家统计局年度数据及《2013年国民经济和社会发展统计公报》。

出食品支出在农村消费结构中的下降，但农村地区消费支出的快速增长，使得农村地区食品支出增长依然可以保持较快速度（见图12）。

（三）消费观念变化导致外出就餐增长

随着收入的快速增长，中国居民餐饮消费习惯发生了转变，外出就餐的倾向提高，餐饮消费从过节、宴请逐渐向日常生活饮食消费转变，对社会化、大

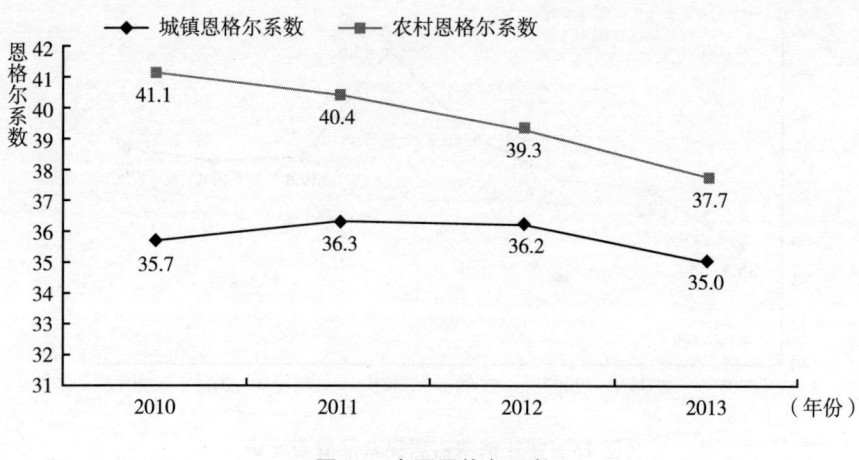

图11　中国恩格尔系数

资料来源：国家统计局。

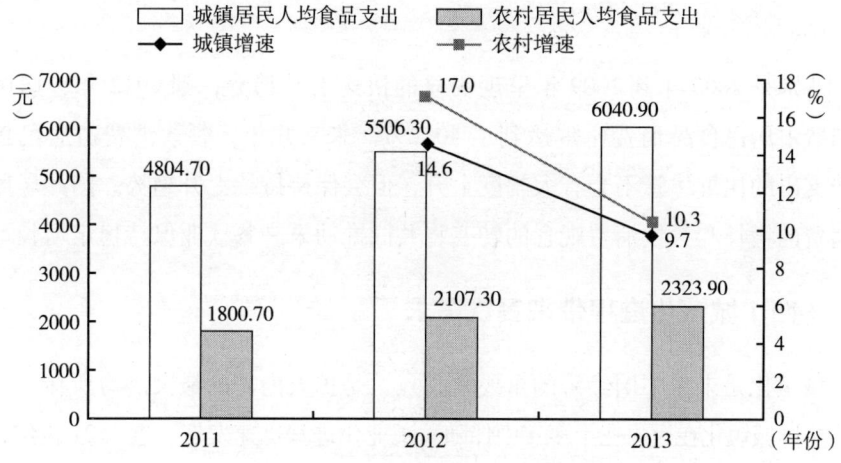

图12　中国城镇和农村居民食品支出

资料来源：国家统计局。

众化餐饮的需求大幅增长。一方面，收入的提高，推动居民倾向于购买社会化餐饮服务，把制作日常饮食时间用于更高效率的工作，以获得更多收入；另一方面，居民收入水平的提高，对餐饮品质和多元化饮食体验提出了更高要求，自我服务已经无法满足餐饮消费需求。

从图13可以看出，我国居民食品消费支出中，餐饮消费比重呈现上升趋

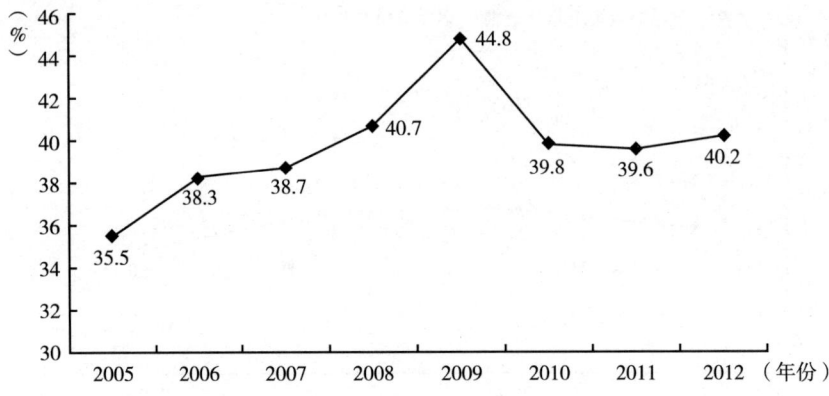

图 13　餐饮消费占居民食品消费比重

注：国家统计局统计餐饮业的口径在 2010 年发生变化，导致 2010 年和 2009 年相比，餐饮消费比重有大幅下降，但这并不影响对 2005~2009 年，以及 2010~2012 年的趋势判断。

资料来源：根据国家统计局数据计算。

势，特别是 2005 年到 2009 年呈现明显的快速上升趋势；到 2012 年，居民餐饮消费占居民食品消费比重达到了 40.2%。未来几年，餐饮消费占居民食品消费支出的比重尽管不会有大幅度上升，但会保持持续上升趋势。因此居民食品消费的增长和餐饮消费观念的转变将共同推动未来餐饮业保持稳定增长。

（四）城镇化进程带来餐饮需求

城镇化是未来中国经济的重要增长点，是扩大内需的最大潜力所在。

中国城镇化在过去三十多年中伴随着工业化进程迅速发展。进入 21 世纪，中国城镇化率保持每年约 1 个百分点的速度上升；到 2013 年，城镇常住人口为 73111 万人，城镇化率达到了 53.7%，比 2012 年提高 1.1 个百分点[1]（见图 14）。

城镇化的快速推进导致了城镇化质量不高，大量进入城镇务工的农民并没有成为市民。按照中国城镇的非农户口统计，城镇化率仅为 35%；如果按照进城务工农民 40% 的市民转化率[2]，我国城镇化率实际约为 42.48%。进一步

---

[1] 国家统计局：《2013 年国民经济和社会发展统计公报》，2014 年 2 月 24 日。
[2] 潘家华、魏后凯主编《城市蓝皮书：中国城市发展报告 NO.5》，社会科学文献出版社，2012 年 8 月。

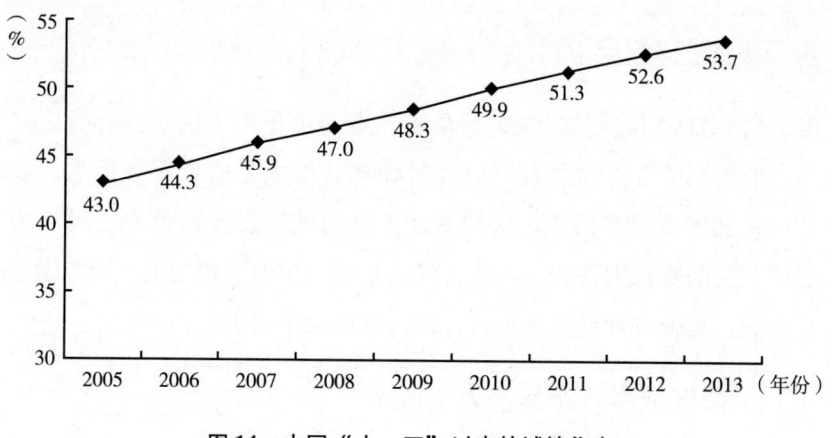

图14 中国"十一五"以来的城镇化率

资料来源：国家统计局。

提高城镇化质量，提高农民进城后的市民化水平是未来经济工作的重点之一。

无论是城镇化规模的继续扩大，还是城镇化质量的不断提升，都将会带来大量社会化餐饮需求。

综合上述四大因素，当前餐饮业面临的挑战仅仅是长期发展中的短期波动；未来中国餐饮业发展依然具有广阔的空间，也将会保持稳定、持续的增长。

三 小结

处于转型期的中国餐饮业，危机与机遇并存。对餐饮企业来说，危机孕育着重要的战略机遇。抓住机遇，在危机中更快更好地实现转型，将给餐饮企业未来发展打开巨大空间。因此，对餐饮企业来说，在转型升级的发展道路上，要注意以下五个方面的问题。

（一）精准定位

互联网的发展使得传统的市场细分方式发生了巨大变化，消费者按照不同的兴趣点、价值观等标签重新组合，市场更加细分。这要求餐饮企业尽快适应消费群体的变化，做好企业产品和服务的精准定位。过去追求菜品多而全的经营方式使得市场定位模糊，适合所有人消费的定位反而会失去市场。

（二）关注 O2O

电子商务 O2O 模式的发展，推动餐饮业与电子商务的迅速融合。基于移动应用、位置服务等，消费者可以随时随地获取大量餐饮服务信息，并通过 O2O 模式快速进行餐饮消费。这种餐饮消费前的信息搜索行为已经成为餐饮消费者的重要消费行为特点。因此，餐饮企业一定要加快与电子商务融合，根据自身特点，选择自营或者与平台合作，发展电子商务。

（三）降低成本，尤其是人工成本

餐饮业成本上升的趋势在 2012 年和 2013 年得到延续，租金成本、原材料成本和人工成本一起上涨，未来也将继续上升，这给餐饮业经营带来很大压力。从门店租金来看，随着城镇化发展，城市中心商业地产的租金呈现普遍上涨趋势。从原材料成本来看，尽管 2012 年和 2013 年居民消费价格指数回落，但食品类消费价格上涨是居民消费价格指数上涨的最主要推动力，也是上涨最快的。从人工成本来看，中国劳动力成本上升趋势是不可逆的，自 2012 年起，中国劳动力总量出现负增长，过去推动经济增长的人口"红利"将逐渐枯竭。餐饮业是劳动密集型产业，将会长期面临招工难和招工贵的问题。因此，餐饮企业一方面要提高企业信息化水平、加强供应链管理和人力资源管理，以此来控制成本增长，一定规模以上的餐饮企业可以通过积极应用中央厨房来节约人工成本，或通过外包非核心餐饮流程来提高核心餐饮流程的效率。

另一方面，餐饮企业要积极通过树立品牌，提高产品、服务质量，加快产品和服务创新，额外的增值服务等方式，提高自身的议价能力，抵御成本上升的压力。

（四）与资本的对接，要量力而行

资本是一把双刃剑，它既可以帮助餐饮企业完善管理，迅速扩大规模，实现快速成长，同时资本也会与管理层、公司发展目标发生摩擦，甚至影响餐饮企业存亡。在过去几年，中国餐饮企业获得了很多风险投资，然而在 IPO 政策、餐饮经营环境发生巨大变化后，风险投资的逐利目标与餐饮企业的发展目标会发生摩擦，进而影响餐饮企业的发展。

因此，餐饮企业与资本的对接，一定要量力而行，一定要根据企业自身发展战略和自身能力制订适合的融资计划。

（五）关注顾客体验

顾客体验在互联网时代的重要性更加突出。微博、微信等自媒体、社交圈的快速发展，使得顾客体验会迅速传播。小小的顾客好评可能会带来巨大的口碑传递效应，树立良好的品牌，比如海底捞的极致顾客体验，曾在微博中广泛传播；而不经意的顾客差评可能会像病毒一样感染很多消费群体，导致企业失去市场。此外，餐饮企业应重视每一位顾客体验，根据顾客的体验和提出的改进意见，不断进行微改进，让顾客不断地获得体验的提升。

参考文献

1. 国家统计局网站（http://www.stats.gov.cn/），以及各省市统计局网站。
2. 中国烹饪协会网站，www.ccas.com.cn。
3. 国家统计局：《中国统计年鉴》，1999～2013年。
4. 杨柳主编《2006中国餐饮产业运行报告》，湖南科学技术出版社，2006年10月。
5. 杨柳主编《2007中国餐饮产业运行报告》，湖南科学技术出版社，2007年10月。
6. 杨柳主编《2008中国餐饮产业运行报告》，湖南科学技术出版社，2008年10月。
7. 杨柳主编《2009中国餐饮产业发展报告》，社会科学文献出版社，2009年6月。
8. 杨柳主编《2010中国餐饮产业发展报告》，社会科学文献出版社，2010年6月。
9. 杨柳主编《2011中国餐饮产业发展报告》，社会科学文献出版社，2011年6月。
10. 杨柳主编《2012中国餐饮产业发展报告》，社会科学文献出版社，2012年6月。
11. 杨柳主编《2013中国餐饮产业发展报告》，社会科学文献出版社，2013年6月。

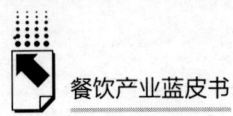

附表1 部分已经公开的明星餐厅

餐厅名称	投资明星	现状
热辣壹号	任泉、李冰冰、黄晓明	
蜀地传说、北京香天下	任泉	
宁记火锅	舒淇、陈小春、徐静蕾、王晶、杨恭如、秦海璐等	
重庆菜馆	印小天	
蜜桃餐厅	高圆圆	
平安天悦	孙悦	
不见不散	冯小刚、葛优	
厨房88	梁朝伟、刘嘉玲	上海店歇业
岳阳菜馆	那英	
柠檬叶子	吴奇隆	歇业
为人民服务	高明骏	
茶马古道	方力钧	
锦衣玉食	郑钧	
梅花饺子馆	韩庚	暂时歇业
都太国际连锁海鲜寿司自助	孙楠	停业
郭家菜	郭德纲	停业
MS SUGAR	小S、谢娜	
央金玛	韩红	停业
金泉肥牛	王刚	
湘园食屋	田震	已转让
筷乐无限、海吃海喝自助餐厅、得屋	杜海涛	
泰子椰	吴昕	
Fount上海新日料	胡歌	
烹大师涮涮锅达人、Steak Mastet	曾志伟	
非常越	孙兴、孟广美、胡东	
锅比盆大	寇世勋	
辣府	丁晓峰	
老灶店	林栋甫	
齐辣	齐秦、齐豫、齐鲁	
三千院	张信哲	停业

资料来源：根据互联网公开资料整理。

产业发展篇

Industry Development

B.2 2013年餐饮市场运行分析及2014年发展预测

世界中国烹饪联合会

摘　要：

2013年，世界经济缓慢复苏，中国经济稳中向好。受宏观经济、政策环境、市场导向等多重因素的影响，2013年的餐饮业备受考验与挑战。本文在分析2013年世界与中国政治经济形势的基础上，提出餐饮市场正处于产业增长换档期、结构调整阵痛期、O2O应用爆发期、经营管理规范期的基本判断，并对此进行了详细阐释，同时对2014年餐饮市场发展做出预测。

关键词：

餐饮　市场运行　分析预测

一 2013年的世界与中国

2013年世界经济呈现缓慢复苏态势，国际金融危机的后续效应依然存在。一年来，全球主要机构多次下调世界经济增长预期。国际货币基金组织（IMF）的最新分析认为，2013年世界经济增速为2.9%，低于上年的3.2%，其中发达经济体增速为1.2%，同比下降0.3个百分点，新兴市场和发展中国家经济增速为4.5%，同比下降0.4个百分点。主要经济体中，美国经济持续复苏；欧元区触底反弹，出现微弱增长；新兴市场国家保持较快增长，但增速集体放缓；中国经济平稳发展，结构调整进展显著，改革开放力度加大。

1. 经济发展稳中向好，改革开放持续深入

2013年国内生产总值实现568845亿元，比上年增长7.7%，第二产业增加值比重为43.9%，第三产业增加值比重为46.1%，第三产业增加值占比首次超过第二产业。最终消费对中国经济增长的贡献率为50%，投资贡献率为54.4%，货物和服务净出口的贡献率为负4.4%。

2013年中共十八届三中全会通过的《中共中央关于全面深化改革若干重大问题的决定》，涵盖了16个领域、60条具体任务，明确要求到2020年在重要领域和关键环节改革上取得决定性成果。其中，成立全面深化改革领导小组、市场在资源配置中起决定性作用、深化财税体制改革、赋予农民更多财产权利等内容引发了全球媒体的广泛热议。十八届三中全会通过的多项决议，吹响了中国深化改革的号角，为中国发展的下一个十年绘制了"路线图"。作为先行先试、深化改革、扩大开放的重大举措，上海自贸区的建设标志着中国改革开放进入了全新的历史阶段。

2. 政府职能加快转变，市场活力日益释放

国务院总理李克强向社会承诺本届政府至少要取消和下放567项行政审批项目。截至目前，本届政府已经完成221项，一年就完成了接近2/5的任务量。中央在削减行政审批事项的同时，地方上的审批事项改革也在同时进行。2013年，北京市共取消和下放的审批事项359项，云南省433项，陕西省222项，黑龙江省101项。政府职能转变极大地激发了市场活力，创业热情和市场动力由此生发。统计数据显示，2013年全国新登记各类市场主体达1131.54万户，同比增长19.6%，比2012年同期高17.8个百分点。其中住宿和餐饮业新登记个体工商户75.12万户，占新设个体工商户总数的8.8%，同比增长30.1%。国务院2014年2月发布《注册资本登记制度改革方案》，在全国推行注册资本登记制度改革，对包括餐饮企业在内的所有在华企业实行注册资本认缴登记制和工商年检年度报告公示制，进一步简政放权。

3. 反腐倡廉力度前所未有，制度建设持续推进

中央纪委反腐报告显示，2013年全国纪检监察机关共接受信访举报195万件，给予党纪政纪处分18.2万人，其中省部级官员20余人，其力度、广度、深度前所未有。在反腐的同时，加大制度建设，从根本入手标本兼治。5月《中国共产党党内法规制定条例》及《中国共产党党内法规和规范性文件备案规定》对外公布，11月《党政机关厉行节约反对浪费条例》发布实施，12月《建立健全惩治和预防腐败体系2013~2017年工作规划》印发。2013年，中央纪委、国务院办公厅等有关部门陆续下发10多个规定、意见、条例，规范领导干部行为，在加强监督检查的同时强化制度体系建设。

4. "营改增"加快推进，覆盖范围进一步扩大

在中国现行税制结构中，营业税和增值税是最为重要的两个税种。2013年"营改增"改革加快推进。8月1日起，交通运输业和部分现代服务业"营改增"试点在全国范围内推开，并将广播影视作品的制作、播映、发行等纳入现代服务业范围。2014年1月1日起，铁路运输和邮政业纳入"营改增"试点范围。随着"营改增"试点范围和行业进一步扩大，全国范围内受惠的企业越来越多。餐饮业实行"营改增"的可能性、可行性一直备受业内关注。

5. 金融体制改革深入推进，互联网金融如火如荼

2013年全面取消贷款利率管制，存款利率有限放开。国务院"金融十条"出台，为民间资本进入银行业打开了大门。2013年共有67家民营银行的名称获预核准，目前3~5家民营银行试点正在稳步推进之中。2013年，手机和平板电脑的用户已全面超越个人电脑用户，预计2015年将达到个人电脑用户的两倍,移动互联时代已全面到来,微信手机支付、余额宝神速崛起,易付宝、百付宝、快钱等第三方支付平台不断涌现,互联网金融尤其是移动互联金融愈演愈烈,其趋势已经锐不可当。

二 2013年餐饮市场分析

1. 产业增长换档期:高速增长转为中速平稳增长

统计数据显示,2013年社会消费品零售总额237810亿元,同比增长13.1%。全国餐饮收入实现25569亿元,同比增长9%,比同期社会消费品零售总额增长率低4.1个百分点,比商务部门预期目标低5个百分点,比2012年增幅降低4.6个百分点。其中限额以上餐饮收入8181亿元,同比下降1.8%,比2012年同期增幅低14.7个百分点,创下20多年来历史新低。从月份来看,餐饮增速一直上下起伏,未能实现持续向好的增长态势,详见图1。经过30多年的持续、快速增长,餐饮业进入增速调整时期,将从15%左右的高速增长进入中速增长阶段。从行业固定资产投资来看,2013年住宿和餐饮业固定资产投资6001.24亿元,同比增长17.5%,比去年同期下降12.7个百分点。

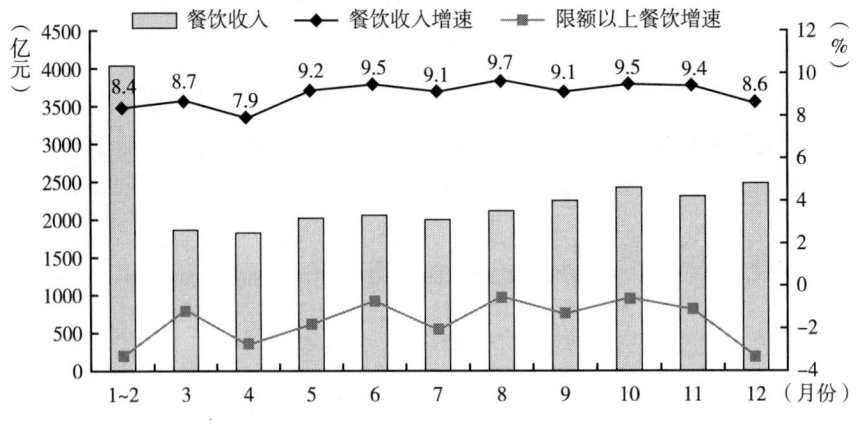

图1 2013年1~12月全国餐饮市场发展

数据来源:国家统计局月度数据。

从省市表现来看,目前公布相关数据的19个省市中,北京、上海、广东、浙江、福建等经济发达的8个省市2013年餐饮收入增长率在10%以下,其中北京市同比下降5%,具体见表1。

表1 2013年部分省市餐饮业发展状况

序号	省市	餐饮收入(亿元)	增长率(%)	备注
1	广东省	2612.79	7.6	
2	山东省	2238.2	10.7	
3	江苏省	1961.7	11	住宿餐饮业零售额
4	河南省	1602.59	13.8	餐饮业零售额
5	浙江省	1567	8.4	住宿餐饮业零售额
6	四川省	1517.64	10.1	
7	辽宁省	1359.6	14.8	餐饮业营业额
8	湖南省	1266.49	15.5	
9	黑龙江省	1124.9	16.5	住宿餐饮业营业额
10	福建省	931.7	9.5	
11	北京市	783.1	-5	
12	安徽省	699.7	12.1	
13	重庆市	667.57	11.2	住宿餐饮业零售额
14	陕西省	495.2	4.4	
15	上海市	484.6	1.0	限额以上住宿餐饮业零售额
16	山西省	469.7	13.3	
17	贵州省	191.33	5.6	
18	海南省	143.43	11.3	
19	青海省	26.3	7.0	

数据来源:各省2013年国民经济和社会发展统计公报及各省月度数据。

从企业景气指数来看,2012年住宿和餐饮业景气指数在120左右,与企业景气指数基本接近,处于"相对景气"区间。进入2013年,住宿和餐饮业景气指数一落千丈,迅速下滑至90以下,与企业景气指数差距急剧扩大,全年处于"相对不景气"甚至"较为不景气"区间,详见图2。

2. 结构调整阵痛期:高端餐饮在调整中分化裂变

公务消费持续规范极大压缩高端餐饮市场需求,高端餐饮纷纷谋求转型发展之道,关停转调成为普遍应对策略。2013年湘鄂情关闭8家门店,涉足环

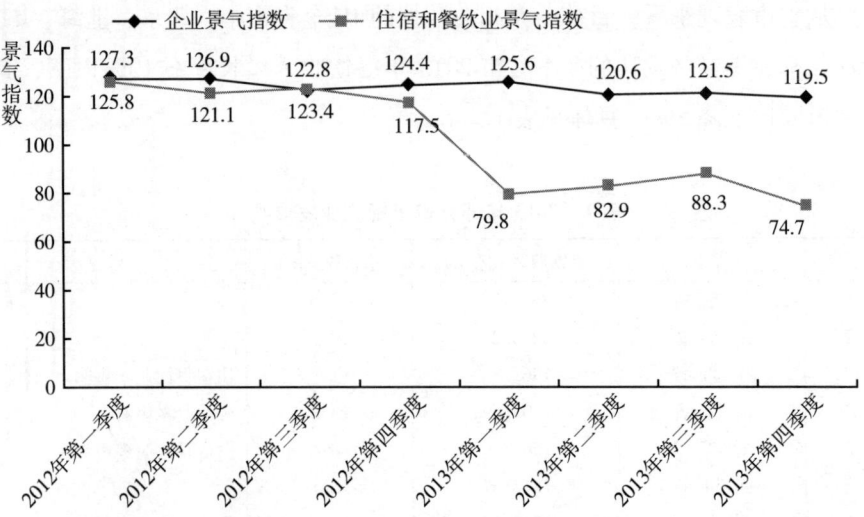

图 2　2012 年第一季度～2013 年第四季度企业景气指数与住宿餐饮业景气指数

数据来源：中国经济景气监测中心。

保、影视文化等领域。俏江南经营困难重重，被收购几乎已成定局。2013年年末，中央有关部门明确提出整治"会所中的歪风"，公园里的私人会所和高档娱乐场所随之关停。截至目前，北京、杭州、青岛、成都、南京等地关停整改公园会所100多家。重庆陶然居集团将会馆系列调整为百姓家宴，"重庆会馆"改为"重庆会馆·百姓家宴"，"陶然会馆"改为"陶然家宴"，走亲民路线。上市公司数据显示，2013年湘鄂情实现营业收入8.02亿元，亏损5.64亿元，净利润同比下降788.86%；全聚德实现营业收入18.99亿元，同比下降2.32%，净利润1.09亿元，同比下降28.40%，净利润率5.74%。2013年小南国关闭8家门店，实现营业收入13.86亿元，同比增长4%，净利润67.1万元，同比下降99.4%，净利润率0.05%，2014年维持高端餐饮门店，在加快大众品牌"南小馆"发展的同时进入西餐、烘焙领域。

为应对经营不利局势，成都狮子楼金沙店、满庭芳相继关门歇业，湘鄂情关闭多家门店，进军文化影视和环保领域。小南国加快南小馆开店步伐，发力大众餐饮市场。净雅开拓"净小二"麻辣海鲜品牌、"天天见面"便当品牌、"么豆捞"海鲜火锅品牌。天津狗不理增设外卖窗口，建立便民店、走进居民社区。很多高端餐饮则通过团购以价换量。据统计，截至2013年年底，大众点评网收录的人均消费在200元以上的北京餐饮商户累计超过600家，其中接近25%的餐饮商户做过团购，参团商户数量是2012年的2.4倍。经历市场洗礼，以品质营销见长的大董、稳扎商务市场的王品牛排、注重私人定制服务的北京宴成为高端餐饮为数不多的大浪淘沙后的闪光者，关转调并后，高端餐饮市场势力重新划分，满足公众高端需求的餐饮得到加强，依靠公务高端消费转型乏力的企业不断被淘汰出局。高端餐饮在关转调并后泡沫不断被挤压，餐饮市场结构不断优化。

与高端餐饮市场水深火热地煎熬不同，大众餐饮市场红火，备受投资者青睐。味千拉面2013年实现营业额32.41亿元，同比微增6.5%，但净利润达2.9亿元，同比大涨75.42%，其连锁餐厅达636家，较上年同期减少25家，实现由多开店到开好店转变（见表2）。截至2013年年底，麦当劳连锁店总数达2000家，在上海、深圳等一线城市放开加盟业务。肯德基总店数更是超过4500家，真功夫超过500家，老家快餐、千喜鹤团餐、大娘水饺、真功夫全年新开店数量接近100家，大娘水饺更是以强大的品牌优势和广阔的市场吸引私募巨头CVC投资控股。2013年12月习近平主席到庆丰包子铺就餐引起市民疯狂追随，庆丰包子品牌效应得到巨大释放，2014年春节期间，庆丰包子一些店面收入翻番。

表2 2013年上市餐饮公司经营情况

企业名称	营业收入（亿元）	同比增长（%）	净利润（亿元）	同比增长（%）	净利润率（%）
湘鄂情	8.02	-41.19	-5.64	-788.86	-70.32
全聚德	18.99	-2.32	1.09	-28.4	5.74
小南国	13.86	4	0.0067	-99.4	0.05
西安饮食	5.86	-11	0.16	-11.02	2.73
名轩控股	0.995	-20.2	-0.28	-580.76	-28.14
味千拉面	32.41	6.5	2.9	75.42	8.95
乡村基	13.6	14.4	0.40	-47.62	2.94

数据来源：各公司2013年财务报表。

3. O2O应用爆发期：O2O市场争夺激烈并向纵深发展

互联网，尤其是移动互联渗透到每个行业之中。统计数据显示，截至

2013年年底，中国手机网民规模达5亿人，较2012年年底增加8009万人，占网民总数的比重从74.5%上升至81.0%，提升6.5个百分点。移动互联的普及、手机支付的兴起、社交关系的互动让餐饮业在移动互联影响下日益变迁，餐饮O2O成为2013年最热门的话题和行业探索。团购依然是企业互联网营销的重要方式。《2013年中国团购市场统计报告》数据显示，2013年全国餐饮美食团购实现总成交额187.8亿元，较上年净增92.1亿元，年增长率达97.8%。随着团购的逐渐成熟，餐饮O2O的模式也在向垂直、专业、细分方向演化，在线预订、外卖外送在2013年得到爆发式增长。品途发布的数据显示，2013年中国餐饮行业O2O在线用户规模达1.39亿[1]，市场规模达到622.8亿元，比2012年增长61.1%，占全国餐饮收入的2.44%，预计到2015年，中国餐饮行业O2O市场规模将达1200亿元左右。2013年餐饮O2O平台的在线预订业务异常活跃，预订单量、覆盖区域都较往年有显著增长。大众点评网2013年12月预订业务覆盖城市由6月的2个城市扩展至上海、北京、南京等16个城市，全国合作商户数量较当年6月提高了15倍，日均订单量提高20倍，全年在线预订总订单超过120万单，预计到2014年，预订量将达到3000万单。

在线预订业务崛起的同时，餐饮外送外卖业务也高歌猛进。2013年，在线预订平台饿了么融资2500万美元，易淘食、美餐网也都获得千万美元投资，京东投资到家美食会，美团网也加入外卖大军，在北京开通美团外卖业务，还将在全国各地组建独立的外卖城市团队。餐饮O2O的良好市场前景及对本地生活其他领域的带动作用吸引众多公司关注，投资力度空间加大。2014年苏宁全资收购满座网，腾讯以4亿美元战略入股大众点评网，占股20%。百度斥资1.6亿美元赢得糯米网59%股权。阿里巴巴2013年12月正式推出移动餐饮服务平台——淘点点，用互联网思维重塑餐饮业，实现资讯、查找、订餐、反馈、点评、兑换等功能（未来将开通支付功能）。阿里巴巴先期补贴上亿元，加快提高淘点点在各地外卖、点餐商户中的普及度，目前已开通北京、上

---

[1] 在线用户是指通过网络（包括PC端和移动端）购买、预订餐饮、下载餐饮优惠券而去线下消费的用户，不包括仅使用互联网查询信息的用户。

海、广州、深圳、杭州、成都、南京等多个城市的业务，一茶一坐、巴国布衣、阿婆家常菜等一百多家餐厅已经入驻。

在餐饮O2O硝烟四起、激战正酣之时，雕爷牛腩、黄太吉煎饼利用互联网营销赚足眼球。海底捞、肯德基、眉州东坡、秦妈火锅、乡村基等知名餐饮企业纷纷推出手机APP，通过APP实现优惠促销、预订点餐、分享体验等多种功能。2013年年末，海底捞与微信支付正式合作，近百家门店全部接入微信支付，在优化企业流程的同时方便消费者。眉州东坡527美食速递系统上线伊始，外卖订单以每周20%的速度增长，目前眉州东坡的每月外卖营业收入达到1000万元，通过网上预订的桌位达到了每店每天20~40桌。

4. 经营管理规范期：政策宽严相济促使管理日益规范

强化食品安全法律法规是保障食品安全的重要基础，2013年国家卫生计生委发布《食品添加剂标识通则》、《食品用香料通则》等75项新食品安全国家标准。首次修改完善《食品安全法》，加大惩罚力度、加强网售食品监管，建立食品安全责任强制保险制度，对食品行业加大法治监管力度成为此次修改完善的重要着力点。备受关注的商务部《餐饮业管理办法》通过审议。政府在加强法律法规建设的同时，进一步规范行规行约、行业工资福利。2013年12月6日，北京市工商局宣布清除"包间最低消费"、"严禁自带酒水"等餐饮行业6种不公平格式条款，消息一出立即引起业界、行业组织的反对，各种意见展开激烈交锋。最高人民法院出面表示，餐饮行业中的"禁止自带酒水"、"包间设置最低消费"属于服务合同中的霸王条款，从更高层面将争论多年的问题定性。2014年3月，中共中央办公厅、国务院办公厅印发《关于厉行节约反对食品浪费的意见》，明确要求餐饮企业"要积极引导消费者节约用餐……不得设置最低消费额"。成都餐饮企业收取包间费诉讼案件经央视《焦点访谈》栏目曝光后，成都大部分知名企业取消包间费，餐饮消费在博弈中逐渐规范。2014年年初，中国财贸轻纺烟草工会下发了《2014年餐饮行业工资福利工作指导意见》，明确了协商行业工资支付最低标准、协商固定工资增长幅度、协商工资福利制度和结构等内容，规范餐饮业工资福利。

在加强法律法规建设、规范行规行约的同时，政府不断放宽准入管制、激发市场活力。2014年2月，国务院印发《注册资本登记制度改革方案》，实行

放宽注册资本登记条件,改革年度检验验照制度等,在放宽市场主体准入管制、推进工商注册制度便利化的同时转变监管方式,推动企业相关信息公开开放透明,促进社会诚信体系建设,为包括餐饮业在内的所有企业提供更加宽松有序的经营环境。

三 2014年餐饮市场预测

(一)2014年餐饮发展环境

众多国际知名机构预计,2014年全球经济将会向好。IMF预测,全球经济增长率将上升至3.6%,联合国则预测为3%。普遍认为,2014年美国经济的增速将有明显提高,预计可达2.6%,欧洲经济将走出衰退,实现1%左右的增长。受到与中韩关系恶化的影响,日本经济2014年走势将可能不佳,普遍预期其增长率会下降至1.5%。中国经济2014年将增长7.5%左右。第一季度,国民经济开局平稳,总体良好,GDP同比增长7.4%,其中第三产业增长7.8%。

(二)2014年餐饮业发展趋势

2014年餐饮市场稳中向好。统计数据显示,2014年1~3月份,社会消费品零售总额62081亿元,同比增长12%,比上年同期下降0.4个百分点。餐饮实现收入6465亿元,同比增长9.8%,比上年同期提高1.3个百分点,其中限额以上单位餐饮收入1866亿元,同比增长1%,比上年同期提高3.6个百分点。值得注意的是,3月份餐饮收入在连续14个月个位数增长中首次攀升至10%以上,达10.2%,限额以上餐饮收入增速也在连续14个月下跌后首次止跌回升,同比增长4.2%,比上年同期提高6.8个百分点,餐饮业稳中向好趋势逐渐显现。

1. 内生动力不断增强,餐饮市场稳中向好

经过2013年的洗礼,公务消费旺火退却,高端餐饮泡沫挤压,餐饮企业回归大众市场,通过信息技术提升效率,通过管理优化降低成本,通过新媒体营销释放餐饮需求，行业内生动力不断增强。2014年第一季度餐饮市场开局良好，在宏观经济总体基本稳定，城乡居民收入不断提高，行业转型升级不断探索中，预计2014年全年餐饮收入增速将超过2013年的水平，产业规模有望达28000亿元左右。

2. 结构调整继续深入，跨界抱团共谋发展

经过2013年行业转型升级的不断探索，2014年餐饮市场结构将继续调整。阿武美食与杜康酒业跨界联合试水白酒平价销售模式，咖啡陪你与招商银行共同打造咖啡银行服务网点，重庆36位来自餐饮、服装、电子行业的企业家联合成立重庆火锅天下宴博物馆产业投资集团谋求发展。宁夏德隆楼、六盘红等14家特色餐饮企业联手成立宁夏餐饮投资集团，抱团打造宁夏清真餐饮品牌。跨界合作、抱团联盟将成为2014年及今后餐饮发展的重要方向。

3. 多品牌模式备受青睐，资源整合赢得未来

开发大众餐饮品牌发力大众餐饮市场继续成为高端餐饮转型的重要途径之一，同时大众化餐饮品牌为应对市场竞争也不断开发新品类、新模式、新品牌，快餐企业主副品牌、多品牌趋势渐显，多家餐饮企业联合开发品牌也不断出现，多品牌模式较之以往更受青睐，2014年将有更多新品牌出现在餐饮市场。高效整合资源、多品牌协调发展成为赢得未来的关键。

4. 移动互联渗透深远，行业变革速度加快

微博微信营销、网络预订支付、外送外卖在2013年风起云涌，不断推动餐饮消费方式、企业经营营销方式转变。2014年移动互联对餐饮业的渗透力度进一步加强，餐饮O2O在延续以往团购优惠、网络营销的同时将不断创新深入，给餐饮业带来更加广泛、更加深远的影响。

B.3
2013年中国餐饮产业与资本市场

赵京桥*

摘　要： 本文通过2013年上市餐饮企业发展情况、餐饮产业IPO进展、餐饮产业与风险投资三个方面，介绍和分析了2013年中国餐饮产业与资本市场的合作和发展情况。可以看出餐饮产业增速快速回落，对资本市场的餐饮产业投资带来较大影响，无论是已上市公司的股价表现还是风险投资都显示出对产业的担忧。本文还对未来资本市场与餐饮产业的融合进行了展望，认为餐饮产业长期依然具有广阔发展空间，大众化餐饮、餐饮互联网化以及餐饮产业并购可能是未来资本市场关注餐饮产业的热点。

关键词： 上市餐饮企业　IPO　风险投资

2013年是中国餐饮产业表现最为低迷的一年，无论是上市餐饮企业在资本市场的表现，还是资本市场对餐饮企业的投资，都体现出对餐饮产业的投资热情迅速退去，信心不足。

一　2013年上市餐饮企业发展情况

到2013年年底，餐饮上市公司总数达到了9家[①]，包括西安饮食、福记

---

* 赵京桥，现为中国社会科学院财经战略研究院信息服务与电子商务研究室助理研究员，并担任服务经济与餐饮产业研究中心副主任。主要关注我国餐饮产业的发展，连续多年参与了蓝皮书《中国餐饮产业发展报告》的编写。多次参与中国社会科学院重大课题、商务部重点课题，获得中国社会科学院信息奖、中国商业联合会商业科技进步奖等学术奖励和荣誉。

① 小肥羊在被百胜收购后，于2012年2月2日退市。

食品服务、味千拉面、全聚德、湘鄂情、乡村基、唐宫（中国）、名轩控股和小南国，其中小肥羊因被百胜收购，于2012年2月2日退市；福记食品服务在停牌近四年后，达到复牌条件，于2013年7月8日复牌，具体见表1。

表1 2013年中国已上市餐饮公司

餐饮上市公司	上市时间	上市地点	餐饮类型
西安饮食	1997年4月30日	上海证券交易所	综合
福记食品服务	2004年12月17日（2009年7月29日停牌，2013年7月8日复牌）	香港证券交易所	团餐、送餐
味千拉面	2007年3月30日	香港证券交易所	快餐
全聚德	2007年11月20日	深圳证券交易所中小板	正餐
小肥羊（被百胜收购）	2008年6月12日~2012年2月2日	香港证券交易所	火锅
湘鄂情	2009年11月11日	深圳证券交易所中小板	正餐
乡村基	2010年9月28日	纽约证券交易所	快餐
唐宫（中国）	2011年4月19日	香港证券交易所	正餐
名轩控股	2011年12月30日	香港证券交易所创业板	正餐
小南国	2012年7月4日	香港证券交易所	正餐

数据来源：根据餐饮企业上市情况整理。

总体来看，9家上市餐饮企业在2013年经营状况不乐观，营业额和营业利润大多出现负增长。一方面，中国经济结构性调整带来的宏观经济增长放缓和中国新一代领导集体"反四风"、"反腐败"带来的政府消费等相关支出缩减，给上市餐饮企业，尤其是中高端正餐上市餐饮企业带来巨大经营压力；另一方面，食品安全、成本高企、人力资源短缺等压力依然很大，从业态来看，以大众化消费为主的快餐，相对来说具有更稳定的表现，正餐企业受到政治、经济因素影响，面临较大的经营调整。

从快餐上市企业来看：

1. 味千拉面

截至2013年年底，味千拉面市值达到了97.39亿港元，是当前中国本土市值最大的上市餐饮公司。自2012年以来，受到宏观经济和行业发展压力的影响及中日钓鱼岛事件的影响，味千拉面结束了全面扩张，开始进入收缩调整，营业额和净利润在2012年出现下降；2013年，味千拉面加强内部管理，提高单店效益，推进生产基地建设，上半年实现营业额15.69亿港元，同比增长3.76%，净利润1.3亿港元，同比增长177.19%；进一步加强对门店的管理，门店数量减少到647家，同时，推进门店结构调整，加强在江苏、浙江、上海地区等成熟市场的门店密度（见图1、图2、图3）；

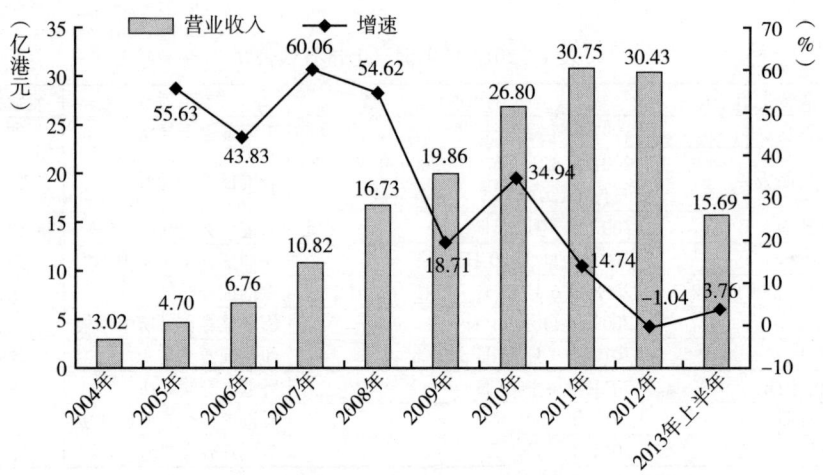

图1 味千拉面营业额及增长速度

注：2013年上半年为同期增长速度。
数据来源：谷歌财经，味千拉面2009~2013年年度及季度财务数据。

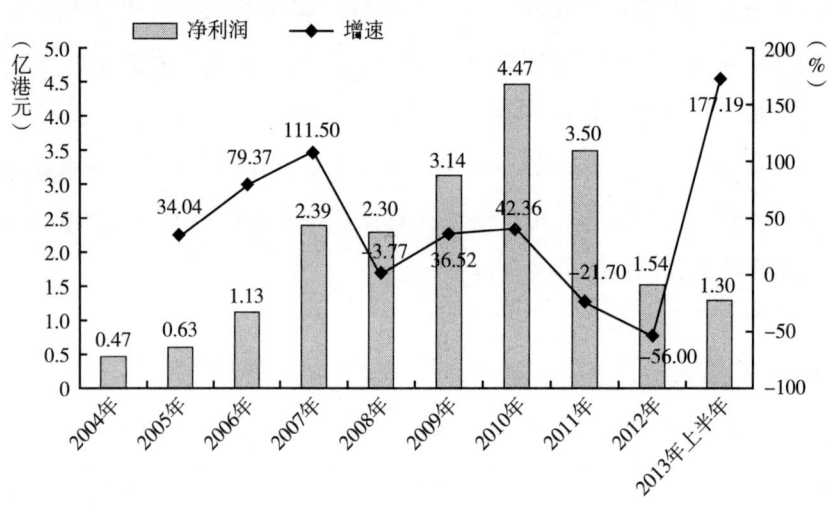

图2 味千拉面净利润和增长速度

注：2013年上半年为同期增长速度。
数据来源：谷歌财经，味千拉面2009~2013年年度及季度财务数据。

从毛利率变化来看，味千拉面的内部管理和调整，使得毛利率在连续几年下降后实现了回升，较好地抵御了原材料成本、劳动力成本、租金成本的快速上涨（见图4）。

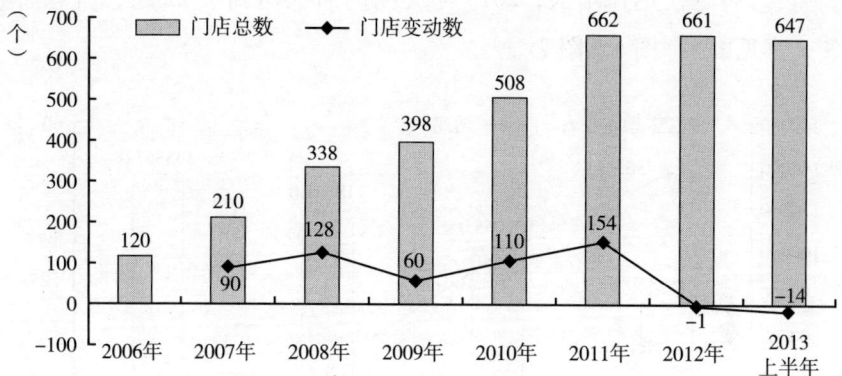

图3　味千拉面上市以后每年门店数量及变动

数据来源：味千拉面2009～2012年年报和2013年中报。

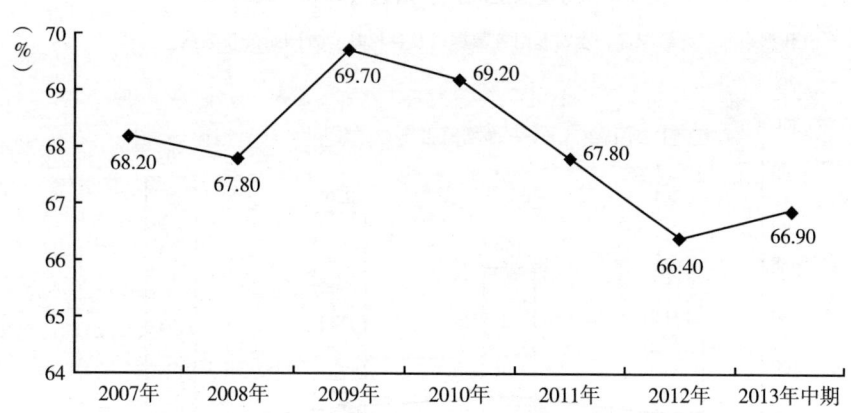

图4　味千拉面2007～2013年中期毛利率变化

数据来源：味千拉面2009～2012年年报和2013年中报。

2. 乡村基

乡村基上市后推行了快速的门店扩张策略，2011年、2012年和2013年新开门店数分别达到了72家、68家和59家，门店总数在2013年12月底达到了

293家,营业收入达到了13.5亿元,同比增长13.9%,远高于全国餐饮业整体增长速度,体现出乡村基在中西部地区的市场优势;但在高速扩张之时,乡村基同样面临宏观经济因素影响及高速发展的阵痛,从2011年开始,关闭门店与新设门店之比迅速增大,2013年关闭门店数达到了22家,占总店数的7.5%,详见图5、图6、图7。

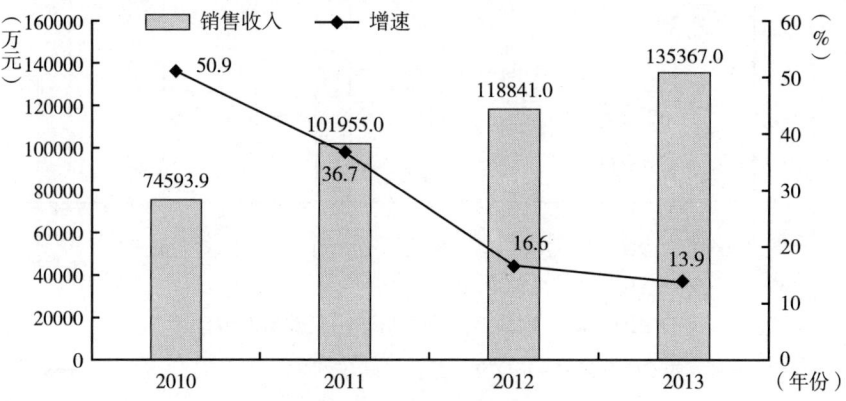

图5 乡村基营业收入及增速(2010~2013年)

数据来源:谷歌财经,乡村基财务数据以及乡村基官方网站公布数据。

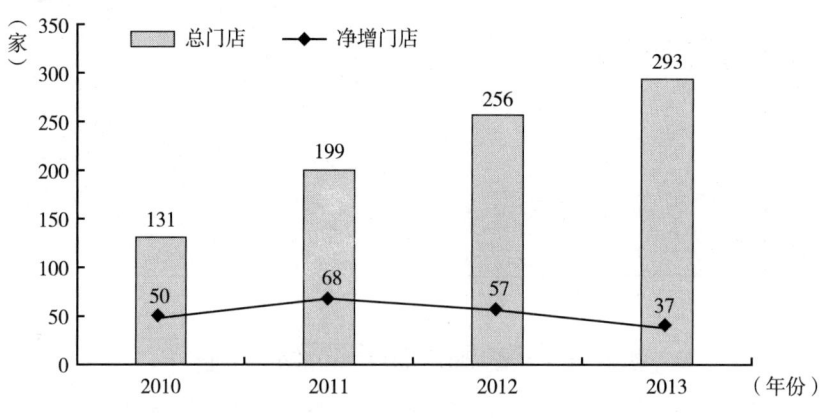

图6 乡村基门店变化(2010~2013年)

数据来源:谷歌财经,乡村基财务数据以及乡村基官方网站公布数据。

总体来看,以大众化消费为主的快餐连锁上市企业在餐饮业整体低迷时期,依然保持了较快的增长,尤其是占领中西部地区的乡村基;而且快餐的标

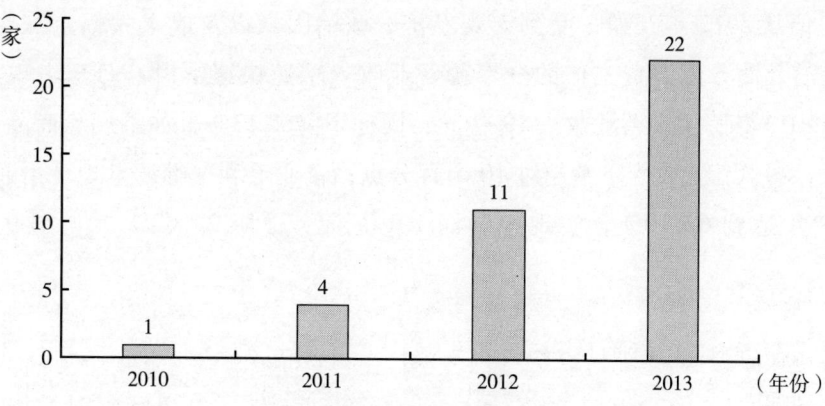

图7 乡村基关闭门店数量（2010～2013年）

数据来源：谷歌财经，乡村基财务数据以及乡村基官方网站公布数据。

准化连锁模式较好地增强了餐饮企业在成本高企时期的抗压能力。

从正餐上市公司来看：

1. 全聚德

截至2013年年底，全聚德市值达53.45亿元，为我国本土第二大上市餐饮企业。自2007年上市以来，全聚德一直保持稳定发展，特别是在2011年，营业收入同比增长达到了34.57%，净利润同比增长达28.81%（见图8、图

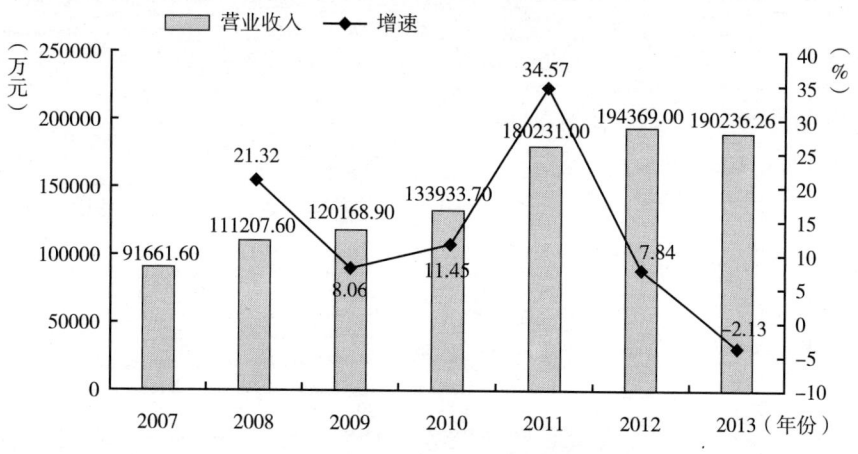

图8 全聚德营业额及增长速度

数据来源：全聚德2012年年报及2013年年报。

9);但从2012年开始,受到宏观经济、政治因素以及成本大幅上涨影响,以旅游、商务为消费主体的全聚德营业收入增速快速下滑,乃至出现负增长,2013年,实现营业收入19亿元,同比下降2.13%,如果剔除商品销售增长,餐饮营业收入下滑超过10个百分点;企业毛利率继续呈现下滑趋势,2013年达到62.10%,实现净利润1.1亿元,下降27.62%(见图9、图10)。

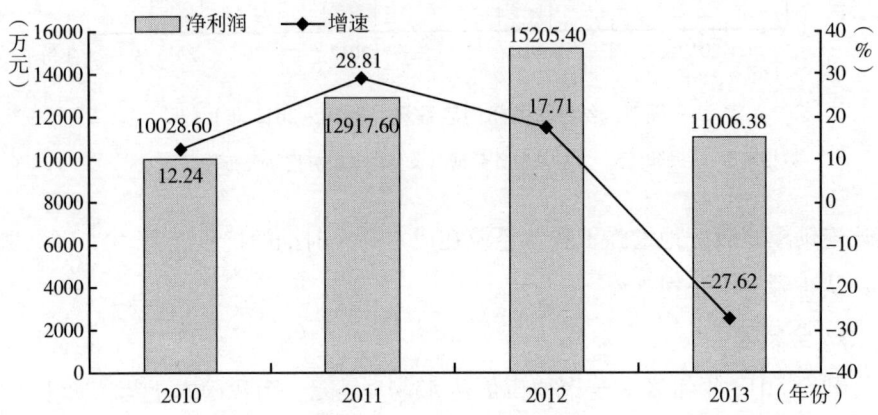

图9 全聚德归属上市公司的净利润及增长速度

数据来源:全聚德2012年年报及2013年年报。

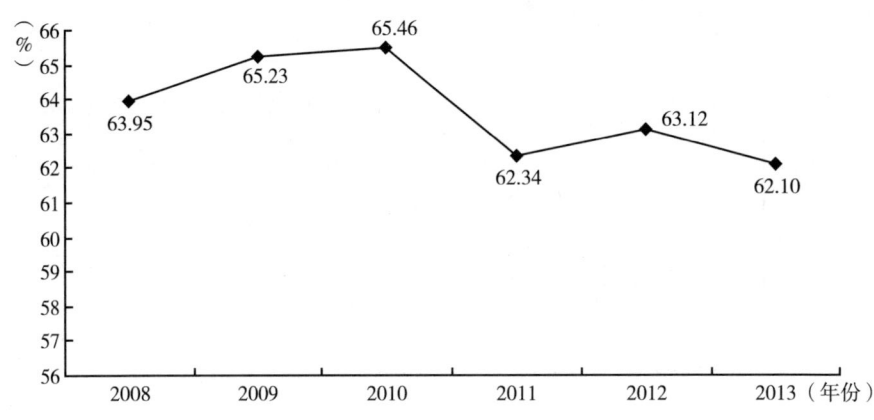

图10 全聚德餐饮毛利率变化

数据来源:全聚德2012年年报及2013年年报。

2. 湘鄂情

湘鄂情是受2012年和2013年中央"八项规定"、"反四风"及政府一系列的"规定"、"禁令"、"条例"影响最大的餐饮企业。自上市以来，湘鄂情一直保持较快的门店扩张速度，营业收入从2008年开始保持很高的增速，并且呈现加快增长的态势，2011年，营业收入增速为33.75%。从2012年开始，尽管湘鄂情已经开始着手转型，但团餐和快餐体量太小，高端正餐经营形势急转直下，到2013年，实现营业收入8亿余元，同比下降-41.82%，亏损超过了5.6亿元（见图11、图12）。受巨亏影响，鹏元资信下调湘鄂情的主体长期信用等级：由AA-降为A、评级展望为负面。在信用评级下调后，资金流极度紧张的湘鄂情债务融资将更加困难。

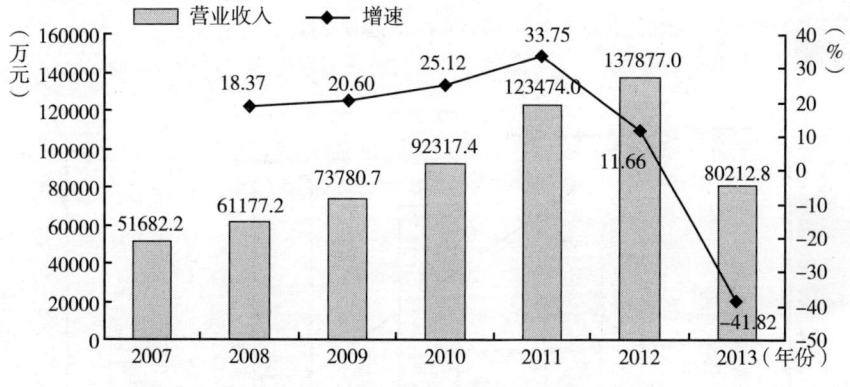

图11　湘鄂情营业收入及增长速度

数据来源：湘鄂情2012年年报及2013年年报。

3. 唐宫（中国）

唐宫（中国）是一家多品牌的连锁餐饮服务公司，包括唐宫海鲜舫、唐宫膳、唐宫壹号、盛世唐宫、忍者居日本料理和樱川日本料理。截至2013年第三季度，唐宫（中国）实现营业收入4.37亿元，同比增长11.5%，增速呈现大幅放缓趋势；从净利润来看，唐宫（中国）自上市以来，净利润增速急剧下降，2011年和2012年保持在8%~9%的增幅，而截至2013年第三季度，净利润同比大幅下降41.5%（见图13、图14）。

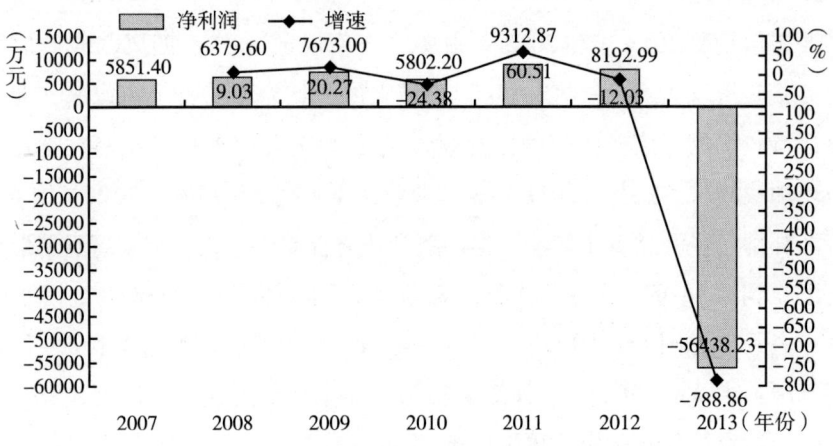

图 12　湘鄂情净利润及增长速度

数据来源：湘鄂情2012年年报及2013年第三季度季报。

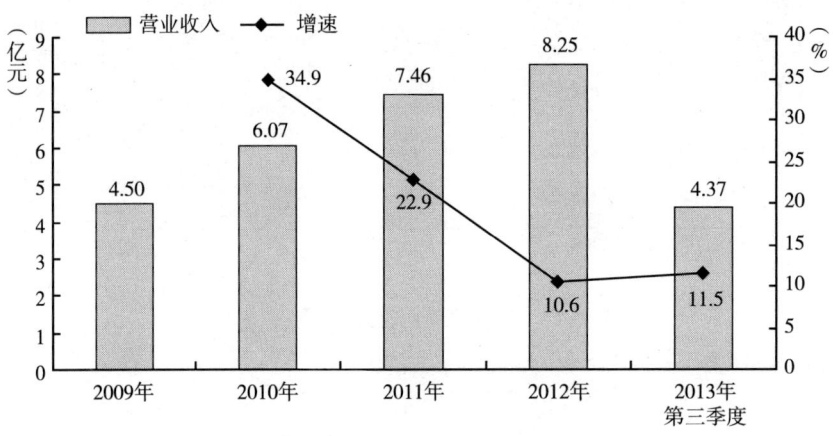

图 13　唐宫（中国）营业收入及增长速度

数据来源：谷歌财经，唐宫（中国）财务数据。

4. 名轩控股

2011年底上市的名轩控股是一家经营高端餐饮的企业。上市后受到整体餐饮经营环境的影响，营业收入在2012年和2013年连续出现负增长，并且有加速下滑的趋势（见图15），2013年中期净利润同比由盈转亏，达1378.8万元。

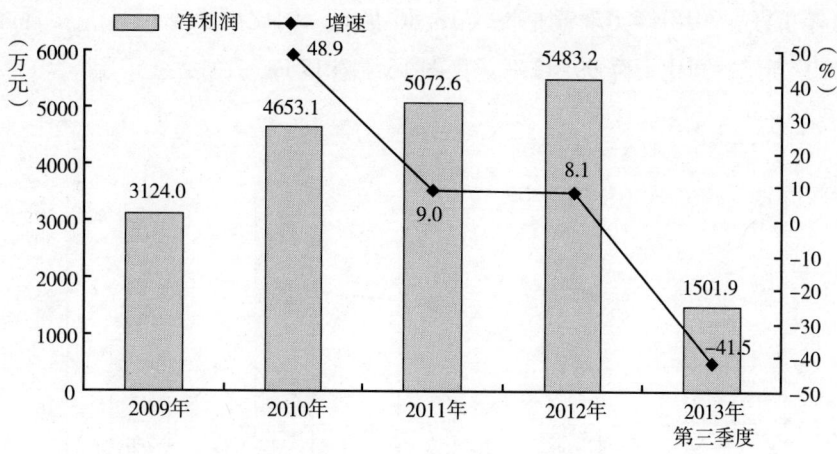

图 14　唐宫海鲜净利润及增长速度

数据来源：谷歌财经，唐宫（中国）财务数据。

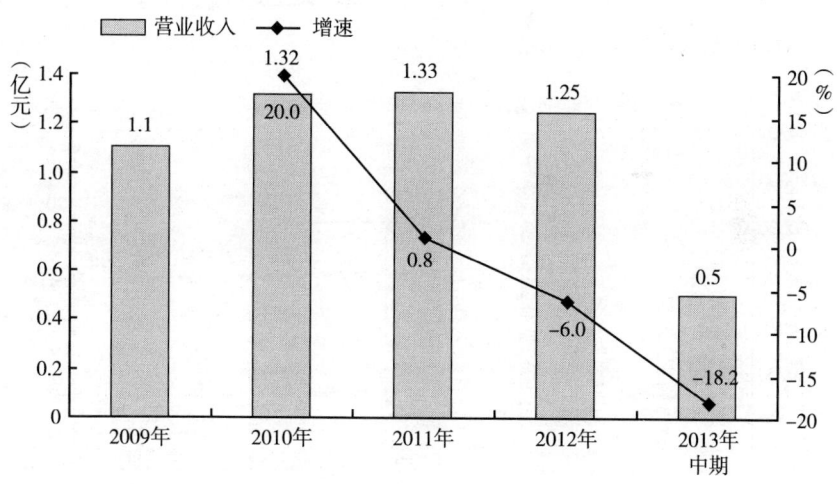

图 15　名轩控股营业收入及增长速度

数据来源：谷歌财经，名轩控股财务数据。

5. 小南国

小南国餐饮控股有限公司继 2011 年暂停上市后，于 2012 年重启上市计划，并于 7 月份在香港证券交易所成功上市，募集约 5 亿港元，是近两年来唯一一家成功 IPO 的本土餐饮企业。以中高端正餐为消费主体的小南国同样在

2013年折戟,2013年实现营业收入13.86亿元,同比增长4.05%,实现净利润67.1万元,同比下降99.43%(见图16、图17)。

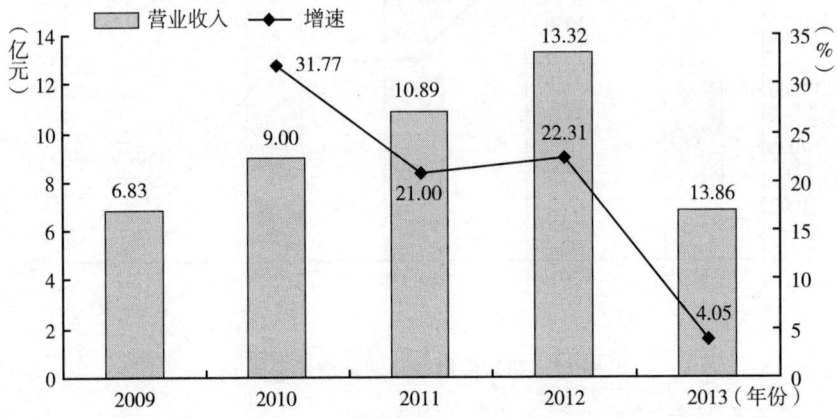

图16 小南国营业收入及增长速度

数据来源:谷歌财经,小南国餐饮控股有限公司财务数据。

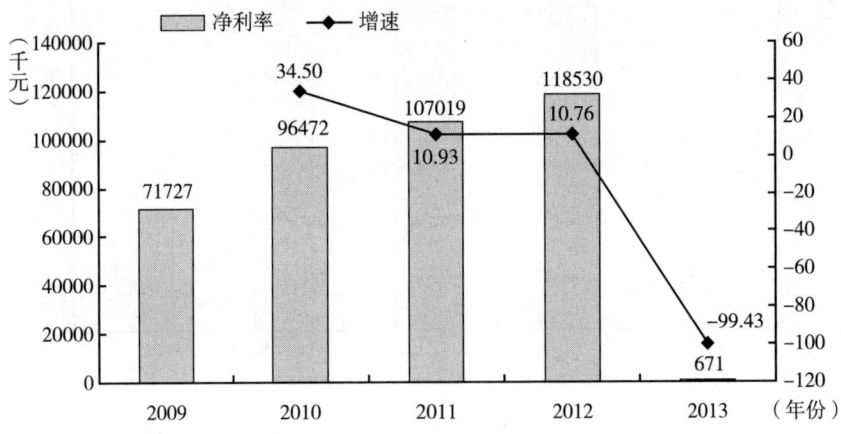

图17 小南国净利润及增长速度

数据来源:谷歌财经,小南国餐饮控股有限公司财务数据。

从上市正餐企业来看,以中高端餐饮消费为主体的餐饮企业在2012年和2013年都面临剧烈的市场结构调整和快速增长的成本压力,这些企业亟待在2014年加快产品和服务的转型升级,以适应新的餐饮消费环境。

二 餐饮产业 IPO 进展

自 2011 年中国证监会暂停餐饮企业 IPO 后,部分餐饮企业转向申请在境外上市。名轩控股和小南国分别于 2011 年 12 月和 2012 年 7 月在香港证券交易所上市,进而使得境外餐饮上市公司增加至 6 家,其中香港 5 家,纽约 1 家,占餐饮上市公司的 2/3。俏江南香港上市申请也已经通过聆讯,有望使境外餐饮上市公司队伍扩大至 7 家。

2012 年 5 月,中国证监会出台了《关于餐饮等生活服务类公司首次公开发行股票并上市信息披露指引(试行)》,对餐饮企业业务发展状况、主要经营模式及持续发展能力、食品安全卫生、主要管理制度及执行情况、公司治理、商标及商号、员工及其社会保障情况七个方面提出了要求,标志着中国证监会对餐饮企业上市的放行。但由于中国大陆 IPO 从 2012 年 11 月份开始暂停,以及 2013 年餐饮产业整体呈现低迷态势,餐饮企业没有一家 IPO 成功(见表 2)。

尽管新股发行已经于 2014 年重启,但顺峰、净雅、嘉和一品等由于餐饮经营环境的剧烈变化和自身的原因退出上市申请,仅有狗不理、广州酒家依然在排队上市。

表 2 历年我国本土餐饮企业成功 IPO 家数

年份	2005 年以前	2007	2008	2009	2010	2011	2012	2013
IPO 数量(家)	2	2	1	1	1	2	1	0

三 餐饮产业与风险投资

2012 年和 2013 年,尽管中国证监会出台了正式文件对餐饮企业上市放行,但由于自 2012 年开始 IPO 暂停,餐饮企业排队上市依然需要时间,这造成了风险投资退出餐饮企业难度增加,另外,餐饮消费受到政策影响和经济环境影响进入低谷,风险投资对餐饮产业的投资热情降至冰点。公开资料显示,2012 年和

2013年两年中，达成投资协议仅有3个（见图18）。在经历了2007年、2008年和2009年的投资高潮后（见表3），风险投资积极寻求退出成为近两年餐饮业风险投资的主题，而引入新的风险投资收购股权成为退出的主要路径之一。

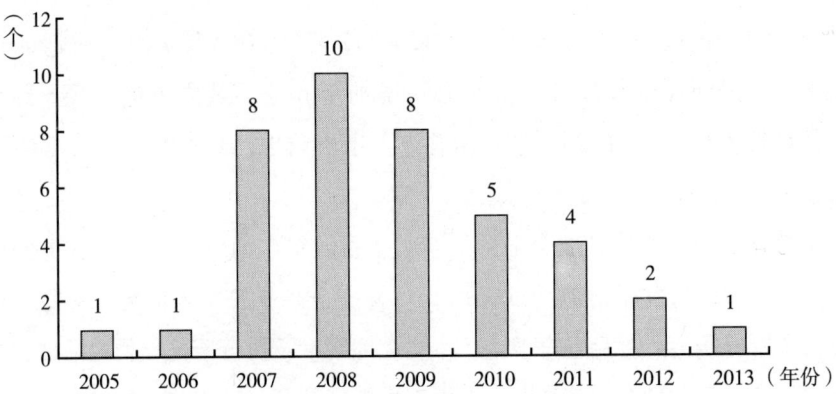

图18　风投投资餐饮企业协议分布（2005～2013年）

注：根据公开资料整理。

表3　风险投资在中国餐饮企业主要公开项目（2005～2013年）

时间	投资主体	金额	餐饮类型	餐饮企业
2005年年底	顶新集团、SIG、IDG、沈南鹏、东元集团	1260万美元	休闲餐饮	一茶一坐
2006年8月	3i与普凯基金	2500万美元	火锅	小肥羊
2007年1月	寰慧投资（GGV）	1068万美元	休闲餐饮	一茶一坐
2007年6月	红杉、海纳亚洲创投基金SAI	2500万美元	火锅	重庆小天鹅火锅
2007年7月	凯雷	超过1亿元人民币	休闲餐饮	巴贝拉
2007年10月	今日资本、联动投资	3亿元人民币	快餐	真功夫
2007年10月	晨兴创投	1200万美元	快餐	丽华快餐
2007年11月	红杉、海纳亚洲创投基金SAI	2000万美元	快餐	乡村基
2007年12月	凯雷亚洲增长基金	2100万美元	休闲餐饮	迪欧餐饮集团
2007年12月	中美桥梁资本	5632万美元	火锅	重庆东方菜根香
2008年1月	长安创新北京投资咨询有限公司	5000万元人民币	西餐	亚洲蕉叶饮食集团有限公司
2008年2月	德诚盛景	不详	休闲餐饮	北京好伦哥
2008年4月	华生资本	3000万美元	休闲餐饮	浙江两岸食品连锁有限公司
2008年4月	IDG技术创业基金	500万元人民币	火锅	重庆奇火锅

续表

时间	投资主体	金额	餐饮类型	餐饮企业
2008年8月	快乐蜂	5550万美元	快餐	宏状元
2008年9月	橡树资本	2300万美元	休闲餐饮	一茶一坐
2008年9月	深圳创新投资	10亿元人民币	烧烤	百富烤霸
2008年11月	英联控股	5000万美元	火锅	呷哺呷哺
2008年12月	鼎晖投资	2亿元人民币	正餐	俏江南
2008年12月	鑫华投资	3000万元人民币	快餐	红高粱
2009年	今日资本	不详	休闲餐饮	避风塘餐饮
2009年2月	美亚投资	3000万元人民币	快餐	上海盛记一品锅贴
2009年3月	乐澳投资	不详	休闲餐饮	伊诺咖啡
2009年3月	上海复星平耀	1000万美元	快餐	浙江老娘舅餐饮有限公司
2009年5月	不详	3亿元人民币	综合	上海唇齿香浓餐饮管理有限公司
2009年6月	智基创投	不详	休闲餐饮	喜来公社
2009年6月	松禾资本	176万美元	团餐	金谷园
2009年9月	凯达创投	5000万元人民币	正餐	吴地人家
2010年1月	深圳创新投、昆吾九鼎投资等	不详	正餐	净雅餐饮
2010年1月	复星普润	不详	正餐	望湘园
2010年2月	中科招商	不详	休闲餐饮	绿茵阁
2010年10月	红杉、涌铧资本	1亿元人民币	快餐	嘉和一品
2010年11月	天图创投	6000万元人民币	食品连锁	周黑鸭
2011年上半年	兰馨亚洲	600万美元	正餐	唐宫(中国)
2011年6月	MUS Roosevelt Capital Partners	不详	西餐	好伦哥
2011年7月	安佰深	2.5亿美元	自助餐	金钱豹
2011年10月	启明创投、和通投资和三井物产环球投资	2000万美元	休闲餐饮	心品印象餐饮管理有限公司
2012年12月	泛大西洋资本	未公开	火锅	呷哺呷哺
2012年12月	天图资本	近亿元人民币	食品连锁	德州扒鸡
2013年7月	今日资本	1.3亿元人民币	快餐	老乡鸡集团

数据来源：根据互联网资料及企业公布材料整理。

四 餐饮产业与资本市场的未来展望

（一）餐饮业前景依然广阔

首先，我国拥有13亿人口的餐饮消费市场，随着我国经济发展，城市化进程的推进，社会化餐饮需求将会有稳定的增长和巨大的市场空间；其次，当前我国区域经济发展不平衡，中西部地区仍然拥有较大的开发潜力；再次，中国文化在全球的传播也会推动中餐在全球的传播；最后，专业化餐饮需求将会随着餐饮产业细分的深入和消费者需求多样化而出现大量市场机会，如孕妇餐饮、老年餐饮等。

（二）大众化餐饮企业成为投资重点选择

最近两年，受到政策影响，餐饮业面临剧烈的结构调整，以高端商务消费为主的餐饮企业面临转型挑战，而以大众化消费为主的餐饮企业依然可以保持稳定快速增长。因此，在扩大内需的大背景下，大众化餐饮企业将有光明的发展前景，会成为餐饮产业投资的重点领域。

（三）餐饮产业并购行为将会增多

在餐饮业发展处于低谷的情况下，面对多重挑战和激烈市场竞争，餐饮产业的优胜劣汰会加速，行业中优秀企业会迎来发展的黄金机遇，未来并购行为将会逐渐增多，市场集中度将不断提高。

（四）餐饮业与互联网金融的合作会更加密切

互联网金融异军突起，为餐饮企业融资带来了新的渠道。以中小微企业为主的餐饮产业一直面临融资难的问题，而互联网金融以其低门槛、创新的信用评价体系、灵活高效的融资流程，为餐饮企业解决资金需求提供了很大帮助。当前已经有诸多小微餐饮企业、餐饮个体户通过P2P网络借贷平台完成了债务融资；更有少数具有较好质地的连锁餐饮企业通过天使汇、大家投等众筹平台完成了天使融资。未来，餐饮业与互联网金融的合作将会更加紧密。

专题研究篇

Special Research

B.4 餐饮行业商业保险需求及采购模式研究

曹劼*

摘　要： 当前，社会公众对餐饮及食品生产行业安全责任事故关注程度正在逐步提高，同时国家相关的法律、行政法规也在快速跟进健全和落实。尤其是餐饮行业，作为一个公众参与频度较高、范围较广的行业，如何规避和化解风险，如何确保餐饮企业在相对严格的政策监管及敏锐的舆论监督大环境下稳定运行，降低各类责任事故、安全事故对企业造成的影响，确实是值得研究和探讨的。

本文试图从餐饮行业经营风险特征入手，结合当前我国现行的餐饮行业监管法律法规尤其是法律责任承担部分的要

---

* 曹劼，中国社会科学院研究生院MBA硕士生，中国社会科学院财经战略研究院服务经济与餐饮研究中心特聘青年研究员。

求，总结分析餐饮行业面临的行业风险，然后结合保险知识及运行原理，探讨商业保险作为一种金融工具，对餐饮行业能够提供哪些有效的具体策略，帮助和支持餐饮行业防范风险、分散风险、化解风险。最后提供几种可行的餐饮行业保险采购模式，探讨在餐饮行业普及推广商业保险保障的可行性。

关键词：

餐饮企业　风险防范　商业保险　集中采购

引　言

谈到餐饮行业和保险行业，人们似乎很难把这两个服务行业联系起来。但是，随着社会的发展，尤其是在一段时间以来典型的食品安全责任事故的影响下一系列与餐饮行业相关的法律法规陆续出台、完善，一张涵盖餐饮行业生产经营领域全流程、各环节的责任之网正渐渐地编织起来。尤其值得关注的是，中共十八届三中全会通过的《中共中央关于全面深化改革若干重大问题的决定》中明确指出："完善统一权威的食品药品安全监管机构，建立最严格的覆盖全过程的监管制度，建立食品原产地可追溯制度和质量标识制度，保障食品药品安全。"① 由此可见未来食品餐饮行业领域的政策监管将进一步加强，责任强度将继续提高。一方面，强化餐饮行业及食品加工生产行业的责任有利于规范和提升行业的经营管理水平和产品质量；同时加强食品安全监管也有利于保障公共安全及广大人民群众的切身利益。因此从提升社会整体利益的角度而言是积极有益的。但是另一方面，对从事餐饮服务的企业个体和整个餐饮行业而言，伴随着严苛的监管政策及不断强化的责任义务随之而来的是餐饮企业运行风险的增加，以及责任赔偿给企业带来的经营压力和运行成本的提高。

---

① 《中共中央关于全面深化改革若干重大问题的决定》，人民出版社，2013年11月，第51页。

商业保险作为一种风险管理的金融工具,通过大数法则来完成集中风险、分散风险、化解风险的过程。换句话说,"也就是将不幸而集中于个人的意外危险产生的意外损失,通过保险而分散于社会大众,使之消化于无形"。① 针对前述餐饮行业责任现状而言,保险领域尤其是责任险领域,在保险的主体定位、可保利益、条款设计等方面均出现了众多与餐饮行业责任风险现状相对应的契合点,因此使得餐饮及食品生产企业选择商业保险作为化解风险的金融解决方案成为现实可能。

一 餐饮行业风险现状分析

(一)风险的定义和分类

风险是指损失发生的不确定性,这种不确定性包括发生与否的不确定性和发生时间、空间的不确定性。它是由风险因素、风险事故和风险损失等要素构成的。

由于风险性质不同,我们可以按照以下维度对风险进行分类:

1. 客观风险与主观风险

客观风险是指可以量化测算评估实际损失与预期损失之差异的风险。这种风险是一种具有确定性的风险。

主观风险是指根据个人经验、心理状态对客观事件危险程度的主观判断所得出的风险结论。这种风险是一种具有非确定性的风险。

2. 纯粹风险与投机风险

纯粹风险与投机风险是一种根据风险是否有获利可能性进行的分类。

纯粹风险是指有损失的可能却全无获利机会的风险。

投机风险是指损失可能性与获利可能性同时存在的风险。

通常纯粹风险因为不存在利益因此为人们所极力规避。而投机风险因为存在利益驱动,因此使得行为人可以衡量考虑利益与风险的得失,从而做出

---

① 李玉泉:《保险法》(第二版),法律出版社,2005年1月,第8页。

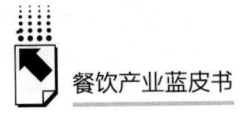

选择。

3. 静态风险与动态风险

静态风险是指由于自然力量或者人为失误所致的风险，例如自然灾害、意外事故导致的损失。

动态风险是指由于经济因素、政治因素、社会文化因素发生变化而产生的风险，如国家的汇率变化、进出口政策调整、消费偏好转移，使得行为者无法及时响应而造成损失的风险。

4. 基本风险与特定风险

基本风险通常是指那些由群体共性引发的风险，群体影响范围较大，本质上不易防范。

特定风险是指个案风险，其发生于个别的危险事件或危险单元。个案风险影响力有限，而且易于防范。

在现实生活中，任何主体面临的风险多数为上述几种风险的复合体。换言之在一个风险事件中往往包含多个不同类型的风险。本文重点讨论保险对餐饮行业应对风险发挥的作用，因此结合保险作为经济补偿手段的原则，我们把餐饮行业的风险明确界定为在其经营活动中由于各种行为或事件直接引发的企业财产性损失。

（二）餐饮行业风险现状的特征因素

分析餐饮行业，笔者认为其风险因素主要包括法律环境、舆论环境、自身经营特点等几个方面。

其一，随着国家法律法规的不断完善健全，尤其是对餐饮行业法律责任的逐步细化，使得餐饮企业在经营过程中面临更多的规则、标准和行为规范。这无疑加大了企业承担法律责任，进而成为赔偿义务主体的可能性。因此，势必使得整个行业面临更大的政策法律风险。

其二，社会关注度高。目前食品安全问题是社会关注的热点问题，而餐饮行业作为食品安全的一个重要行业同样受到社会舆论的高度关注。由于餐饮行业的特点，在很多情况下食品安全与餐饮行业存在着混同和连带责任的可能性。同时，社会舆论对这一热点话题的高度敏感，使得餐饮行业必须面对零失误、零负面的挑战,因为在当前的社会环境下餐饮行业一旦出现责任风险,就足以造成长时间的消费者信心丧失和企业乃至行业声誉骤降。

其三,企业自身抗风险能力弱。餐饮行业具有规模化、集中化、标准化程度低,经营相对分散的特点,因此行业风险相应呈现风险分散、发生频繁、单次事故损失额相对较小的特征,但就单一餐饮企业而言其对风险的认识程度相对较低、防范能力也相对较弱,缺乏专门用于抗御风险的财务准备及危机处理经验,因此往往一次风险事故将足以对一个餐饮企业带来较严重的经营挑战。

(三)餐饮行业面临的法律环境

从根源上讲,法律风险源于相关法律对餐饮行业的规范和约束。其本身遵循着法律规则产生法律责任,法律责任指向责任主体,责任主体承担相应义务,相应义务产生财产损失这一推演逻辑。

具体与餐饮行业责任相关的规制主要体现在以下几部法律中。

(1)《中华人民共和国食品安全法》

这部法律是在食品安全问题日趋严峻的大环境下颁布的,从法律的结构上看,其强调对食品生产的统一标准、生产环节的规范、监管部门的职责以及事故处置机制和赔偿罚则等几个方面。由于涉及食品安全这一公共卫生事业领域普遍关心的问题,法律的具体化和明确化程度非常高,可操作性也很强,是经济法法律部门中一门比较细致、比较严格的监管法。针对其对餐饮企业的重要作用,我们从以下几个具体法条足见其地位和影响。

首先是其行业基本法的地位。该法第二条明确规定:"在中华人民共和国境内从事下列活动,应当遵守本法:

(一)食品生产和加工(以下称食品生产),食品流通和餐饮服务(以下称食品经营)……"由此可见法律明确将餐饮行业纳入其规制范围。

其次是其强制性的行为约束规定。食品安全,关乎民生,因此法律在这方面对从事食品生产的企业的行为作了一定的限制,使得企业在特定情况下必须放弃或损失自身利益而维护公共利益。其中最为典型的是食品召回制度,本法第五十三条规定:"国家建立食品召回制度。食品生产者发现其生产的食品不符合食品安全标准,应当立即停止生产,召回已经上市销售的食品,通知相关

生产经营者和消费者,并记录召回和通知情况。食品经营者发现其经营的食品不符合食品安全标准,应当立即停止经营,通知相关生产经营者和消费者,并记录停止经营和通知情况。食品生产者认为应当召回的,应当立即召回。食品生产者应当对召回的食品采取补救、无害化处理、销毁等措施,并将食品召回和处理情况向县级以上质量监督部门报告。食品生产经营者未依照本条规定召回或者停止经营不符合食品安全标准的食品的,县级以上质量监督、工商行政管理、食品药品监督管理部门可以责令其召回或者停止经营。"通过此条,我们可以简单地归纳为国家通过法律的方式明确了企业承担责任的具体方式和规定动作。由此进一步延伸我们不难看出,对责任事故的止损投耗和营业中断的利润损失是企业必须承担和接受的。

最后是其加重的经济赔偿规则。本法第九十六条规定:"违反本法规定,造成人身、财产或者其他损害的,依法承担赔偿责任。生产不符合食品安全标准的食品或者销售明知是不符合食品安全标准的食品,消费者除要求赔偿损失外,还可以向生产者或者销售者要求支付价款十倍的赔偿金。"从该法条也能直观地发现,消费者可以要求十倍赔偿额度这一惩罚性措施,也体现出立法者在对待赔偿问题上对于弱者(消费者)的保护,从另一个角度看,宽泛的法律义务和严格的法律责任在一定程度上加大、加深了餐饮企业遭受经济损失的可能性和程度。

(2)《中华人民共和国侵权责任法》

餐饮行业作为服务行业,是一个面向公众,参与程度和互动程度都很高的行业。基于这种行业特点,侵权行为发生的可能性也较大。《中华人民共和国侵权责任法》(以下简称《侵权责任法》)是一部专门认定侵权行为,明确侵权责任的法律。我们将餐饮行业和该法律结合起来分析,可以发现除了一般的侵权行为法律规范外,还有个别条文非常容易成为餐饮企业承担法律责任的依据,因此值得我们重点关注。其一,《侵权责任法》第三十四条第一款:"用人单位的工作人员因执行工作任务造成他人损害的,由用人单位承担侵权责任。"此条主要是规定企业应当为其雇员的职务行为承担相应的责任。具体到餐饮企业,所有凡与之建立劳动关系,为餐饮顾客服务的人员都应当认定为企业的雇员,而这一群体中大部分是直接面对餐饮企业客户的一线服务人员,其文化程度、素质偏低。由于用人成本低，人员流动性高，在普遍缺少标准化规范和专业化培训的情况下因职务行为发生针对顾客的侵权责任的风险明显偏大。其二，《侵权责任法》第三十七条："宾馆、商场、银行、车站、娱乐场所等公共场所的管理人或者群众性活动的组织者，未尽到安全保障义务，造成他人损害的，应当承担侵权责任。因第三人的行为造成他人损害的，由第三人承担侵权责任；管理人或者组织者未尽到安全保障义务的，承担相应的补充责任。"如果说前述该法第三十四条是为一般企业设计的侵权责任，那么第三十七条则可以说是为明确餐饮及相关企业侵权责任承担范围而专门制定的。需要关注的是此条承担责任的原则显然不是过错责任原则，而是采取了过错推定原则。具体而言，在餐饮场所发生人身、财产损害的情况下只要餐饮企业无法证明其已经采取了相应的安全保障手段（例如相应的防护措施、提示义务），那么就推定餐饮企业存在过错，而承担相应的侵权责任。即便该损害是由于第三人过错造成的，餐饮企业也有可能因为上述原因而承担补充责任。简言之，在诉讼过程中，餐饮企业在这种举证责任倒置的法律规定下要承担相应的证明责任，如果不能证明则要为此承担不利的法律后果。然而众所周知，在现实的经营现状下，餐饮场所环境复杂，人员众多，同时，整个餐饮服务流程的个性化程度高，可控性较差，相应的经营成本敏感导致防护意识淡漠、防范措施有限。其中，非常经典的案例就有斯黛拉·莉柏克诉麦当劳咖啡烫伤案件，我们抛开具体的案件细节、诉讼过程以及法律差异，单纯从企业风险防范的角度分析，像麦当劳这样以生产标准化、管理规范化著称的餐饮企业都很难做到有效的事前防范以及法律责任规避，因此，针对餐饮企业而言发生侵权行为极易，而举证免责很难。

（3）其他相关法律规范

除了《中华人民共和国食品安全法》这部专门的法律之外，在其他法律规范中也不难发现可能导致餐饮行业承担法律责任的条文表述。例如：如果把餐饮企业作为食品的生产企业那么就可能适用《中华人民共和国产品质量法》专章关于损害赔偿的规定。另外，如果换个角度从消费者的角度考虑，一旦消费者在餐饮企业就餐发生人身或财产的损失那么自然也可以引用《中华人民共和国消费者权益保护法》中关于消费者求偿权的有关规定获得赔偿。

通过简单的梳理我们可以看出，对于像餐饮行业这种介于生产和服务两个领域的跨界行业，其在劳务用工、产品质量、服务内容等方面，在当前针对餐饮行业法律义务性、禁止性规范不断加重的法律环境下产生侵权责任赔偿的可能性也在加大。

（四）餐饮行业面临的自身运营风险

如果说法律因素只是一种可能性风险因素，或者说是客观因素的话，那么从整个餐饮行业看，其自身运营所产生的则是必然因素和主观因素。因为所有的法律规定的责任承担，最终都是由于餐饮企业开展经营活动而引起的。

就餐饮企业而言，一是食品安全风险，这必然是首要风险，相关的例子也很多，如福寿螺事件、石蜡火锅事件、地沟油事件。通过上述事件我们不难发现除了之前提及的监管措施不到位的原因外，还有一个很重要的原因是餐饮行业本身是一个综合性服务行业，从原材料到菜品要经过多个环节，食材选取、储存、加工方法等任何一个环节的疏忽都有可能造成食品安全责任事故。二是在运营过程中，像传统烹饪需要明火作业，存在一定的火灾隐患，尤其是需要现场烹饪加工的部分餐饮模式（火锅、桌面烧烤等）其火灾、爆炸的风险更大。因此存在因为火灾、爆炸等意外事件给企业及顾客造成严重的人身或财产损失的可能性。三是餐饮场所的人员相对集中，人员结构复杂，发生酗酒滋事或酒后冲突伤害等人为暴力事故的可能性也相对其他场所偏高。

另外，从餐饮企业服务对象——消费者的角度分析，鉴于餐饮行业的特点，也容易发生消费者投诉或者维权事件（见表1、表2）。

表1 2012年投诉量居前十位的商品和服务

单位：件

服务类别	2012年	服务类别	2012年
媒体购物	25424	洗涤、染色	7219
移动电话服务	22217	保养和修理服务	7187
网络接入服务	16708	整形服务	5617
美容、美发	8825	快递服务	4598
餐饮服务	8595	房屋装修	4571

资料来源：中国消费者协会官方网站：http：//www.cca.org.cn。

表2 2013年上半年投诉量居前十位的商品和服务

单位：件

服务类别	2013年上半年	2012年上半年	服务类别	2013年上半年	2012年上半年
媒体购物	18471	10672	洗涤、染色	3726	3983
移动电话服务	10764	11689	餐饮服务	3090	4561
网络接入服务	7211	7097	固定电话服务	2641	2950
美容、美发服务	4398	4505	房屋装修	2379	2215
保养和修理服务	3872	3198	交通运输	2009	2263

数据来源：中国消费者协会官方网站：http：//www.cca.org.cn。

从表1和表2中我们不难发现，餐饮服务在2012年及2013年上半年均属于消费者投诉最多的前十项商品和服务。究其原因，除了餐饮行业自身因素外，作为消费者而言其维权成本低、维权意识强、举证能力较强，同时立法规定偏向于保护消费者利益，类似事件的社会关注程度高、舆论影响大也是非常关键的因素。因此，这从一个侧面也反映出餐饮行业发生侵权责任事件的可能性较大，餐饮企业的侵权赔偿风险较大。

二 商业保险机制在餐饮行业应用的可行性分析

（一）保险的作用

一提及保险，可能其给人的直观印象是对偶然发生的个别风险的经济性补偿，但事实上保险是一种应对风险、控制风险，最终实现防范风险的手段，损失补偿和危险分担只是保险最普通最直接的作用之一。除此之外，保险同样是实现风险管理的有效手段。通过保险可以对风险进行有效的预算安排，减少风险事件给企业经营带来的不确定性。同时，企业可以通过保险公司的经验数据全面了解企业乃至整个行业的风险状况，充分认识企业经营的风险点，从而在保险公司的帮助下共同建立防灾防损机制，最终实现通过保险预防风险的目标。

对参与餐饮服务活动不同的社会主体而言，保险的具体作用主要表现在以下几个方面：

1. 对于个别企业

对餐饮企业个体来说，保险最为直观现实的作用就是当发生保险责任范围内的事故时，能够及时获得经济赔偿，而经济赔偿一方面能够有效降低企业在应对事故风险时的经济压力，及时快速到位的资金能够使企业迅速恢复经营或者妥善解决争议，避免企业因为事故带来的经济损失影响经营；另一方面除了通过保险弥补经济损失外，保险还可以帮助企业恢复名誉、修复公共关系，尤其是在面对侵权责任事故时，保险能够使侵权受害者及时获得赔付，对于缓和矛盾，平息争端，避免事态升级有积极正面的效果，因此保险往往是企业进行危急公关所需要利用的重要工具和方法。同时我国的保险法赋予了一定条件下保险公司的代位求偿权，某种程度上使得保险公司与餐饮企业成为一个利益体，尤其是在面对责任难以区分或者面临基于某种原因需要餐饮企业先行承担赔付责任的情况，保险公司作为经营风险的专门企业，其在处理争议、开展公估、应对诉讼、事后追偿、处理损余财产等方面具备普通企业不具有的专业能力和核心优势资源。因此对一个企业而言在向保险公司转嫁风险的同时也将部分烦琐专业的危机处理和善后事宜转移给了保险公司，一方面使得企业可以集中资源做好自己专业内的工作，另一方面也能够通过保险公司分担和缓解风险危机造成的各种压力。

2. 对于广大消费者

消费者在责任事故中往往是受害者和弱势一方。商业保险制度能保障消费者在发生责任事故时及时获得赔偿，在一定程度上将企业侵权责任赔付转化为一种保险责任赔付，从而避免了餐饮企业，尤其是部分实力薄弱的餐饮企业在发生责任事故时出现自身偿付能力不足的问题，切实保障了法律规定的消费者在遭受损害时的求偿权，能够切实维护消费者的合法权益。因此从某种意义上讲，行业保险能够惠及更多的处于弱势地位的消费群体，其自身具有一定的社会公益价值。

3. 对于整个餐饮行业

首先，从保险补偿损失的角度分析，或许对单个的餐饮企业而言，风险是偶发的小概率事件，但是从整个餐饮行业的角度看，风险是必然且客观存在的，其差别仅在于发生在不同的行业个体之上而已。而保险对整个餐饮行业的作用在于充分利用大数法则，集中风险又分散风险，这种集中和分散过程的完成，并不仅仅局限于某几个企业，或者某一行业，而是通过险种维度（例如全社会各行业企业财产险、各行业的公众责任险）在整个社会范围内分散和化解某一个行业必然存在的风险。

其次，从风险防范的角度讲，保险公司具备的一大核心优势就是，通过对大量灾害事故数据的积累，具有丰富的经验数据，作为经营风险的企业，保险公司在识别风险、防范风险方面具有较高的技术能力，往往通过对各种灾害事故的统计能够做出相关行业甚至个别企业的风险分析，查找风险点，评估危险单位。餐饮行业相对于制造业而言风险识别防范能力较弱，缺乏系统化的风险控制手段和方法，因此有必要通过保险公司提供全面系统的防损经验，从而达到提高全行业风险防范意识和水平的目的，有效降低事故发生的可能性。

（二）餐饮行业的保险

餐饮行业的风险主要可以分为两个风险类型，一类是企业因遭受意外而面临的自身财物损失，另一类是企业因侵权（包括内部侵权和对外侵权）而承担的责任赔偿，与之应对的主要包括企业财产保险、雇主责任保险和公众责任保险。

1. 企业财产保险

企业财产保险是在火灾保险的基础上演变发展而来的，主要承保火灾及其他自然灾害和意外事故造成的财产的直接损失。[①] 顾名思义其主要承保被保险人的财产损失风险。结合餐饮行业特点，该险种主要承保餐饮行业易发的火灾事故、管道破损、压力容器爆炸等意外事件给餐饮企业的财产（包括库存财产）带来的经济损失，同时该险种也承保因为暴雨、洪水、台风等各种自然灾害给餐饮企业的财产（主要包括房产、设备）带来的经济损失。就餐饮行业而言，其前期场所、设备等固定资产投入较大，因此由于意外风险带来的损

---

① 付菊：《财产保险》，复旦大学出版社，2005年9月，第122页。

失压力也相应较大，而企业财产保险能够最直接地帮助经营者减轻财产损失。

2. 雇主责任保险

雇主责任保险是指雇员因为从事被保险人安排的工作而遭受属于具体保险保障条款范围之内的职业病伤害或因从事工作导致的致伤、致残、致死而被保险人根据法律需要承担的经济赔偿责任。该经济赔偿责任由保险人在责任范围内予以赔偿。

餐饮企业雇员，通常处于比较弱势的地位，且普遍存在劳动强度大，薪水报酬低。在相关的劳动保护措施不健全的情况下，通过雇主责任保险为餐饮企业广大一线劳动人员提供保障，一方面是保障弱势群体，体现企业社会责任的举措，另一方面也为企业在发生雇主责任时，提供责任赔偿资金，避免劳资关系恶化，降低发生其他连带风险及发生劳资纠纷或诉讼的可能性。

3. 公众责任保险

公众责任保险是一种保障责任相对比较宽泛的险种，其主要承担被保险人在公众场所由于过错给其他人造成的损害，而需要给付的经济赔偿。这种保险适用条件和环境都非常宽泛，因此又被称作普通责任保险和综合责任保险。综合责任保单则适用一般处所，以及并非特定于保单中之某种工作。① 正如前面分析，餐饮行业是典型的社会服务行业，也是公众责任高发易发的行业，因此选用公众责任保险为餐厅环境、后厨制作、就餐过程以及食品安全等可能发生责任风险的环节提供保障是餐饮经营者应对责任风险的有效手段。

（三）餐饮行业保险的责任免除

保险之责任免除是指在保险契约中被保险人明示排除承接的某些风险，即在保险合同中明确规定，当发生上述情况时，保险人不负责赔偿，通常情况下有关不保事项之规定包括：不保之危险事故、不保之损失、不保之财产、不保之所在地等内容。②

之所以要单独强调责任免除，是因为除外责任往往最易引起误解，同时也

---

① 袁宗蔚：《保险学》，首都经济贸易大学出版社，2000年2月，第573页。
② 袁宗蔚：《保险学》，首都经济贸易大学出版社，2000年2月，第263页。

是最容易引发保险人和被保险人纠纷的内容。通俗地讲保险合同实际上是保险人和投保人、被保险人关于风险承担所达成的合意。既然是合意，自然包括各方接受的条件及该条件下相应的权利义务范围。而除外责任事实上就是保险人不能接受，或者有条件接受（一般通过调整条款、费率以及免赔额的方式接受）的内容。通常情况下由于保险合同非常专业，而且又以保险人事先确定的格式合同居多，因此保险人往往在除外责任上会采取颇具匠心的表述。针对保险人可能在除外责任上有意做出规避责任的表述，同时避免由于对除外责任的误读造成的纠纷，《中华人民共和国保险法》第十八条明确规定："保险合同中规定有关于保险人责任免除条款的，保险人在订立保险合同时应当向投保人明确说明，未说明的，该条款不产生效力。"上述法律条文是针对保险人而言的，同时也是最大诚实信用原则对保险人的要求。

为了餐饮行业能够更好地理解保险合同中的除外责任，使保险更能为餐饮行业所接受，以下列举某大型国有保险公司与餐饮业经营者责任保险条款中关于除外责任的表述：

下列原因造成的损失、费用和责任，保险人不负责赔偿：

（一）投保人、被保险人及其代表、雇员的故意或重大过失行为；

（二）被保险人违反国家有关规定非法从事经营活动；

（三）战争、敌对行动、军事行为、武装冲突、罢工、骚乱、暴动、恐怖活动；

（四）核辐射、核爆炸、核污染及其他放射性污染；

（五）大气污染、土地污染、水污染及其他各种污染；

（六）行政行为或司法行为。

下列损失、费用和责任，保险人不负责赔偿：

（一）监护人未尽到监护义务造成被监护人的损害；

（二）因传染病造成的人身损害；

（三）被保险人雇员的人身损害和财产损失；

（四）被保险人与他人签订协议约定的责任，但无该协议时仍然应由被保险人承担的法律责任不在此限；

（五）罚款、罚金及惩罚性赔偿；

（六）精神损害赔偿；

（七）本保险合同载明的每次事故免赔额或免赔率。

第七条 其他不属于保险责任范围内的损失、费用和责任，保险人不负责赔偿。

此处值得注意的有两点，一是此处列出的只是餐饮业责任保险，事实上，餐饮企业面对的往往是综合风险，因此选择企业财产保险还是雇主责任保险，其责任免除范围会有所不同；二是保险产品通常是根据风险大小程度状况差异而分别设计的，一个保险产品中的责任免除条款，很可能对应着一个保险公司产品体系中的某个独立的条款或险种产品，因此此处的除外责任仅仅是指在当前这一险种产品中保险人不承担的保险责任，但是完全有可能保险公司有其他的险种（产品）承担上述风险的责任，例如上文所引用的条款中提及的传染病免责条款，事实上在保险公司的产品条款体系中将其视为一种特殊风险作为专门的餐饮行业责任险附加险条款供投保人选择，而被保险人雇员的人身损害和财产损失免责条款，则非常有可能是在另一险种雇主责任险或者意外伤害保险中体现。

三 餐饮行业引入商业保险机制的模式探讨

在餐饮行业引入保险，使保险成为对餐饮行业发展保驾护航的有利工具，必须充分分析行业协会、监管部门、餐饮企业三者地位关系和现实需要，形成有效运作的长效机制。

当前的餐饮企业保险采购，大多是独立的分散零星购买。这种保险采购方式有以下几个弊端，一是单一的餐饮企业对风险的认识不全面，并且个体企业往往存在主观侥幸的风险意识，同时由于缺乏经验数据、案例，因此很难全面认识和把握风险，从而很有可能出现投保范围和保险深度不匹配的问题。二是单一餐饮企业与保险公司之间的保险合同谈判地位不对等的问题。投保人在采购保险时相应的议价能力和承保条件的谈判能力都比较弱，因此单一企业采购保险的成本较高，保险条件较单一与餐饮企业面临的现实风险的契合度也相对较差。

介于上述两点原因，我们可以探索采取集中采购、行业统保的模式运作保险。具体来说可以尝试以下几种方案。

（一）强制保险模式

强制保险模式，顾名思义就是采取行政措施强制企业参与保险，类似于目前实施的机动车交通强制责任保险，这种保险模式事实上是将保险作为一种公益保障措施，主要是针对餐饮行业经营过程中发生风险且危及广大消费者（主要涉及公共卫生和食品安全领域）利益时，能够将商业保险作为有效的经济补偿和赔付手段，有效化解危机从而保障公众利益同时也提高餐饮行业抗御风险的能力。

这种保险模式的优势在于，由于采取的是强制保险模式（通常是将保险作为企业年检或者行业资质审核的一项标准），因此保险覆盖面宽，投保基数大，能够充分体现并利用大数法则分散风险的原理，在能够降低保险费率的同时还能有效保障保险机制的稳定运营，有利于投保企业降低投保成本。同时由于此种保险带有支持公共卫生事业、切实保障消费者权益的公益性质，在条款设计上定然会考虑到公众在进行餐饮消费的时候面临的风险，从而设计出合理的保险条款。另外，由于是强制保险，无论是在投保环节还是在理赔环节都能得到舆论、公众以及政府相应的监督和保障措施，从而确保保险机制运行的效率和效果。

但是，这种强制保险模式的劣势在于，它是市场化运行机制的一种特例模式，有违投保自愿、退保自由的原则。因此如果要采取这一模式，必须权衡市场经济自由原则与保障公众卫生和食品安全，促进餐饮业健康发展这两者之间的冲突和矛盾。同时，从其他行业推行强制保险的经验看，通常的结果是在最低的保障范围内进行最大范围的投保普及，也就是说强制保险很可能只会考虑化解公众面临的风险而不太关注广大餐饮企业真正面临的经营风险和财产损失。因此想通过强制保险的模式真正帮助餐饮企业分散、化解风险的作用是有限的。同时，对保险公司而言，如何在一个较低费率水平上持续开展这种带有较强社会公益性质的保险业务同样存在利益驱动性不足、成本可控性较差等一系列难题。

（二）协会统保模式

由行业协会牵头组织企业参加商业保险的模式是当前各行业普遍采用的模式，通常情况下这种模式有"统谈分签"和"统谈统签"两种操作方式。第一种，所谓统谈分签是指行业协会作为与保险公司的谈判对手方，统一代表各餐饮企业与保险公司（或者多个保险公司组成的共保体）商定保险合同的内容，内容主要包括承保费率和承保条件，然后由各企业在合同范围内自行向保险公司投保。而第二种操作方式是"统谈统签"。保险法修改后不再要求财产保险投保人在投保时对保险标的具有可保利益，而只要求在出险时被保险人对保险标的具有可保利益。因此，行业协会完全可以作为投保人以协会内会员企业为被保险人投保财产保险。通常情况下行业协会梳理有意愿参与保险的企业清单，汇总保险需求，分析行业风险数据，然后向保险公司统一投保、统一结算。

行业协会组织统保的优势在于，相对于强制保险而言，协会作为非政府组织不具有行政强制性，因此有效规避了行政垄断、违背市场经济运行规律的嫌疑，其推动阻力和社会压力也较强制保险要小。同时，行业协会作为行业代表，又具有一定的行业号召力和影响力，相对于强制保险的公益性而言，行业协会能更好地代表企业集体利益，真正关注餐饮企业自身面临的风险和财产损失。在代表行业利益的同时也最了解行业运行的风险状况，因此作为行业代表与保险公司进行统保谈判，其议价能力和商定保险条款的能力也相对较强，而且，行业统保在操作上也更加规范，能够通过招标或者竞争性谈判等方式从众多保险公司中客观选择实力较强、条件较好的保险主体，从而保障保险服务的质量。

但是不能忽视的是，行业协会组织统保的最大问题在于行业协会的控制力度，协会统保的关键因素在于能否成功组织大量会员单位参与保险。通常情况下协会会采用诸如自律公约、行业评级等方式对会员单位进行管理，而以上述措施引入商业保险机制，对管理相对松散的行业协会而言，确保一定比例的投保基数是有难度的。另外，协会要充当保险公司和餐饮企业之间的协调人，可能会面对大量的保险日常事务，并需要参与保险公司与餐饮企业的协商，这也势必会增加协会的工作量。

（三）组合保险模式

除上述两种保险运行模式外，兼顾某些餐饮企业作为独立市场主体可能产生的个性化保险服务需要，有必要推广一种混合型保险运行模式。根据不同的投保目的、保险需求和保障对象，采取分层次的组合保险方案，既保障保险的投保密度同时满足一定的保险深度和保障范围。

图1为餐饮行业组合保险方案模型示意图。

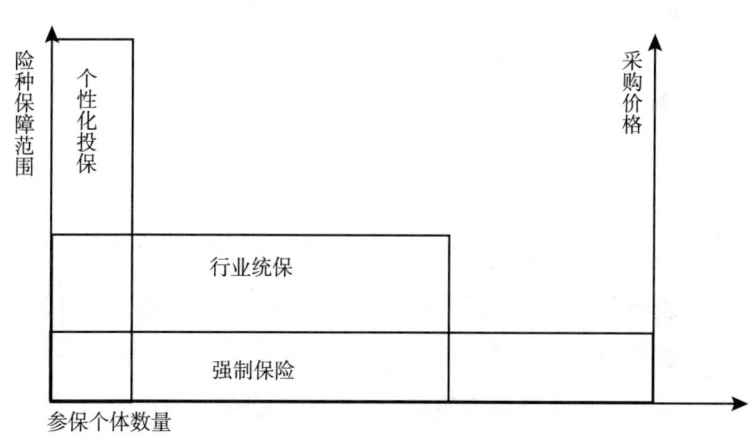

图1　餐饮行业组合保险方案模型示意图

关于上述模型示意图，在实际应用中还需要作如下解释说明。

一是强制保险作为一种普及性保险其具有参保主体多、保障范围窄、投保价格低的特点，主要涉及餐饮企业在经营活动中由于自身行为产生的可能影响公众利益的一些责任类风险，如食品安全责任保险等。

二是协会主导的行业统保。这种业务是在投保强制责任保险的基础上，行业根据自身特点，通过协会组织其成员单位参与保险，旨在扩大和提高参保企业的保障范围与保险深度，如企业财产险、机器损坏保险、货物运输保险等。

三是个性化投保。这种投保设计主要是针对个别规模化餐饮企业，或在风险防范上有特殊要求的企业，可以在强制责任保险和行业统保的基础上自行选择更大的保障范围，满足个性化的投保需要，如企业营业中断保险、信用保证保险等。

从保险人的角度看强制保险、行业统保以及个性化投保，参保单位上呈现的是递减趋势、保障范围上呈现的是由单一到全面的递增趋势，因此在设计这种组合保险模式时有必要与餐饮行业通力合作，为行业风险划分层级，确定底线型投保风险、完善型投保风险以及个性化投保风险，然后在设计保险产品时，采取阶梯定价，在确保阶梯责任衔接的同时剔除不同风险需求责任叠加部分避免出现超额保险。最后，为了确保上述保险机制能长效运作，有必要引入专业的保险经纪人，在组织招标、数据汇总、票据结算、大案索赔等诸多保险专业领域配合餐饮企业及行业协会开展工作。

结　论

商业保险作为一种金融手段，其最直接最明显的作用即是通过对发生危险的被保险人的救济和补偿，减轻其由于风险的不确定性而带来的经营压力。对企业个体而言通过购买商业保险以达到转嫁风险的目的。

然而，保险除了能够补偿那些遭受不幸的个别企业的损失外，从更为深远的角度看，保险事实上能够通过对风险经验的积累分析，并反映在保险条件及费率之上，从而通过市场价值规律自然地调动、激发人们在经营活动中趋利避害的理性，引导经营者为防范经营风险有所为有所不为，最终确保整个行业风险防范意识的提高，保障其规范、健康有序的发展，一定程度上降低风险发生的可能性，实现商业保险机制不但能应对风险更能预防风险的目的。

通过对法律政策环境及自身经营特点的分析，笔者认为餐饮行业参与商业保险在企业个体利益、行业利益和公共利益等方面均具有现实意义和价值。因此如何建立本行业有效运作的商业保险机制是值得深入细致研究的。在此笔者只是概括提供了一种可行的框架性的操作方案，在具体实际操作过程中仍然需要通过餐饮企业、行业协会、保险公司、保险中介机构等多方主体具体协商，收集统计行业风险事故，制定本行业的风险因素表，在此基础上制定保险条款、厘定保险费率。通过量体裁衣的方式为餐饮行业提供理想的商业保险方案。

参考文献

1. 《中共中央关于全面深化改革若干重大问题的决定》，人民出版社，2013。
2. 李玉泉：《保险法》（第二版），法律出版社，2005。
3. 付菊：《财产保险》，复旦大学出版社，2005。
4. 袁宗蔚：《保险学》，首都经济贸易大学出版社，2000。
5. 徐娇：《餐饮业食品安全相关法律法规汇编》，中国标准出版社，2008。
6. 李芸：《对餐饮场所公众责任保险实践的理论分析》，对外经济贸易大学出版社，2007。

B.5
餐饮业中的乳品安全问题探讨

曹 成*

摘　要：

> 乳制品质量及安全的治理是一项复杂的系统工程，工程的整个过程需要符合高质量和高效率的"双高"要求，任何一个环节的不到位都可能影响到乳制品的质量和安全，进而会直接影响消费及餐饮市场的正常发展。近20年里，我国乳业发展迅猛，我国政府先后发布多项政策法规对乳制品质量进行规范。本文分析了国内乳制品安全发展的状况，并与澳大利亚奶业的乳制品的生产、销售、合作及管控方式进行对标分析，提出企业治理、政府监管、市场管理、科技创新及信息公开等方面的意见建议，以期能对我国乳制品乃至餐饮行业产生积极作用。

关键词：

> 乳制品　质量　监管　安全

中国人饮用或食用乳制品的历史十分悠久，乳制品以其独特的风味和丰富的营养被大家所喜爱，也极大地丰富了人们的餐桌，我国历史上西汉时期就有了对乳制品的记载。而乳制品业也对餐饮业有着不可低估的影响。根据新华社2013年11月的舆情统计数据，11月间网络媒体关于食品行业的相关报道近47000条，日均报道量达1500余条。① 食品行业相关微博数量达600万条以上。数据表明，食品行业中最受关注的企业为蒙牛、伊利、茅台、五粮液与娃

---

* 中国社会科学院研究生院MBA硕士生，中国社会科学院财经战略研究院服务经济与餐饮研究中心特聘青年研究员。

① 引自新华网网络舆情监测分析中心食品月报，2013年10月、11月、12月。

哈哈。乳制品相关企业居然在其中占据了3席，显而易见，就公众的关注程度而言，乳制品毫无疑问占据了首位。在"三聚氰胺"事件后，乳制品和乳制品企业由于与消费者健康息息相关始终长期被置于舆论的焦点之中，可见其在消费者心中的重要性。

从餐饮产业整体平台上可以清楚地发现，餐饮业是种植、养殖、加工、仓储、流通、厨房及餐桌等环节中的最终处理者，是"生产、销售、食用"三合一的综合性服务体。食品安全监管最重要，亦是最难管理的节点。消费者在餐厅用餐消费期间，重视的是物质享受和精神享受，消费者可以在口味、服务及价格方面具有话语权，但在隐性的食品安全方面的责任则毫无保留地托付给企业和餐厅。而在餐饮消费活动中，原料、调味品、酒水及菜肴全环节上都有乳制品的身影，可见乳制品是餐饮原料的绝对主力军之一。

乳制品质量及安全问题的管控是一项极为复杂的系统工程，从乳畜饲养还未能产奶之时，就已经决定了其乳制品的质量，而鲜奶由于其特性需要第一时间进行冷却、收集、储运及加工，而且整个过程需要达到高质量和高效率的"双高"要求，任何一个环节的不到位都可能影响乳制品的质量和安全，直接影响消费者健康及餐饮市场的正常发展。

从政策层面看，国家食品药品监督管理局在2010年年末发布了《关于进一步加强餐饮服务环节乳品监管工作的通知》，该通知从餐饮服务特点出发，明确要求加大采购、检查、抽检、协调及处罚五方面的力度，同时要求建立健全食品安全档案。乳制品在2008年"三聚氰胺"事件后再次被纳入专项的监督检查中，而且明确了监管的范围——餐饮服务。由此可见，乳制品已经深深渗透到餐饮行业。另外，据不完全统计，我国从1988年到2013年先后颁布了30多项关于乳业的政策或管理条例，从产业政策到鼓励发展产品技术目录，从企业的生产规范到检验方法或标准，可谓无所不包。

一 我国乳业安全现状

我国乳业在近20年里发展迅猛，从政策层面看，我国乳业作为重点行业，对其进行鼓励和发展的标志是在1998年颁布了《当前国家重点鼓励发展的产业、产品和技术目录》。我国在支持乳业发展过程中先后出台了"以奶换料"的饲料供给政策、乳品收购补贴政策、乳制品保护政策等。在此类政策和经济环境的影响下,建立了法律法规监管体系和技术及管理等标准体系,虽然这些为乳业发展提供了一定程度的保障,但问题依然存在。

尤其是在"三聚氰胺"事件后,我国合格奶源的增长速度与乳业的发展速度不相匹配。规模化奶牛养殖基地建设缓慢,导致奶源供不应求,后续奶源增长乏力。未来3~4年内,奶源紧缺化将成为制约我国乳业发展的一大瓶颈,这已成为整个行业的共识。但是整个乳制品行业尚未形成健康、稳定、合理的利益分配机制,令奶农利益无法得到保障。据业内人士分析,原奶价格即使突破历史新高,但奶农几乎没有从中受益。奶价低时奶农放弃养殖,杀牛转产;而奶价上涨时,奶站经营者获取了最大利益,大批奶农由于收益微薄,纷纷退出养殖市场。有乳企认为,存栏奶牛数量差异如此之大,固然有统计数据来源不同的原因。但更主要的原因是,近年来,各地政府在上报奶牛养殖数量和奶产量时,都存在不同程度的虚报情况。各地不愿主动面对奶牛养殖出现大幅下滑的局面,传统大省的表现尤为突出。另有认为,一些中小在大型多年来建立的稳固的奶源基地抢奶,不仅造成投资企业损失严重,也打击了企业建立奶源基地的积极性。这对我国整个乳业上游原材料的安全产生极大影响。① 乳制品质量安全领域中存在国家标准滞后、优质奶源不足以及复原乳挤占鲜奶市场等三大问题。

我国目前乳业监管法律法规体系是以技术标准为支撑、认证体系为手段、食品安全制度为保证的三合式控制来全面管控乳品安全的。从法律上来讲,《中华人民共和国食品卫生法》和《中华人民共和国农产品质量安全法》对乳制品安全的保证有着重要意义。从产业政策上来讲,2008年国家发改委公布的《乳制品加工行业准入条件》和2009年修订的《乳制品工业产业政策》,可以看出政府对乳制品整体产业的重视和培育。在准入条件上,提高了准入门槛,明文强调"液态乳生产企业所用生鲜乳必须100%出自稳定可控奶源基地,配方粉生产企业这一比例则为50%。新建乳制品加工项目与周围已有乳

---

① 新华网:《"奶荒"抬高奶价 未来形势不容乐观》。

制品加工企业的距离，北方为100公里以上，南方为60公里以上"。为了避免同质化发展做出诸多限制，同时也鼓励建设具有地方特色的奶源基地，新增加了"耗牛乳、水牛乳、山羊乳等地方特色乳制品建设项目不受上述准入规模限制"的内容。而且还进一步制定了"在不符合准入条件的情况下，城乡规划部门不办理规划许可手续；国土资源部门不办理用地批准手续；金融机构不提供任何形式的新增授信支持；电力部门不予以供电"的严厉措施。在质量安全上，进一步强调"健全质量监管制度，建立和完善乳制品检验制度、产品质量可追溯及责任追究制度、问题产品召回制度和质量管理制度，强化进出口乳制品的检验检疫"。

"三聚氰胺"事件后，我国对乳制品安全重新进行了标准清理和修订，其中清理后的标准共三大类75项，分为产品标准17项、生产规范2项、检验方法标准56项。就国外而言，以美国和丹麦为代表的集中分散模式和集中模式被公认为比较高效的监管模式，以英国为代表的杂乱性分散模式漏洞百出。我国食品监管也是多管齐下，分段监管，直接导致"婆婆多、不管理、某一部门管而无效"的监管结果。乳制品监管的治理结构在整个乳制品产业链上，表面上各司其职，然而乳制品的自然属性和乳业的行业属性使得乳制品安全涉及农业部、卫生部等多个部门。行政监管的临时性，不能保证长期有效的乳业安全，而且也存在多个乳品行业协会"齐抓共管"的现象，管理上界限模糊，一旦出现乳品安全事件便会各执一词，责任不清。奶业和乳制品协会作为沟通奶农、乳品企业、政府的中介组织，应当合并相关职能，才能很好地发挥服务职能，实现有效监管，提升乳制品行业水平。另外，中国乳业要重建消费者的信心，关键在于加大处罚的力度，让违规企业付出一定的代价。

可喜的是，中国大型乳制品企业之一——蒙牛集团在奶源上有着先人一步的做法。作为国家农业产业化重点龙头企业，创业以来蒙牛集团在全国各生产基地的周边地区建立奶站3000多个，联系奶农200多万户，累计收购鲜奶超过2000万吨，为农牧民发放奶款600多亿元，提供就业岗位超过40万个，被社会形象地誉为西部大开发以来"最大的造饭碗企业"。为适应现代化生产要求，向消费者提供高品质产品，蒙牛集团不断引导和加强生态型、集约化、标准化奶源建设。在各地政府的大力支持和社会力量的积极参与下,蒙牛集团的奶源基地建设已基本实现集约化和标准化,来自现代化生态牧场、养殖小区的高品质奶源比例已提升至近80%,从源头上保证了牛奶质量。

蒙牛集团始终视产品质量为生命,倡导"没有质量,一切都是负数"的理念,推行全员质量管理,在原奶收购、生产、仓储运输等各个环节严格把关,同时投入大量资金建立了具有国际先进水平的乳制品质量检测中心,培养出一支高素质的质量检测队伍。每一包牛奶在出厂前,都需经历9道工序、36个监控点、105项指标检测。在此基础上,2011年蒙牛集团又大力推广"巡更监控系统"管理计划,该系统覆盖收奶、生产的每一个环节,相关工作人员的指纹和工作进展情况被逐一记录下来,做到了详尽可查,为产品质量安全又加了一道"安全锁"。

二 乳品安全问题

在探讨我国乳品安全的状况前,我们先来了解一下发达国家乳业安全的相关情况,以期在对比和竞争中求进步、促发展。

我们以澳大利亚为例,在乳业政策方面,澳大利亚是我国乳品的主要进口国之一,乳业是澳大利亚排在小麦和肉牛之后的第三大产业。由于地理条件优越,其畜牧业一直处于世界先进水平,养殖模式、市场运营等各方面都值得借鉴。奶业作为澳大利亚农业中的第三大产业,积累了大量的经验,也值得我们借鉴。澳大利亚奶业一直十分注重改进奶牛品种、提高草场质量和进行饲养补助。由于澳大利亚人口仅有2000多万人,近年来其奶业出口量一直维持在产量的40%~60%。①

澳大利亚奶业政策长期实施液态奶市场供给的管制,具体为澳大利亚各州政府都对饮用奶的生产供给进行管制,通过制定产品的农场出场价格或者是实行生产的配额制来达到管制的目的。每个州都制定了相应的规章,对生产、销售以及产品价格等都做了规定。具体如下。

---

① 韩高举:《中国奶业发展问题研究》,华中农业大学博士学位论文,2005年。

(1)澳大利亚乳业局(DA)作为奶业的一体化的桥梁,每年制定战略和计划,实时关注行业变化,为全国的奶农积极寻求利益的最大化。对奶产品农场出场价实施控制,出场价因各州的情况不同而不同,一般来说制定的价格都要比同时期的乳制加工品价格高出一到两倍,通常出场价每隔3到6个月要进行调整,以便适应成本的波动,缩小与乳制加工品之间过高的价格差距。实行这种机制是为了保证全年液态奶的供应不受季节和成本波动的影响。

(2)配额制。配额制规定奶农只能在规定的时期销售规定数量范围的饮用奶,在配额范围内的饮用奶将享受较高的农场出场价,超出范围的生产者将会受到一定程度的惩处。生产不同产品(液态奶、酸奶、奶酪、奶粉等)的原奶的价格不一样,生产液态奶的价格最高,生产奶粉的价格最低。奶农必须获得配额才能进行牛奶生产,将奶农的牛奶生产量控制在配额范围内,可以确保市场的稳定及奶农能获得平均利润。

(3)加工利润的调控。饮用奶农场出场价及零售价的制定意味着整个产业链中的其他价格也随之固定,因此饮用奶的加工、运送以及销售利润在一开始就固定了,只有当生产成本及税收政策等发生变化时,整个产业链的利润才会随着农场出场价的改变而改变。

(4)加工及销售范围的规定。各州政府建立了严格的加工和销售许可制度,即只有获得加工或销售许可的经营者才有权在某一地区或某一市场进行饮用奶加工和经营。在很多州奶业销售商直接与指定的加工商联合,在一个规定的区域内进行经营。

尽管对饮用奶市场严格的管制在一定程度上扶植了本地奶业的发展,为当地的奶农带来了一定的利益,但是这种人为制定的高额收购价使得乳制品市场形成了截然不同的两个部分:饮用奶和乳制品。

澳大利亚的乳制品安全隶属食品安全监管的范畴,其安全监管通过食品安全的监管机构和对食品安全的市场监管来实现。澳大利亚食品监管机构包括澳大利亚食品标准局和澳大利亚检验检疫局,海关、卫生和老年保健部,以及农渔林业部等,根据各自职责,分别负责监管食品供应链中的某个或某些环节,确保食品是安全的,并满足有关微生物污染物及化学污染物等的限量标准。根据澳大利亚的宪法,有关食品的具体管理事务由各州区负责,因此澳大利亚食品安全的市场监管主体是州区政府，由其负责具体执行食品标准，对于违反有关食品管理规定的任何个人或组织，州区政府及任何个人或组织都有权采取相应的法律行动。澳大利亚政府并不直接对具体经营者和生产者进行环节上的管理，而是从更加宏观的角度进行服务，如基础建设的投入、整合发布市场信息等。

从澳大利亚奶业组织体系的特征上看，组织上目标明确清晰，并且实实在在地代表了奶农的利益。澳大利亚的奶农常常加入多个类型的农业合作社，或者可以说是专业化合作社。农民根据生产的不同环节参加不同的合作社，每户农民平均参加2~6个合作社。如此便形成了横纵结合、贯穿产业链的局面。虽然看似合作社种类多样，但每个合作社或协会都会有一个全国性的组织进行统一的协调调度，以利于发挥规模优势，有利于组织之间保持紧密联系，同时也保证了产业链条上各个环节的共同发展。总之，澳大利亚奶业合作社或协会功能明确清晰，并且具有很强的协作性，既能保证各个环节个体的发展，又能顾及整体利益。

与乳业发达国家相比，我国乳制品加工企业在加工、包装等技术，食品安全标准，企业管理等方面存在较大差距，再加上国内企业尚未摆脱食品安全的种种质疑，因此，外资企业仍站在市场台阶的上层位置。

再看我国在食品安全上采用分段监管和品种监管的方式。农业部门负责畜牧生产监管；质检部门负责加工生产监管；工商部门负责流程管理监管；卫生部门负责最后的餐饮监管；等等。虽然监管贯穿了整个产业链条，但在环节的衔接处形成了多头监管的局面，很容易形成权责不明的"三个和尚没水喝"的情况。

表1 1988~2010年我国乳业主要政策及其管理条例

颁布时间	政策及其管理条例名称	颁布部门
1988—04—25	《混合消毒牛乳的卫生管理办法》	卫生部
1990—11—26	《乳与乳制品卫生管理办法》	卫生部
1991—03—18	《乳品厂卫生规范》	卫生部
1998	《当前国家重点鼓励发展的产业、产品和技术目录》	国家发改委、农业部等
1999	修订有关酸牛乳、巴氏杀菌乳、全脂乳粉、脱脂乳粉、全脂加糖乳粉和调味乳粉、奶油、全脂无糖炼乳和全脂加糖炼乳等标准，新制定有关灭菌乳标准	国家质量技术监督局

续表

颁布时间	政策及其管理条例名称	颁布部门
2000—10—13	《国家"学生饮用奶计划"暂行管理办法》	农业部、教育部、质量技术监督局、轻工业局
2003	《学生奶生产技术规范》	国家学生饮用奶计划部协调小组
2003	《奶牛饲养管理技术规范（DB232303/024-2003）》	农业部
2003	《乳制品企业良好生产规范》	质量技术监督局
2003—07—04	《乳制品生产许可证审查细则》	国质检监函〔2003〕516号
2007	《国务院关于促进奶业持续健康发展的意见》	国务院办公厅
2007	《关于加强液态奶生产经营管理的通知》	国务院办公厅
2007	《关于加强液态奶标识标注管理的通知》	质检总局、农业部
2008	《奶牛标准化规模养殖生产技术规范（试行）》	农业部办公厅
2008—03—18	《乳制品加工行业准入条件》	国家发改委
2008—05—29	《乳制品工业产业政策》	国家发改委
2008—10—08	《关于乳与乳制品中三聚氰胺临时管理限量值规定的公告》	卫生部、农业部、质检总局等五部门
2008—10—09	《乳品质量安全监督管理条例》	国务院
2008—10—15	《生鲜乳中三聚氰胺快速检测液相色谱法》《原料乳与乳制品中三聚氰胺检测方法》	质检总局、国家标准化管理委员会
2008—11—07	《奶业整顿和振兴规划纲要》	国家发改委、农业部等13个部门
2008—12—01	《享受企业所得税优惠政策的农产品初加工范围（试行）》	财政部、国家税务总局
2009—03—31	《乳制品生产企业良好生产规范（GMP）认证实施规则（试行）》	中国国家认证认可监督管理委员会
2008	《乳制品工业产业政策》	国家发改委
2009	《乳制品工业产业政策（修订版）》	工信部、国家发改委
2010—01—04	《动物检疫管理办法》	农业部
2010—03—15	《食品添加剂新品种管理办法》	卫生部
2010—03—26	《乳品安全国家标准》	卫生部食品安全国家标准审评委员会
2010—09	《关于进一步加强乳品质量安全工作的通知》	国务院办公厅
2010—11	《乳制品生产许可审查细则》	质检总局
2010—11	《婴幼儿配方乳粉生产许可审查细则》	质检总局
2010—12	《进出口乳品检验检疫监督管理办法（征求意见稿）》	质检总局
2010—12	《关于进一步加强餐饮服务环节乳品监管工作的通知》	国家食品药品监管局

资料来源：郝晓燕：《中国乳业产业安全研究》，中国农业大学博士学位论文，2011年。

具体到乳业的监管上，可以分为政府、行业协会、执法监督三层结构。

在政府层面，乳制品监管主要涉及国家质量监督检验检疫总局、卫生部、农业部、国家食品药品监管局、国家工商行政管理总局等，它们是制定食品行业法律和技术法规的归口部门。国家质量监督检验检疫总局下设两个委员会：国家标准化管理委员会和中国国家认证认可监督管理委员会。国家标准委是国家技术标准的颁布和标准的解释部门，国家认监委是国家认证认可、安全质量许可、卫生注册和合格评定方面的法律、法规和规章的制定和解释部门。

在行业协会层面，有中国乳品协会、中国奶业协会、中国食品添加剂应用协会、中国饮料协会、中国食品工业协会等。其中中国乳品协会、中国奶业协会是最主要的两个乳品制造业的行业协会，但这两个协会隶属不同管理部门，中国乳品协会归国家发改委、中国轻工业联合会指导，中国奶业协会则隶属农业部。

在执法监督层面，不同的行政部门依据不同法律享有不同的执法权力。如《产品质量法》规定，工商局和质量监督局都是执法主体；《食品卫生法》规定，工商、卫生、农业、质监、贸易等行政管理部门都承担食品卫生监督管理任务；食品药品监督管理局依法行使食品、保健品安全管理的综合监督职责，组织协调有关部门承担食品、保健品安全监督工作。

鉴于以上情况，如果是全产业链的大型企业，则面临多头复杂监管的局面，很可能会出现行政命令多、行政服务少的情况。

蒙牛集团的孙伊萍说："改革就是在自己身上做文章。"在"内功修炼"上，蒙牛集团在生产运营和管理领域完成转型，注重系统思维和系统作战，"以技术为核心""以产业链为依托"的核心品质优化思路，将企业引领上一条全产业链技术升级之路。

2013年年末，奶源供应趋紧，原奶价格攀升，加之包装材料、物流、人工等成本上涨，导致生产成本过快增长，乳制品价格屡涨。新西兰等地的乳制品曝出"质量门"，导致进口停止或受限，一些乳企转向国内乳源。而在一定程度上，奶荒是质量监管下的"阵痛"。我国大部分奶农采用的是粗放的散养模式。在这种模式下获取的牛奶质量很难达到新的标准，加上近年来饲养成本的不断上涨，导致奶农几乎无利可图。另外，国内迅速增长的消费需求，也对乳制品价格形成有力支撑。

几乎伴随每次价格的波动，都会引起不法者的"兴趣"，他们会通过各种手段以次充好，欺骗和坑害消费者。奶业要健康发展，一方面，要坚持市场导向，充分发挥市场机制在配置资源中的基础性作用。另一方面，政府相关部门需要规范市场竞争秩序，健全市场竞争规则，使企业在遵守市场发展规律的基础上平等竞争、充分竞争，维护原料奶收购市场秩序，保证乳品安全，保障奶农、乳品加工企业的合法权益，增加奶农收入，禁止企业通过非正常手段垄断、操纵原料奶价格。乳品企业要在消费需求中把握商机，在全新的细分市场中开拓新的利润增长点，从整个乳品消费市场扩容中独辟蹊径，做大自家蛋糕。与此同时，还要调整营销方式及渠道结构，在重点区域继续与对手竞争，抢占市场份额。

我国的乳品加工泰斗骆承库教授讲过："没有好的牛奶做不出好的奶产品。"2007年日本明治巴氏奶以高出当地鲜奶五六倍的价格进入上海市场，销售火爆，充分证明了我国高端市场存在巨大的优质鲜奶需求。当前奶牛产量低、原奶质量差已成为制约奶业持续发展、奶农和企业稳定收益的突出因素。建设稳定、优质、充足的奶源已经成为奶农实现自身稳健发展、企业"做活市场，做大产业，做强根本"的内在诉求，成为奶业健康稳定发展的必然选择。解决奶源质量问题，一方面是加强对奶农的技术培训，完善奶牛的良种繁育体系，使良法良种相配套；另一方面就是在市场销售上制定分级标准，体现原奶销售和奶制品销售"以质论价、优质优价"的原则，杜绝"劣品驱逐优品"现象。

三 乳品安全建议

（一）加强企业内部治理

国内乳品企业要生存和发展，就必须按照"立足自主开发，培育核心产品，抢占技术高端"的思路，加强企业内部管控，增强核心竞争力，乳品市场已经从简单的喝奶，演化到由口味、年龄、地域、人群等不同角度和层次的

产品需求。消费市场升级速度很快。

企业除了制定生产安全乳品的标准外,还要建立安全乳品生产的工作机制。切分出合适的生产单元,使生产单元的边界清晰,使所有权和经营权明确。监控生产原料质量(如奶牛饲料),注重产地环境远离重污染区域,并建立和开辟有效的缓存带。加强奶牛疾病防治,根据地区特点选择适应性强的品种;提供优质饲料、适当的营养及合适的运动等饲养管理方法,增强畜禽的非特异性免疫力;加强设施和环境卫生管理,保持适宜的畜禽饲养密度。

蒙牛集团在这些方面走在了前列。日前,国际知名财经杂志《财资》公布了"2013年最佳企业治理奖"名单,蒙牛集团荣膺"最佳公司治理奖——钛金奖"。这是蒙牛集团在企业治理方面获得的又一国际认可。自2012年以来,孙伊萍带领下的蒙牛集团进行了"由内而外"的梳理,从奶牛吃的每一棵牧草开始管理,通过系统化管理力求达到"从田间到餐桌"的全程可控及产业链的全面升级。独立的监管系统,与生产部门没有直接的权责重叠,直接对总裁负责,将监督落到实处;逐渐完善的奶源系统正在推进规模化牧场的建设;高科技的物流系统为品质的全程可控提供保障,这些就是系统的力量。在更早些时候的第27届世界乳业大会上,蒙牛集团的高端产品"特仑苏"获得"产品开发奖",实现了中国在世界乳业史上金牌"零的突破";在世界食品品质评鉴大会组织的"Monde Selection 2010"评比中,蒙牛集团的"早餐奶"首度荣膺大奖;蒙牛集团的"真果粒"经过29个国家的合作媒体及SIAL金奖全球评委的终审评选,代表中国赢得SIAL国别金奖;"未来星"儿童牛奶也先后荣获比利时世界食品品鉴大会颁发的Monde Selection及法国SIAL国际食品展创新大奖;在2010年第15届世界食品科技大会上,蒙牛集团的"冠益乳"凭借其高附加值的科技含量及对社会消费群体的健康贡献,赢得评委会与国际同行的一致认同,从全球食品业巨头的明星产品中脱颖而出,赢得"IUFoST(国际食品科技联盟)国际食品工业大奖"。在2011年IDF世界乳业峰会上,"新养道"产品荣获"IDF乳品创新奖"。

"为每一个消费者的身心健康提供优质奶食品",是乳制品企业在质量方面永恒的宗旨。"产品等于人品,质量就是生命","产品质量是设计出来的,而非检验出来的"。因此,为达到将一切的质量问题消除在设计阶段的目的,蒙牛集团建立了严格的、科学的、系统的质量管理体系,并要求"牧场要管到奶站,工厂要科学规范,市场要让客户称赞"。

企业层面的建设对乳制品安全可以说是最为重要的环节,建立完善的质量方针、质量目标、执行方案、审核评审方案以及改进鼓励机制等,在乳制品生产加工过程中形成 PDCA 的闭环运营系统也非常重要。

(二)优化政府监管机制

简单来看,我国整个食品行业是采取分段监管的,多部门多层次管理。在加大执法监管力度的同时,应更加注重监管部门间的协调。具体建议是,严格卫生许可证审批制度,各级卫生行政部门要按照《食品卫生法》、《乳品厂卫生规范》以及《乳与乳制品卫生管理办法》等有关法律法规、技术标准统一发证标准,对生产企业的生产条件、工艺设备、卫生设施、产品配方、原材料、包装标示、产品卫生质量等进行严格审查,达不到要求的不予审批,对非法经营者坚决取缔。同时,加大监管部门间的联合执法频度,形成常态化联合执法机制。

(三)强化乳品市场管理

强化对乳品市场和企业的监管,定期或不定期地对产品和企业进行检验和检查,公布检验结果,鼓励先进,督促后进。要在乳品企业中实行不安全产品召回制度,强化溯源管理,对不合格产品(企业)进行严肃处理,提高监管的执行力、威慑力和有效性。要大力整顿农村和远郊区的小型乳品加工企业,严格审查其生产条件,把好乳品企业准入关,凡不符合条件者,一律不得发放生产许可证。对商家销售的外省区生产的乳制品,也应加强管理和检验。加强生产环节原材料使用监督监测,监督企业履行原料采购索证手续。对散装牛奶开展定期监测,采取集中养殖集中采奶或分散养殖集中采奶的方式,控制原奶生产卫生条件及卫生质量,加强牛群健康管理,防止人畜共患传染病。

(四)建立科技创新体系

乳品企业自身在提高管理水平的同时,应更加注重提升科技创新能力和研发能力，应根据价值链提升企业创新能力。制定长短期的企业科技发展规划，形成企业科技发展管理体系，努力构建产学研相结合的技术创新体系。利用大学和科研机构资源，加快科技成果转换。中央和地方政府应对民间科技成果转化体系做出合理的引导，利用市场化手段，成立科技成果转化项目基金。尤其对乳品安全有益的科技成果应鼓励，通过科技进步降低乳品安全风险。

（五）建立信息公开的长效机制

乳品从原材料、产成品、运输，最后到餐桌，这个过程的每一个环节都存在消费者、奶农、企业及政府的信息不对称问题，奶农可能对企业隐瞒问题，企业可能对消费者和政府隐瞒问题。而消费者简单地从表象上难以判断乳制品的好坏，这就造成消费者是最大和最终受害者的概率加大，建议从市场和监管角度出发，研究每一环节的信息公开情况，利用大数据分析平台技术，对乳品信息及时公布，使消费者真正拥有"用脚投票"的权利。这样做可以平衡整个产业链条，有效遵循市场原则，同时提高监管效率。

四 总结

乳制品工业在食品行业中所占的比重，法国为21.9%，德国为19.1%，美国为12.4%。我国乳制品工业发展起步晚，低于发达国家的水平，但发展潜力很大。按照近年来的发展态势，我国乳制品工业还处在夯实基础、跃步而飞的初级阶段，只要政策措施得当，在今后相当长的时期内将呈现持续、快速发展的势头。与之相关的产业，如包装业、机械设备制造业、运输业、零售业及科学技术等社会化服务业都将随之兴旺发达起来，从而为城乡人民增加越来越多的就业机会。这对于提高民族健康水平、促进国民经济发展和社会稳定将起到日益重要的作用。尽管当前面临着乳品安全的巨大挑战，但只要高度重视并采取积极应对策略，扎实做好基础工作，就一定能使乳品安全的层次再上一个新的台阶。

参考文献

1. 刘运荣、陆艳：《中国乳与乳制品安全问题的探讨》，《农业工程技术（农产品加工）》2007年第9期。
2. 谢霞、池泽新：《澳大利亚奶业组织制度及其对我国的启示》，《南方农村》2010年第10期。
3. 新华网网络舆情监测分析中心食品月报，2013年10月、11月、12月。
4. 韩高举：《中国奶业发展问题研究》，华中农业大学博士学位论文，2005年。
5. 郝晓燕：《中国乳业产业安全研究》，中国农业大学博士学位论文，2011年。

B.6 中华面食文化的现代市场意义

王喜庆*

摘　要： 中华面食文化历经千年传承，其本体功能、文化意义都是现代市场条件下足以深化经营的餐饮题材，用现代经营技术调适传统面食文化，使之满足市场不断变化的需求，对于弘扬中华面食文化、促进企业快速发展有着重要意义。

关键词： 面食文化　市场意义

面食文化是中华饮食文明的精彩篇章，千百年来，在滋养众生的同时，形成了独具风格的技术体系、文化风格以及审美追求。在当今市场中，以面食文化为经营主题的餐饮企业层出不穷，了解中华面食文化的深刻内涵，以市场的视角关照面食文化的历史成果，进而以此为基础，创造具有历史厚度的现代产品体系，满足当今人们对于面食文化的物质精神需求，是餐饮企业应该努力的方向。

一　中华面食文化的历史成果

（一）物质意义

中国农业文化从根本上说是五谷文化，她孕育了人类十多万年，以五谷为

---

* 王喜庆，研究员、享受国务院特殊津贴专家、中国餐饮文化大师、《舌尖上的中国》顾问、中烹协专家委员会委员、中烹协饮食文化委员会委员、陕西烹饪餐饮行业协会副会长、《世界酒店》编委会副主任、《餐饮世界》编委。著作有《现代餐饮经营实务》《新餐饮思维》《中国陕菜》等，在核心期刊发表学术论文多篇，曾在全国几十家媒体辟有餐饮专栏。

基础的面食文化经由历代的沉淀和提升形成了丰富多彩的加工与实物制作方法，面食品种无以数计。在中国面食发达的三晋大地，花样面条、特色饼子、饺子包子、特色面点现今能登堂入室的也达四百余种。如刀削面、拉面、刀拨面、轩面、漏面、猫耳朵、握流流、翡翠剃尖、莜面栲栳、珍珠疙瘩等。面食取材广泛，小麦粉、高粱粉、玉米粉、莜面、豆面、黍米粉等皆可成材，且制作技法广泛，如煮、炒、焖、烩、煨、凉食、汤食、干食等。由此有了"世界面食看中国，中国面食看山西"的评价，以及"驼峰熊掌岂堪夸，拨鱼猫耳宝且华"的赞叹。

在中华面食的另一重镇陕西，面类食品琳琅满目，岐山臊子面、户县摆汤面以及杨凌蘸水面、油泼面、羊肉糊卜等，知名品种就超过50余种。

（二）文化意义

中华面食文化从来都具有超越物质的精神含义，是中国百姓在特殊时刻的精神寄托，表达了其对生活的美好愿望，突出表现在与风俗的相互衬托。如饺子是春节里的必食食物，（清）富察敦崇的《燕京岁时记》记载"京师谓元旦为大年初一。每届初一，于子初后焚香接神，燃爆竹以致敬，连宵达巷，络绎不休。接神之后，自王公以及百官，均应入朝朝贺。朝贺已毕，走谒亲友，谓之道新喜。亲者登堂，疏者投刺而已。貂裘蟒服，道路纷驰，真有车如流水马如游龙之盛，诚太平之景象也。是日，无论贫富贵贱，皆以白面作角而食之，谓之煮饽饽，举国皆然，无不同也。富贵之家，暗以金银小锞及宝石等藏之饽饽中，以卜顺利。家人食得者，则终岁大吉。"[①] 描述了食饺之祈祥祈福的社会心理。此外，面食形态也多以角子、元宝、人物、祥物等为模，反映了心理图腾。再如正月十五吃元宵、立春吃韭饼、生日吃长寿面等等，都使面食有了多文化的文化解意。

（三）技术高度

中华面食文化如同中式菜肴制作一样，有着独特的制作技法，并且将技法

---

① （清）潘荣陛、富察敦崇：《帝京岁时纪胜　燕京岁时记》，北京出版社，1961年，第43页。

高度作为评价的重要标准,这使得许多制作者技艺精湛、巧夺天工。唐代烧尾宴第二十八道"素蒸音声部",七十个似蓬莱仙人的人物馒头,让神话传说中身着罗绮的"蓬莱仙人"翩翩起舞,造型各异,同时将此组合成浑然天成的盘景,其技术艺术高度令人惊叹。

能够代表面食技术最高美学水平的是面塑。面塑即面花、捏面人,它以面粉为原料,经过捏、搓、揉、掀等环节,用竹刀点、刻,塑造出栩栩如生的人物形象,是面食与艺术的完美结合。

中华历史悠久的面食文化,为在市场经济中大力发展面食产业打下了深厚的历史基础。

美国文化哲学家怀特指出:文化是一个连续的统一体,文化发展的每个阶段都产生于更早的文化环境。

二 中华面食文化的经营策略选择

在中国餐饮经营实践中,以"面"为主题的成功品牌层出不穷,如狗不理包子、南翔小笼包、四季美汤包、马兰拉面、大娘水饺、甘其食包子等。这些品牌以小主题博大效益,以品牌运营为支点,实现了资本扩张和产品升级,成为中华面食文化经营的范本。

(一)面食文化产业化发展的根基

1. 与社会节奏的适宜性

中餐文化经历了几十年的市场化历程后,餐饮体验因社会功能性需求,向着个性化和快捷化两个方向发展,以个性化为诉求的餐饮企业大抵以私家菜为产品,推崇不同于平庸市场的产品建造,彰显中餐文化的神秘性,炫耀烹饪技法,以及创造独占性的餐饮体验,而这一切,以"慢"作为出品时间的保证,正因"五味三材、九沸九变、方成众味"的道理。

以快捷化为特点的餐饮方向,以西式快餐为比照,力求将中式产品嵌入西式快餐机制,建成以麦当劳、肯德基为梦想的中式快餐王国。因此,"有意味的慢"和"有意味的快"是当今中国餐饮发展的行而上追求。

在经济的语境里，快餐是完全的舶来概念，以制作的工业化、标准化，取食的快捷化，消费水平的弹性化为特征，与工业化、社会化的生活节奏相适应，形成了以速食主义为概括的产业链。多年来，中式快餐实践风起云涌，但以中式菜肴为产品核心的品牌始终没有长足突破，除却本质技术原因外，中式菜肴即兴化、悟性化、个体技术制胜等菜肴制作最高理念与规制化有着深刻矛盾，其破解不但需要技术保证，更需要社会心理的逐渐跟进，因而任重道远。

而以面食为产品核心的快餐品牌近年来蓬勃发展，马兰拉面、大娘水饺等更是多年入选中国十大快餐连锁企业。中华面食的制作流程、接受体系与现实快节奏的社会生活相符，虽则传统面点一般依赖经验制作，但是大多面点是可量化生产的，现在好多品种都步入了现代化生产时代，中国快餐业的发展是由中国传统面点品种起步的。①

2. 与区域人群的契合度

在中国人的膳食结构中，以主食为例，南米北面，是区域性人群的基本选择趋向，这是因为中国地大人稠和气候土壤等因素，千百年来形成了黄河流域以黍麦为主的旱作农业和长江流域以稻为主的水田农业，也是以此为基础，面食文化在中国南北发展侧重不同。《黄帝内经·素问》云：五谷为养，概括了中国人主食的食材范畴，而在五谷中又形成了"面"于北方为食，于南方为点的饮食传统。

正因为如此，面食文化带有浓郁的地方饮食传统文化色彩。从自"养"的角度，它是北方人养身立命的根本；从民俗的角度，它是区域人民祈祥避祸的依托；从"味"的角度，它是特定区域味感个性的印证。因而面食文化的快速发展，一方面归结于市场经济的刺激，另一方面归结于特定人群对面食文化的自然依赖。

3. 经营投入的低易化

以面食为产品体系的餐饮体，与传统中餐相比，其设施、设备、人员、面积等相对简约，投入资金门槛较低，加之技术的平易与可感性，建店相对容易。以笔者2012年下半年至2013年上半年参与创设的十余家餐饮企业数据分

---

① 陈志明主编《面点工艺学》，中国纺织出版社，2008。

析,在目前中国北方城市,一个传统中餐企业的装修及设备费用每平方米达2500元左右,而以面食为经营主题的店面,则只需投入前述投资总额的1/7左右。这种低进入性无疑使面食经营成为中小投资者投资的重点。

(二)面食文化市场提升路径研判

1. 连锁加盟——形式扩张的界限

中国面食经营体来源于手工作坊,其经营模式、运作流程均围绕着工匠技艺而展开。市场化以后,中国企业努力与世界接轨,品牌意识渐强,在经历了不断的市场试步与充满坎坷的实践后,连锁经营成为中国中小型餐饮的潮流和趋势,组建连锁餐饮的核心是统一经营、统一管理,以小量资金实现企业发展,扩大市场经营规模和市场覆盖面,使销售收入成倍增加。①

连锁经营是目前世界上较为先进的企业经营模式,从表层看,其只是在法律规范和经济规律制约下的品牌复制过程,但这种关系的内层确是创造者智力劳动的成果,其内层包含文化蕴含、技术创新、良性维护、持续发展等智慧,忽视这些智力产品的厚度和宽度,连锁加盟的范畴就会很窄,时间效力也不会持久。因此,在面食产品经营企业的经济策略中,如果一味追求量的增加,其市场界限就会出现拓展阻滞。多年来,中式快餐企业市场沉浮都印证了这个原理。

在大题材弥漫的中国餐饮企业板块中,面食属于真正的小题材,在高端宴饮中属于配搭,在中低端消费中被归于小吃系列,将小做大,无疑需要现代经营技巧、耐心、情感、技术四大要素。

(1)现代经营技巧

如前所述,面食的现代经营不是简单的店铺复制,它需要在产业标准化、经营连锁化、管理信息化和交易电子化、风格时尚化、诉求情感化等方面与先进企业接轨,用现代手段创建与所经营相适应的经营模式,尽快完成经营水平的提升。

(2)耐心

在中国餐饮界,"走向世界"是许多餐饮家的梦想,然而餐饮产品与区域

---

① 林德等编著《餐饮经营管理策略》,清华大学出版社,2007,第48页。

中华面食文化的现代市场意义

人群接受度密切相关,仅中国就有无数菜系之分。做好中国餐饮市场就需要诸多的财力和智力。如果以2010年我国餐饮收入17636亿元为起点,按照复合增长率19%计算,预计2015年我国的餐饮收入将比"十一五"末期翻一番,整体餐饮业收入将突破40000亿元,有可能达到42000亿元的规模,全国实现超千亿元省份预计超过10个。① 可见中国有无限的市场。

(3)情感

德国企业家史蒂夫·迈哈特说:"理性的决定说到底也还是感性的价值选择。当进行思考的人给规则附加上高度感性的意义,理性的思考就产生了。"②

在中华面食文化的经营中,企业家对中华面食文化的认知、感情是至关重要的决策前提。有研究学者认为,企业家认知是企业家创新行为的基础;情感的作用便于企业家设立目标,达成新意愿,并在企业家创新行为中起中介作用,此道理适宜于企业投资的所有领域。就具体投资者而言,他可能面临多项选择,在经济分析的前提下,情感因素起着极大的作用。面食经营也不例外,其经济体量小、利润绝对值小的特点,使其投资诱惑力相对小,如无情感力支持,很难引起投资关注。

(4)技术

面食企业所需技术分现代经营与产品制造两个方面,前者指必须在现代经营理念的指引下,经营者将所掌握的企业各项要素合理配置,形成市场占有及竞争所需合力,从而获取秩序性预期效益。后者则是须对所经营面食产品进行精深研究形成独占性产品个性,并被市场持续性广泛认同。比如扬州汤包,其独特的味感、加工技术、配料标准以及"轻轻提、慢慢移、先喝汤、后吃皮"的进食方式都是因独具个性而盛行百年,其市场价值必然高于一般。

2. 独占与创新——产品扩张的力量

(1)品牌与产品

二十一世纪是品牌的世纪,品牌扩张已成为企业发展最有效、最迅速的途

---

① 杨柳主编《中国餐饮产业发展报告》,社会科学文献出版社,2011,第93页。
② 〔德〕史蒂夫·迈哈特:《超越极限》,陈君洋译,南海出版公司,2013,第206页。

径之一。在品牌的追逐浪潮中,餐饮企业受于诱惑也言必称品牌,但品牌是要有载体的,它的载体是用以和其他竞争者的产品或劳务相区分的名称、术语、象征、记号或者设计及其组合。有学者认为,企业品牌建设的重点,是要系统地提高和改善品牌的质感、情感与灵感。① 也就是说消费者对品牌的整体感观、感受及相关情感关系及其独特价值追求,是使品牌卓越的实质努力方向,而这一切,都必须建立在实质可感的物质层面,即产品上。

中国餐饮企业市场化虽然已30多年,但与其他行业相比,仍在整体层面上呈低质化状态,面食企业则更为明显。在产品体系未占领技术和味觉高地之前,盲目推进品牌扩张,就会陷入后续力不足的泥潭。这是因为,中华面食是中国百姓的基础食品,如同中国烹饪的奥妙在于"适量""火候"等经验性操作一样,面食的魅力也在于微妙的经验操作,这是标准化定制目前无法解决的难题。努力创造被区域受众推崇的独特味觉和饮食体验,平衡现代生产与传统工艺的矛盾,是目前面食企业首先应解决的课题。

(2) 深化产品开发

1) 基础产品与深度产品

从中国面食经营的现实实践来看,中华面食经营一般都是围绕与百姓生活密切相关的基础产品展开的,这一方面保证了受众群与产品生产的双重稳定,有利于面食经营企业的稳步发展。而就另一方面利润来看,基于大众消费的盈利模式一般会采用薄利多销策略,注重客群数量与产品销售数量、注重客群对产品忠诚。但是中华面食除基础功能外,如前所述,又有精神与民俗的深层功能,把握好基础产品与深度产品的协调生产和开发,调动客群潜在需求,盈利状态可望提升。一般说来,在客户群中,某种购买需求连动潜在的另一种需求,许多企业往往趋众,是因为只迎合了浅显的客户价值主张。优秀的企业在于逆向寻找客户价值主张,将其还原,从而成为行业领先者。②

2) 机制与手工

中华面食制作在千年历史中,始终是通过手工完成的,制作者利用水、空

---

① 郭伟:《品牌价值管理》,中国人民大学出版社,2010,第10页。
② 俞凌雄:《商业秘密》,企业管理出版社,2013,第123页。

气等外因，通过手力转换，释放面粉个性，是为"筋道"，这种以经验加简单计算的制作方法，在不同区域内促成了不同的对于面食的评价，并与同区域人群口感共存在，这是目前机制所难以取代的。在中国北方，"手工面"、"手工馍"是店家招揽客户的有效招牌。按中国哲学理念，中华面食是制作者以面粉为中介，将自己的劳动与关爱传达给接受者，实现三者合一。因此，机制式的群组生产要真正使客群倾心接受，仍需制订后续工序的温情化方案。

3）内区域与外区域

中华地大物博，菜系众多，基于食材、饮食传统、制作理念、口味习惯的原因，饮食风味百里不同风，千里不同俗。比如陕西关中面讲究"尖、酸、咘"。所谓尖，即热、烫的意思；所谓酸，即酸口；所谓咘，即黏的意思，咘因是古音，现写法不一。而中原一些地区，吃"面"讲究"利"，即下好面要过水，形成畅滑的口感。面食文化生成于根植区域，而现代经营则讲求市场占有率，面食文化的经营扩张则必须根据品牌定位，解决"变"与"不变"的问题，或坚持一以贯之、以不变应万变，或加大产品宽度与厚度，或兼而有之，都需要策略层面的经济理论来考量。

中华面食文化历经千年传承，其本体功能、文化意义都是现代市场条件下足以深化经营的餐饮题材，用现代经营技术调适传统面食文化，使之满足市场不断变化的需求，对于弘扬中华面食文化、促进企业快速发展有着重要意义。

B.7 餐饮业培训的现状与综述

朱云龙*

摘 要: 餐饮经营管理者中的有识之士已经意识到,餐饮企业在发展过程中应特别注重引进和培养烹饪专业技术人才和管理人才,同时,企业要在激烈的同业竞争中脱颖而出、扭转亏损,实现跨越式发展,就不得不打破原来固有的经营方式,及时转变经营与管理观念,在变化中寻求企业的生存之道。目前,餐饮行业从培训级别上来看,有初级培训班、中级培训班、高级培训班、高端研修班等;从学历角度看,有学历教育和非学历教育两种基本形式;从培训受欢迎程度来看,有热门培训和冷门培训。如今,由于个性化消费日趋明显,餐饮业呈现出特色餐饮更趋突出,餐饮企业连锁经营迅速发展,企业发展多元化的趋势。餐饮业培训在对整体培训效果考核与评估的同时,也越来越重视对培训员工的跟踪调查,从而为以后确定培训方式和内容提供准确的依据。

关键词: 餐饮业 培训 现状 趋势 评估 跟踪 调查

餐饮业作为我国第三产业的服务性行业,以其市场大、增长快、影响广、就业能力强的特点而被广受重视。随着人们物质生活水平的不断提高,人们对

---

* 朱云龙,江苏省烹饪研究所副所长,扬州大学教授、硕士生导师,主要从事烹饪工艺学、现代厨房管理、中医营养与药膳食疗研究。

餐饮业培训的现状与综述

餐饮消费的态度也在不断发生变化,尤其是党中央、国务院提出了"八项规定"及"厉行节约,杜绝浪费"以来,大家越来越向健康、绿色、环保、节约的理性消费的方向发展。我们可以看到,全国的大小城市中不同类型的餐饮企业数不胜数,然而顾客对不同的餐饮企业的喜好以及在不同时段的消费需求却不尽相同,有的餐厅频频客满,有的餐厅却是惨淡经营,出现巨大反差的最主要的原因在于不同餐厅的定位、菜品结构、菜肴味型等有所不同,其中,很重要的因素是厨师专业技术水平及管理水准的差异,因此,烹饪人才对餐饮企业的发展有着十分重要的作用。根据当前餐饮市场的需要,注重加强餐饮人员实践动手能力,从而培养复合型烹饪技术与管理人才成为餐饮行业的重要举措。

餐饮经营管理者中的有识之士已经意识到,餐饮企业在发展过程中应特别注重引进和培养烹饪专业技术人才和管理人才,同时,企业要在激烈的同业竞争中脱颖而出、扭转亏损,实现跨越式发展,就不得不打破原来固有的经营方式,及时转变经营与管理观念,在变化中寻求企业的生存之道。作为现代餐饮经营管理者,正确的市场定位是餐饮企业成功的前提;原材料成本与经营成本控制是餐饮企业经营管理的核心内容;关注客户现实需求与潜在需求(客户体验)是餐饮企业生存与发展的基础[1];走标准化生产管理是餐饮企业发展壮大的必由之路;提升服务质量与做好人力资源管理是餐饮企业获得核心竞争能力的保障……于是,各类餐饮业培训便应运而生,各种各样的培训机构也如雨后春笋般发展壮大。

当前,社会上的餐饮培训机构鱼龙混杂。有的培训机构在培训计划设计及课程设置中存在很多不尽如人意的地方,有的甚至把经营、管理和技能培训混为一谈,在店长、高管人员的培训班上大谈技能操作、餐饮产品质量控制和服务流程等,而在技术骨干培训班上设置经营理念的更新、先进的管理理念与方法等课程。就像餐饮企业经营模式或产品定位不准确一样,这种餐饮培训机构自然不受欢迎。

从当前餐饮培训的特点来看,主要表现在以下几个方面。第一是实用性,餐饮培训不是虚张声势,而是要针对餐饮企业的实际情况,强调严谨,注重实用,方便领会,学以致用;第二是通俗性,总的来说,餐饮企业的员工相对文

化水平普遍不高,他们的接受能力相对较差,因此,开展餐饮培训必须因材施教,要注重通俗性,能够让员工听得懂;第三是急迫性,餐饮行业呈现出典型的大市场小企业状况,管理水平相对较低,因此,餐饮培训不可能采用按部就班的学校课堂式教学方式来开展,而要通过短期培训与日常工作相结合的方式,对餐饮从业人员进行速成式培训,快速成才,迅速提高餐饮企业从业人员的经营、管理水平与技术水准。

一 餐饮业培训现状

1. 餐饮业培训的基本形式

目前,餐饮行业从培训级别上来看,有初级培训班、中级培训班、高级培训班、高端研修班等。初级培训班主要是专业人士向学员示范一些技能以及讲解理论方面的基础知识。通常,我们刚接触烹饪这个行业的时候,会通过参加一些培训来了解这个行业、认识这个行业并最终融入这个行业。培训一般会先从理论方面开始,主要目的是想让学员对这个行业有初步的了解,从而能在实际操作中更好地掌握这项技能。理论(应知)方面通常会介绍烹饪发展史、原料知识、刀工技术、烹调技术、营养以及食品安全卫生等专业基础知识。实践(应会)方面更多从刀功刀法、勺功、火功等基本功入手。让大家了解各种刀工、刀法、花刀、掂勺、翻锅、菜品装盘等技能以及演练常用烹调技法和常见菜品的初步制作程序与基础技术。中级培训班就是以初级的基本知识为前提,在此基础上拓展和延伸。通过理论结合实践,理论方面从刀工、火候等基础学起,并掌握原料选择和加工、分档取料以及煎、炒、烧、炸、爆、炖、煮等烹饪方法与冷菜装盘。包括各菜系的味形变化、干料涨发、整鸡出骨、菜肴点缀、成本核算、营养卫生等,比较熟练地掌握常用烹调技法和常见菜品的制作技术,初步了解我国主要地方风味特色的差异性。高级培训班是在已熟练掌握中级要求的基础上深入钻研理论知识与技能技巧,并将理论与实践紧密联系在一起。具体包括:了解畜、禽、鱼类的组织结构、营养成分的变化规律以及干货涨发的原理及方法;系统掌握学习清汤、奶汤的制作技术、领会并掌握高级清汤(高汤、顶汤)的吊制、使用与保存方法;熟练掌握部分食品雕刻、冷盘制作技能；熟悉原材料的采购、质量验收、原材料成本控制及核算方法；掌握常用烹调方法的内在规律，并具备举一反三的能力；掌握合理营养与平衡膳食、食品安全控制与管理等方面的知识，熟练掌握宴席设计，具备在实际工作中整体管控宴席运转的能力。

从学历培训角度来看，餐饮行业有学历教育和非学历教育两种基本形式。学历教育是根据国家教育部门下达的招生计划，依据统一标准的考核择优录取学生，并按照教育主管部门的认可，教学组织机构实施教学计划的一种教学形式。学生完成学业后，由学校颁发国家统一印制的毕业证书和学位证书。1983年，江苏省商业专科学校中国烹饪系（扬州大学旅游烹饪学院的前身）开了我国烹饪高等教育的先河。从学历的高低来看，餐饮行业学历教育又有技工、中专、大专、本科之别。教师用丰富的教学经验加上自身的心得体会，以深入浅出的方式进行讲解、演示、练习、点评，使学生全面掌握烹饪专业应具备的理论知识和技能技巧，让学生能够学中做、做中学，从而培养具有熟练的烹饪工艺实践技艺、宽厚的烹饪科学理论以及相应的餐饮管理知识与营销业务能力的高级烹饪技术人才。非学历教育则是指经过各种培训、进修，完成学业并考试合格，培训部门将会颁发相应的结业证书、培训证明或相应的技术等级证书。由于非学历教育与社会生活紧密联系，且办学形式灵活多样，它对餐饮企业而言是不可或缺的，既可以通过这种"短、平、快"的培训形式提高员工的综合素质，增强企业的竞争力，也可以使企业为"厚积薄发"积蓄能量，为企业发展壮大打下坚实的基础[2]。

从培训受欢迎程度来看，餐饮行业有热门培训和冷门培训之分。热门培训是指各种培训机构根据餐饮行业中比较热门的项目（当前社会共同关注的话题或焦点——共性）或明确的主题（餐饮企业自身遇到比较棘手的难题——个性）来指导学员学习。通过热门项目的培训，能够拓宽受训人员就业的机会，更重要的是增加自我成就感，比如雕刻、盘饰培训等。雕刻在前几年的宴席菜品中占了很大的地位，它不仅可以美化菜肴、装饰席面、提高档次，也是高档宴席的象征。餐饮企业对拥有这方面特长的人才需求越来越大，吸引了大批渴望学习食品雕刻的人士。很多从业人员为了谋求更多、更好的出路，选择学习多种技术，前几年，"食品雕刻""盘面装饰"就是比较受追捧的培训项

目。而食品雕刻、盘面装饰是烹饪技术和艺术的结合，是一种实用性、观赏性很强的艺术创作。不论在中餐还是在西餐中，食品雕刻、盘面装饰都可以使菜肴更加精致、更富有美感，更重要的是能够突出菜肴的主题，赋予菜肴新的生命与想象空间。如今的大中型餐饮企业中，食品雕刻、盘面装饰起着无可替代的作用。冷门培训则是指行业中还不太受重视的项目，如公共营养师等。虽然随着生活水平的提高，人们对生活质量的期望值普遍提高，但对营养师这个职业认知并不多，因此营养师在社会中还不被重视。不过，客观上，由于人们膳食不合理、营养失衡而引发一些与饮食有关的疾病，如肥胖症、糖尿病、高血压、高血脂、冠心病等，使得如何均衡营养这一话题，逐渐引起人们的高度重视，因此，"公共营养师""营养配餐师"等新职业就应运而生。众所周知，公共营养师可以针对健康和不健康人群做营养咨询、指导工作，各类学校、托幼机构、养老院、专业运动队、医院、政府计划部门、公共卫生部门、企事业单位、社区保健及健康中心、餐饮以及食品加工和经营部门均需要不同数量的营养专业技术人员或管理人员，公共营养师或营养配餐师不仅可以在社区发挥重要作用，还可为企业员工、白领、高级管理人员、运动员、家庭提供教育、辅导等服务。于是，我国相关部门也提出了集体供餐单位需要配备一定比例的公共营养师或营养配餐师的要求，但由于执行方面的监督、监管不力等原因，相比欧美、日本等发达国家的公共营养师，中国的营养师无论在薪酬方面，还是中国人认为工作的"体面"程度上，均处于明显劣势。当然，随着营养结构失衡等问题日趋严重，有理由相信社会将越来越需要大量直接从事营养实践工作的营养师，可以说，公共营养师的职业前途会愈来愈光明。

除了以上提到的一些餐饮培训外，还有一些正在兴起的餐饮培训，比如"家庭主妇班""家政服务班"等。"家庭主妇班"就是为那些专职太太量身打造的培训。如何使家人吃得开心、舒服与健康是一位家庭主妇（尤其是全职太太）十分关注的话题，不仅亲戚朋友来访时可以一展身手，也能够为家人提供有品质、健康的饮食。家政服务班如今也很普遍，如果家政服务人员能够做出美味可口的菜肴，使每位雇主在家里就能够尝到美味的菜肴，也会心甘情愿地增加家政服务员的工资。同时，这种需求也给培训机构提供了较大的商机。

近几年来，餐饮行业迅速发展，而餐饮服务是其中的主要组成部分，因此必须注重餐饮服务。如今消费者消费的不仅是食物，更是服务。而服务质量又是由顾客接受服务过程中的感受决定的，所以，优质的餐饮服务是餐饮企业的灵魂，要在激烈的市场竞争中获胜，餐饮企业必须提高服务质量。因此，必须加大对餐饮服务人员的相关培训，提高餐饮服务质量，更好地满足顾客的个性化需求，从而使企业盈利最大化。

人人都离不开吃，追求美味佳肴是人类的天性。社会越发展，对餐饮业的需求就越强烈，餐饮业的发展前途也就越光明。随着我国经济的快速发展、市民收入水平的提高和消费观念的改变，令多数家庭经常走进餐馆和饭店；而生活节奏日益加快，人们的生活方式不断发生改变，也意味着外出就餐的人员将日益增多，下饭馆将成为人们的"家常便饭"。

未来，餐饮业的发展需要的是高素质的人才，餐饮业的培训就显得尤为重要。这就需要引导从业人员不断学习、终身学习，营造出全行业、全社会重视人才、培养人才的氛围。从人才的培养体系来看，端正人才培养思想和更新人才培养理念，从社会需求和行业发展趋势两个层面全力提升人才的综合素质，从而更好地发展餐饮业是关键所在。

2. 餐饮业培训的基本内容

餐饮行业的培训更多立足于对服务人员和厨房生产人员的技能培训，实际上，更重要的是要把整个员工的培训进行整合。既有普通员工服务技能和餐饮菜品生产技能的培训，还有基层和中高层管理者的培训。管理者的职位应该设置固定和不固定两种，前者由公司高层直接指定，后者则由员工公平竞争而定，这样才能加强管理者和餐厅工作的实际联系。在培训中，针对不同的岗位与职位制定不同的管理手册，针对两类管理者的不同特点在培训内容上各有侧重。在培训流程上，首先，管理者要自修管理发展手册内容并完成规定活动。其次，要在管理层加强沟通和交流，鼓励营造互相学习分享的环境。最后，培训完成后，管理者要在工作中实际应用所学，培训组还应组织专门人员跟踪检查和协助。

目前，从管理角度来讲，餐饮管理培训主要考虑三个模块。

第一是餐饮成本控制模块。包括"让你的菜单活起来——餐饮菜单营销与价格管理""源头把控菜品质量及原料成本——食品原材料采购与供应管理""推销管理及管理过程中的堵漏——餐饮产品销售与管理控制""每位顾客都是餐厅的活广告——餐饮市场营销管理""管理创造效益,剪去不必要的成本——餐饮成本核算与成本控制"等。

第二是餐饮管理模式与管理理念模块。主要介绍餐饮 HR 管理,包括"餐厅经理职业素养提升""打造餐饮企业优秀的服务团队""餐厅优秀服务品质创建""餐厅经理预算目标与效益管理""建设高效和谐的餐饮管理团队"等。

第三是餐饮运营管理模块。包括"餐饮前期筹划与投资预算""餐厅环境经营规划与布置""餐饮六常管理"(或 5S 管理、GMP 管理)、"餐饮连锁化经营与管理""餐饮日常操作流程管理""餐饮现场管控方法与技巧"等。

中国餐饮行业的人才机制有着很强的代表性。中国餐饮行业虽然在经济危机中一枝独秀,年度增长高达18%以上[3],优秀餐饮连锁公司不断上市,但是与麦当劳、肯德基等跨国连锁巨头人才济济、培养机制健全相比,中国餐饮业一直存在人员流动大,整体素质普遍不高的状况。大中专毕业生因实战技能差一时难以适应企业快速发展,企业培养连锁经营人才的经验和系统性不足、中高级人才缺乏等现象,在很大程度上制约了中国餐饮行业的深度发展。

培养中国餐饮业管理人才至关重要,而这种人才的培养要有自己的特色,要融合我国的文化特点,并结合餐饮企业的具体情况,使人才培养与餐饮企业发展战略和企业文化的需求相吻合,助力餐饮企业快速扩张和发展。

有专家分析,经济转型期的不确定性,将使行业领先企业对客户端的直接竞争优势不复存在,领先企业和落后企业将在短时间内回到相同的起点。在这瞬息万变的关口,只有稳定的、可持续的人才机制才能保证企业持久的竞争力。主动改良或创新人才培养、储备模式与创新商业模式同等重要。中国餐饮业管理人才培养工程是众多有远见的人士和具有责任心、使命感的企业家开辟的行业蓝海。

当然,从餐饮服务行业人员从业素质、着装与专业技能方面,提高专业技能是企业和个人寻求发展的共同途径，员工职业修养、道德观念的提高是所有企业用之不竭的财富。在课程设置上包括：餐饮服务总论、从业人员职业修养、就业心理、各岗位职能、餐厅卫生与个人卫生、接待礼仪、推销礼仪、工作礼仪、宴请礼仪、制服选定技巧、鞋袜穿着技巧、工牌佩带技巧、饰物佩带技巧、头发修整技巧、个人卫生规定、工作淡妆技巧，等等。

在饮食礼仪文化与接待服务技巧方面，让员工转换为消费者的角色，对服务礼仪规范有所要求，才能使之提供更优质的服务。所以，了解行业文化是员工的必修课，在此基础上再模仿五星级酒店餐饮部的接待服务规范，全面提升服务标准。这其中的课程设置包括：茶与酒文化、地方风味特色与常用烹调方法对风味形成的影响、中西餐文化比较与饮食习俗、国际通用宴饮形式、社交与礼仪、前台接待服务谈话技巧、行李员及接待员谈话技巧、酒店员工电话服务的基本要求与服务技巧、酒楼员工接受指示和报告情况的技巧等。

从餐饮行业各岗位操作规程来说，就餐厅服务而言，从置换烟灰缸开始，到专业水平精良的各种酒会、自助餐会及其他各种餐宴形式，都要用高标准、严要求来衡量，从而使餐饮企业的服务人员始终应对自如，增强员工的素质实力。这种情况下的课程设置包括：站姿与坐姿要求、引位与点菜、上菜与分菜技巧、换盘与撤盘技术、餐巾叠花技术、餐厅领台服务程序、中餐摆台操作程序、餐厅斟酒服务程序、餐厅结账服务程序、中餐点菜服务程序、员工日常通用服务礼仪等。

二 中国餐饮业的发展趋势与培训

我国改革开放 30 多年来，餐饮业发展的势头极其迅猛，其发展趋势表现在以下几个方面。

首先，个性化消费日趋明显，特色餐饮更趋突出。市场消费从以价格选择为主向价格、品位、氛围、服务和品牌文化等综合方向转变，理性化消费增强。为满足个性化需要，企业经营的特色与水平不断提高，个性化和特色化成为广大消费者和企业经营共同追求的时尚与目标。

其次，餐饮企业连锁经营迅速发展，企业发展多元化趋势增强。以连锁经营为代表的现代餐饮业加速替代传统餐饮业手工随意性生产、单店作坊式经营、人为经验型管理，快速向产业化、连锁化、集团化和现代化的方向迈进，全国餐饮业百强企业中有79家采取连锁经营形式。餐饮业所有制结构已发生了根本性的变化，在行业规模企业发展中，投资主体多元化、经营模式多样化和企业规模化、集团化趋势日益明显，企业整体实力逐步增强。

再次，安全、健康、卫生的餐饮场所成为消费者的首选。受"非典"、禽流感等冲击和影响，消费者的理念从传统的注重色、香、味的基本类型并以味为主，转为更加注重食品安全、健康营养与养生的消费理念。安全、健康、养生的餐饮消费成为餐饮企业与消费者的共同追求，餐饮企业经营者行为规范，大大提高了餐饮企业的服务质量[4]。

近两年来，我国餐饮业正处于调整市场定位，由过度高端餐饮向大众化经营转变的过渡时期，经营方式日趋多样化，借鉴西方经验发展餐饮集团，餐饮超市和连锁快餐的经营模式占据了一定的市场。

最后，建立和发展餐饮集团，是搞活餐饮企业和抵御市场风险的有效途径。所谓餐饮"集团化"是指单体餐饮采取联手合作的形式，拥有或管理两个以上的企业或系统，其优势在于发挥群体作用，建全多方位、多层次的餐饮体系。我国现在的基本经济制度决定了我国经济类型的多样性，企业有全民、集体、私营、三资、个体等类型，经营体制多样化，有承包制、租赁制、股份制等。虽然有些餐饮经营形式便于管理，机制灵活，但经营制约大，抗风险能力较弱，形成统一的连锁餐饮集团有利于重组餐饮资产，扩大市场覆盖面，加快资金流转，促进规模化经营。而快餐连锁作为"集团化"的先锋，像麦当劳、肯德基、必胜客等西式快餐已极具规模。21世纪，我国必须克服体制上的制约，以直营连锁、特许连锁、加盟连锁或自愿连锁等形式进行外延型扩张，形成品牌性强的连锁餐饮集团。

另外，超市餐饮将补充连锁快餐构成大众化市场。纵观国内餐饮市场的需求变化，"吃公款"的减少，"吃自己"的增多，餐饮市场趋于大众化发展。大众化经营，意味着廉价，但不等于低水平经营，它是一种拥有较高服务标准和质量，但价格相对较低的经营，连锁快餐和连锁超市正好适应这种经营模式。借鉴零售业中的超市布局原理,采用开架陈列、自我服务的超市餐饮,改变封闭式的餐饮操作和就餐方式,形成"千品汇一、廉价销售、方便快捷、批量生产"的餐饮经营新格局将成为一种趋势。与西方发达国家的餐饮业相比较,日本平均每人一年就餐950美元,欧洲大约是435~860美元,而我国平均每人一年在外就餐只有300元人民币左右,约合28美元[5]。餐饮超市以就餐自由、形式自由、价格适中(有的以"1元起价,10元吃饱"为营销宣传)为特点,面向工薪阶层,使我国餐饮文化得到了极大的普及和发展,同时也满足了消费者求新、求全、求便、求廉的消费心理。由此可以推测,超市餐饮将成为21世纪的饮食新时尚。

目前我国餐饮企业发展的软件投入和基础条件不足,成为制约企业水平提升的关键和重点,许多企业缺乏系统的管理手册。另外,连锁经营的支撑能力有待提高,特别在特许加盟连锁快速扩张中,管理模式和支撑体系不足的问题比较突出。而且,专业人才仍较缺乏,职业经理人和店长的后备队伍不足,影响企业的快速发展。

三 中国餐饮业发展前景与培训

中国有"民以食为天"的传统,餐饮业作为我国第三产业中的一个支柱产业,一直在社会发展与人民生活中发挥着重要作用。特别是最近几年,我国餐饮业呈现出高速增长的发展势头,成为"热门"行业之一。

未来,因看好行业发展前景并受利益驱动而进入这一领域的经营者必然会大大增加,因而不可避免地带来激烈而残酷的竞争。与其他行业相比,餐饮业由于餐饮方式的多样化,相对来说,在变换品种和经营形式时不需要投入太多的资金和时间,因此,在竞争中比较容易找到出路,也不至于陷入低价竞争的泥潭拔不出腿来,难怪社会上有"百业以餐饮为王"之说。

灌输"以客为先"的服务理念。在餐厅里,顾客除了能够享受到美味的食品,还应该同时享受到人性化、个性化的服务。因此,餐厅员工的培训工作首先应该从转变员工观念入手,使其牢固树立以人为本,客人就是上帝的服务理念。

这一观念的建立，不可能依靠制度的强制和训诫，首先要依靠人际沟通与交流。在培训师和员工之间、在员工和客人之间、在员工和管理层之间，都应该建立起沟通的桥梁，将心比心，营造宽容共进的气氛。对于各方出现的意见，要设置合理顺畅的反映渠道。餐厅员工对于餐厅工作踊跃反映意见和提出建议，才能促进餐厅工作的开展。所以，在培训过程中，应该有意加强员工在人际沟通方面的积极性。其次，培训中也应对餐厅员工的职能岗位进行明确界定和划分，要强调员工工作的服务性质，杜绝员工在工作中出现怠慢顾客的行为和傲慢浮躁的态度。再次，对于不能认同餐厅工作服务性质的员工，要依靠能上能下的机制解决，员工觉得自己能力不止于端盘洗碗，就可以依靠本领去做大厨或者进入餐厅管理层。只有这样，才能人尽其才，不至于虚耗资源。

提供"以人为本"的培训内容。餐厅是为顾客服务的，顾客除了一般的吃饭需求之外，还会有不同的特别需求，他们对餐厅员工的满意度评价也有不同标准。这就要求员工在工作中，应该意识到并善于分析顾客需求的复杂性，并做出相应处理。因此，在员工培训内容中，也应该包括两方面基本内容，即标准化服务和个性化服务。

标准化服务包括两个方面，一方面是服务人员服务程序和服务质量的标准化，另一方面是厨房人员生产餐饮菜品质量的标准化。每一位服务员在迎接客人时的程序都是一样的，每说的一句话也都是经过培训的，先介绍什么菜品，后介绍什么菜品，甚至什么酒倒在杯里是多少也是相同的，这就是培训标准化的结果。在培训前对这些内容进行量化，培训时要员工一一实践。餐饮业的生产人员则主要是指厨房里工作的员工，为了标准化，培训内容要全部定量，比如某一种菜在锅里的时间，某种佐料在某一菜品里的量都有标准，让员工按标准操作。通过严格的标准化工作培训，餐厅工作中的每道作业工序，从管理人员、厨师、服务生到PA；从进菜品质、净菜、菜肴烹饪、计费、服务用语、肢体语言等，都可以做到有章可循，奖惩有据可依。

培养"顾客体验"理念，提倡个性化服务。在培训中，为员工设计出多个场合的处理方案，比如，客人喝醉了酒、客人很挑剔、客人心情不好，等等，通过对场景的剖析，制定处理方案，这本身就是个性化服务的内容之一。个性化服务还强调员工的个人魅力培养，培训的时候，应该通过测试了解每一个员工的个性特点，突出员工个人的服务个性，有的服务态度很好，有的交际能力很强，有的协调能力很强，选择这些不同突出个性的员工有针对性地服务不同的顾客，从而满足顾客各种不同的消费需求。

当餐厅遭遇顾客投诉时，应做到有礼、有节。首先打消顾客心中的怒气，无论谁在用餐时吃到何种异物，心里感觉一定是不快的（当然，也存在极个别无理取闹的现象）。我们要站在顾客的角度去审视、考虑问题，遇到火气特大的顾客，仍然以笑相迎，让无论多"刺头"的顾客都满意而归。

四 餐饮业培训成果评估与考核

由于餐饮行业存在众多业态：中式快餐、西餐厅、咖啡厅、湘菜酒楼、粤菜酒楼、川菜酒楼、火锅店、料理店、茶餐厅、自助餐、酒店餐厅，等等，而每种业态在管理模式和运营上存在较大差异，特别是连锁与非连锁，这些因素造成餐饮管理培训必须要有业态的针对性，要贴近餐饮企业参训者的具体实际情况，使受训者在实际工作中有所启发。

现在的培训完成后，往往会集中评估与考核。一般来说，包括理论考核、实际操作考核及整体培训效果评估。考试成绩可作为员工薪酬制定的重要依据之一。餐饮业培训成果评估与考核通常包括以下几方面。

第一是理论知识方面的考核，给员工一个实际的案例，让他做一个分析，并且拿出最好的解决方案。

第二是实际操作技能方面的考核，比如基层员工现场展现服务技术水平等，把参加培训前的情况和培训后的情况用录像的方式作对比。

第三是对培训员工的跟踪调查。各餐饮企业根据自己企业的总体培训计划定调查周期，一般为2~3个月。当发现员工完成培训之后在实际工作过程中无法利用培训知识处理实际事务，或不会将培训的知识灵活运用在实际中时，将酌情给予继续帮扶或指定重新参加培训。

参考文献

1. 吕新河:《基于顾客体验消费的餐饮产品研发》,《扬州大学烹饪学报》,2011年第2期。
2. 中国烹饪协会:《中国餐饮产业发展报告(2012)》,社会科学文献出版社,2012,第50~96页。
3. 中国烹饪协会:《中国餐饮年鉴(2013)》,第32~87页。
4. 朱云龙:《潮起潮落餐饮市场20年》,《餐饮世界》,2005年第5期。
5. 中商情报网。

企业案例篇

Enterprise Cases

B.8 全聚德——德文化铸造名品牌

彭 程*

摘 要： 一块老匾，跨越了3个世纪，成为金字招牌；一道菜品，被几代人奉为佳肴，享誉海内外。可以说，全聚德是中国餐饮界的骄傲，其成功的秘诀就是"德为基、诚为体、人为本，履行责任，奉献社会"。历经150年磨砺的全聚德，秉承珍存、保留，改革、发展……的商业精神，始终善待顾客、善待合作伙伴、善待员工、善待社会。全聚德以德创业、兴业，以诚信聚客、聚心，以人旺业、聚财，形成了企业内外部良性协调互动、顺应时代发展的知名民族餐饮品牌。

关键词： 全聚德 德文化 诚信经营 社会责任

---

* 彭程，中国全聚德（集团）股份有限公司办公室副主任。

题记：习近平总书记在2014年中央农村工作会上讲话时指出："……饮食文化是中华传统文化的重要组成部分。要保护和传承食品行业老字号，使优秀品牌不断发扬光大，发挥其质量管理的示范带动作用。要加强品牌建设，积极争创名牌，用品牌保证人们对产品质量的信心"。

中华著名老字号——"全聚德"，创建于1864年（清朝同治三年），历经几代全聚德人的努力，菜品经过不断创新发展，形成了以独具特色的全聚德烤鸭为龙头，集"全鸭席"和400多道特色菜品于一体的全聚德菜系，被誉为"中华第一吃"。敬爱的周恩来总理曾多次把全聚德"全鸭席"选为国宴。

随着技术的进步和现代经营方式的引入，全聚德确立了"品牌引领、规模化、现代化和连锁化"经营的发展战略。目前，全聚德已成为汇聚全聚德、仿膳、丰泽园、四川饭店等众多京城老字号品牌，涵盖烧、烤、涮、川、鲁、宫廷、京味等多口味，拥有100余家成员企业，年销售烤鸭600余万只，接待宾客750万人次，品牌价值118.72亿元的餐饮集团。

在规模化、现代化和连锁经营取得良好经济效益的同时，全聚德还被中央文明办、全国总工会、国家商务部、国家质检总局、中国商业联合会等单位先后授予"全国文明行业示范点""全国五一劳动奖状""全国质量管理先进企业""国际餐饮名店""国际质量金星奖、白金奖和钻石奖""国际美食质量金奖""全国商业质量管理奖""中国十大文化品牌""中国餐饮十佳企业""中国最具竞争力的大企业集团""北京十大影响力企业"和"北京城市名片"等荣誉。"不到万里长城非好汉，不吃全聚德烤鸭真遗憾！"成为全聚德烤鸭备受消费者欢迎的真实写照。

修德兴业、铸就商魂

以德创业，业成；修德为业，业兴。1864年，创始人杨全仁倾其所有盘下濒临倒闭的前门外肉市胡同的一家名叫"德聚全"的干鲜果铺，以"全聚德"立为新字号，并制成金匾悬挂门楣。此后，杨全仁又重金聘请当年皇宫御膳房的师傅专营"挂炉烤鸭",以"鸭要好、人要能、话要甜"视为一切行为的基本准则,视为修德兴业、传承永续的经营理念,一步步将全聚德打造为"天下第一楼"。杨全仁以德成功创业为全聚德的德文化奠定了基础,也是以德创业、修德为业的典范。

新中国成立后,在党和政府的关怀下,全聚德经过公私合营逐步繁荣起来,并成为国家外交宴请的重要饭店。敬爱的周总理生前27次在全聚德宴请外宾,并对全聚德事业发展给予特别关注,"全而无缺、聚而不散、仁德至上"就是周总理对"全聚德"三字的精辟诠释,意味着全聚德广纳鲁、川、淮、粤之味,菜品丰富,质量上乘无缺憾;意味着天下宾客在此聚情聚力,情意深厚;集中体现了全聚德人诚实做人、务实做事的个人品德,爱岗敬业、乐于奉献的职业道德,诚信经营、以人为本的崇高商德,和谐共处、互敬互爱的家庭美德,服务社会、善负责任的社会公德,这正是全聚德商魂所在,也是全聚德得以发展、不断提升的底蕴。

诚信创新,强化品牌

诚信是商道,是产品质量得以保证和品牌大厦稳固的根本;品牌的生命就在于经营者的诚信和产品的质量。诚信经商和可靠的产品质量是品牌可持续发展的基石。全聚德人坚持以顾客为中心,"诚实交易,童叟无欺,恪守信用,正当经营",是全聚德诚信经营的最好诠释。同时,全聚德人还不懈追求产品质量。150年来,全聚德在发展中流传下来许多不可替代的技术诀窍和管理经验,譬如,"全聚德挂炉烤鸭技艺"和"仿膳(清廷御膳)制作技艺"分别被列入国家级非物质文化遗产项目,前门全聚德烤鸭店门面被公布为"北京市文物保护单位";全鸭席被列入西城区非物质文化遗产。但是,当代全聚德人没有故步自封,而是在传承中坚持不断创新,在发展中坚持对品质的承诺,从而成就了全聚德鲜明的诚信产品质量文化、诚信经营发展文化。

在秉承诚信经营的基础上,全聚德还对产品不断进行创新。目前,"全聚德"不仅以烤鸭饮誉海内外,而且以全鸭席、特色菜、创新菜、名人宴

为代表的系列精品菜肴形成了全聚德海纳百川的菜品文化。为了保证全聚德菜品质量和风味的统一,积极探索中餐标准化和规模化,集团对40余个全聚德传统特色菜品进行量化定标工作,这一举措在中餐发展史上具有"吃螃蟹"的首创意义。同时,全聚德还为北京奥运会推出奥运菜单、应对"非典"和禽流感准备烧烤菜品、为大众消费需求设计全聚德京味菜以及各企业因地制宜开展四季养生创新菜等等,在传承"全鸭席"的基础上融入了时尚元素,突出了营养健康、绿色环保的全聚德特色,受到消费者的青睐。

"食以安为先"是餐饮企业基本生存之道。安全是餐饮业的基本要求,为了给消费者提供安全可口、放心的食品,全聚德始终把食品安全工作放在重要位置,持续开展ISO质量/食品安全/环境管理体系认证工作,切实从思想认识、组织领导、体系建立、源头控制、过程监督、危机处理、技术支持等各个方面提升管控水平。以承担2008北京奥运餐饮服务的中餐企业代表为契机,经过科研攻关,成功地为鸭坯编制识别身份的电子码标签,实现从小鸭破壳到上餐桌的全程追溯,并特别制作了烤鸭身份证,宾客食用的每只烤鸭都带有"身份证",既有全聚德历史的展示,又有烤鸭可追溯的信息,将文化与科学完美地融合,给消费者一份珍贵的纪念。

传统餐饮产业并不是高科技产业,但全聚德集团依然强化"科技是第一生产力",积极引进工业化生产方式,完成了我国第一条鸭坯开生、晾坯、冷冻连续作业生产线;先后研制出四代电脑鸭炉,把全聚德百余年来形成的专有烤鸭技术数字化,对确保烤鸭质量起到了重要作用;开发和推广全聚德餐饮管理计算机内控系统,实现从前台收银到后厨烹制的数字化管理;推进成本管理系统建设,节源创效;以特色食品产品研发为突破口,推动食品工业化发展。由传统技术工艺向现代科学技术转化,由前店后场向产业化转化,使全聚德拥有11项国家专利,获得中国商业联合会科学技术进步二等奖4项,北京市经济技术创新奖7项。

另外,在已建立实验室的基础上,先后引入和实施统一集采平台、内控体系、对外信息披露以及农药残留快速检测仪等一系列规范化、标准化、科学化的管理制度,在食品原料的进货渠道上,构筑起"集采平台+总部食品安全实验室+便携式快速检测仪"的食品安全三道防线,进一步强化了食品安全监管和质量控制力度,提高了企业自身抵御食品安全风险的能力。

以人为本,夯实品牌

科学发展,关键在人。全聚德集团成立21年来,坚持以人为本,全心全意依靠员工办企业,从长远发展的战略高度重视管理人员、专业技术人员和服务人员队伍建设,为企业注入了新的生机与活力。

实施人才发展战略,加强人力资源开发与管理。连续五次进行人事、用工和薪酬三项制度改革,完成机构改革和所有管理人员的竞聘上岗工作,实现客籍员工与本地员工同工同酬同权;制定出台《全聚德集团人才发展规划》《全聚德集团员工发展规划》,提出人才和员工队伍建设的发展目标、工作要求和保证措施;先后建立全聚德培训中心、全聚德餐饮技术学校和全聚德餐饮管理学院,广泛开展校企合作,为全聚德事业储备人才;建立中青年人才库信息系统,探索形成人才队伍统一领导、分级管理、有效调控的管理体系和符合本企业特点的人才分级分类管理体制。

注重员工队伍建设,重点抓好岗位培训。打造学习型企业,开展读书活动;健全和完善教育培训管理组织机构,充实专兼职培训师队伍,搭建自上而下的四级培训工作管理体系。不间断地举办青年管理人员培训、不同岗位培训和新员工入职培训,激励员工自觉遵守职业操守,自动自发地为企业发展贡献自己的力量;坚持不懈开展以"全聚德之最"为载体的劳动竞赛活动,把思想政治工作和提高企业经济效益、推动企业改革发展稳定有机结合起来,树立和弘扬先进典型,教育和培养了一支文化素质高,敬业精神强,具有先进理念,拥有较强操作技能的员工队伍;积极开展自上而下的"师带徒"技艺传承工作,强化定量考核和定性考核,为企业可持续发展奠定了技术保障,现已拥有一支以27名中国烹饪大师、22名中国烹饪名师、6名中国服务大师和3名餐饮服务名师领衔的专业技术队伍,多次在国际、国内餐饮业界竞赛活动中获得殊荣,凸显了全聚德集团雄厚的技术实力。

合作共赢，连锁发展

效率优先，兼顾公平，互惠互利，共生共荣是全聚德集团与供货商、股东等企业伙伴合作发展的准则。正是在这一理念的支持下，全聚德集团与政府、股民等热爱民族品牌的各方，与自己有各种业务关系的银行、企业等投资者，与供货商、加盟商等合作伙伴保持着友好的合作关系，拥有了良好的外部发展环境和如今的发展规模。

对民族餐饮的保护是全聚德集团与政府部门的合作基础。全聚德自1864年建店以来，一直是单店经营的小餐馆。在新中国成立前夕，由于战乱的影响已经濒临破产，新中国成立后通过公私合营注入资金获得了新生。1993年市政府决定成立中国北京全聚德集团公司，由市政府统一领导3家全聚德店，明确品牌产权归属，统一资产管理，这为全聚德品牌日后的大发展奠定了坚实的基础。

连锁企业发展是全聚德集团与加盟商合作共赢的见证。经过多年的努力，现已在全国和海外发展了近百家连锁企业，全聚德品牌的影响力通过当地连锁企业的良好表现获得了极大的提升，并通过连锁经营发展使全聚德集团获得了极大的经济效益。

承蒙广大股民的厚爱，全聚德股票自2007年在深交所上市以来，充分利用资本市场的优势加快发展壮大的步伐，上缴税费数额逐年递增，被评为资本市场"最具投资价值50强"，截止到2013年底，全聚德股票市值53.45亿元。全聚德品牌无形资产价值由1994年的2.69亿元增长到2011年的118.72亿元，增长了43倍，成为中国第一例服务类"中国驰名商标"。近期利用定向增发引进战略投资者，更是表现出全聚德人做大品牌的决心。"全聚德引入香港IDG"被《北京商报》和北商商业研究院联合评选为"2013年度北京十大商业新闻事件"。

履行责任，提升品牌

社会责任是企业文化建设的一面旗帜。全聚德作为国家宴请贵宾的重要场

全聚德——德文化铸造名品牌

所而驰名中外，政治接待是历史赋予全聚德不可推卸的使命，从接待国家和地区的元首与政要到服务各类重大、重要政治活动，从演艺大腕到体育明星，从中外宾客到大众百姓，全聚德以精美的菜肴、幽雅的环境和热情的服务赢得社会各界的赞誉，成为家庭宴请、朋友宴请、商务宴请的首选之地。特别是举全集团之力，服务北京奥运会、上海世博会和北京园博会，进一步提升了全聚德品牌影响力和美誉度，树立起了质量上乘、品位卓越、文化内涵深厚的驰名中外的民族品牌形象，作为古老和新生的京城餐饮文化的重要代表，已化身为首都北京的一张"城市名片"。

同时，全聚德还积极参加社会公益事业，捐资助学，建立"希望小学"，在高校建立"全聚德奖励基金"，通过北京慈善协会资助百名大学生；组织全体成员企业和员工捐款、捐物，向国内外灾区民众、弱势群体奉献爱心；到医院、敬老院看望老红军、老模范及各界知名人士，慰问"国旗班""三军仪仗队"将士和公安干警；成立"全聚德爱心基金"……这些都得到企业员工的称赞和社会各界的好评，连续两年荣获由北京市人民政府颁发的"首都慈善奖——企业社会责任奖"，为构建和谐社会做出了应有的贡献。

企业文化，丰富品牌

在餐饮市场竞争日趋激烈和消费者选择多元化的今天，同质化使企业之间的竞争不仅仅是产品与服务的竞争，更重要的是品牌和企业文化力的竞争。

全聚德集团组建之初，就以规范企业标识为突破口，对全聚德百年历史企业文化进行全面总结，提炼全聚德文化内涵，形成统一的企业理念，统一的形象识别系统。在此基础上，又制定印发《企业文化理念手册》《企业文化行为手册》和《企业形象识别系统》，构筑起以全聚德品牌为主导的、多品牌共同发展的企业文化体系，促进多品牌文化的融合，形成强大的文化合力。企业文化建设成果分别获得第二十四届北京市企业管理现代化创新成果一等奖、第十七届全国企业管理现代化创新成果二等奖；全聚德集团新标识荣获2011年度北京国际设计周"视觉传达设计奖"；2012年被中国商业文化研究会授予"中国商业文化建设奖"。

为营造独特的文化氛围，全聚德依托饮食文化的丰厚底蕴，积极搭建文化平台，创意文化活动，建设传播载体，不断涉足文化艺术领域和文化产品。全聚德集团歌和《一炉百年的火》《全聚时刻》《全聚德故事》《媒体话说全聚德》《全聚德连环画》《全聚德珍藏书画集》等各类书籍，电影《老店》，话剧与电视剧《天下第一楼》，评书与皮影戏《全聚德传奇》以及全聚德展览馆等形式多样、题材新颖的艺术文化提升了全聚德品牌的文化附加值。可以说，多品牌深厚的历史文化底蕴是全聚德集团在激烈的市场竞争中立于不败之地的软实力。

面对宏观政策调整和餐饮市场形势的变化，全聚德集团没有沾沾自喜，而是置身于机遇与挑战并存的新时代，提出了更高的发展目标和工作任务。站在新起点，引进战略投资者，聚焦全聚德品牌定位战略，是全聚德集团创新发展的重大实践，是寻求创新变革的有益尝试，也是历史赋予国有老字号上市公司的殷切期望和重托。当代全聚德人定不负众望，进一步增强责任感和使命感，坚定不移地走"品牌+资本"发展道路，立足"中华第一烤鸭店"定位，开拓"宴请，就到全聚德"的消费市场，努力打造市场化、专业化运营体系，在实现中华老字号企业向现代商业品牌公司转变的征程中，为早日实现"中国第一餐饮，世界一流美食，国际知名品牌"的宏伟愿景而努力奋斗！

B.9 北京宴：高端餐饮转型之道

李 琳　韩忠芹＊

摘　要：

"八项规定"严禁公款吃喝，对餐饮业也影响深远。自此，国内高端餐饮纷纷谋求转型，或改变目标人群，或降低经营成本，或扩展平民市场，或加大促销力度，尽管大都围绕着降低经营成本和面向普通消费者两个方面转型，但仍未实现有效的转型。

在北京众多的高端餐饮企业中，有一家餐饮企业却独辟蹊径，从中国传统文化中提炼出餐饮服务的文化精髓——"家和文化"，以此驱动餐饮转型升级，在业界产生广泛的影响。

本文以北京宴为例，发掘高端餐饮业如何面对消费市场变化，如何通过降本增效维系企业生存，如何通过文化定位重新驱动企业发展。并对未来餐饮业面临的消费市场环境作评估预测，探讨以菜品和文化作为定位的中餐业在面对消费市场变化时的策略选择，并提供具有针对性、实战性的具体措施。最后通过北京宴"家和文化"之再论及延展，探讨高端餐饮转型的可行路径。

关键词：

文化　高端餐饮　转型

＊ 李琳，中国社会科学院研究生院MBA硕士，中国社会科学院财经战略研究院服务经济与餐饮研究中心特聘青年研究员；韩忠芹，中国社会科学院研究生院MBA硕士，中国社会科学院财经战略研究院服务经济与餐饮研究中心特聘青年研究员。

从中央提出"八项规定"和"厉行勤俭节约，抵制铺张浪费"的要求后，全国刮起了节俭之风，高端餐饮企业纷纷尝试转型，很多餐厅面向社会推出了"体验大众消费，享受品质服务"活动。虽说"民以食为天"，但生意不好做是近期很多餐饮业老板的共同感受。受众多因素影响，目前我国餐饮业的发展已明显放缓，整个行业进入微利时代。在此情况下，餐饮企业纷纷谋求创新转型以应对日益低迷的市场。

一 高端餐饮困境分析

（一）传统消费群体消费观念发生变化，高端市场不断萎缩

高端餐饮酒楼收入大多来自政府机构的政务活动招待宴请，企业组织的商务活动招待宴请，高收入消费者的社会活动节庆宴请。自中央出台关于改进工作作风、密切联系群众的"八项规定"之后，政府机关坚决反对讲排场、比阔气、铺张浪费等奢靡之风，严禁用公款相互走访、相互送礼、相互宴请等活动。组织机构的不良消费需求得到有效抑制，同时随着健康消费的观念不断深入，个人消费者在选择婚宴、寿宴等节庆消费方面也更趋理智，个体消费者的高端消费更强调服务和内涵。

（二）经营成本不断上升，经营压力不断增大

高端餐饮企业前期投资大，投资回报期望相对较高。同时企业较大的规模、较好的设施决定了企业维护成本居高不下。另外，高端餐饮企业想要提供高质量的菜品就要采用高质量的食材，要保证提供优质服务就必须保证参与的人员具备较高的素质，这一切都会增加运营成本。北京高端餐饮企业每天的房租、员工、原材料成本等平均到每个餐位，每天要卖到200元以上才能保本，这还不算固定资产折旧和摊销。随着物价上涨及用工成本不断上升，企业经营成本压力也将不断增大。

（三）行业竞争日趋激烈，高端餐饮市场竞争手段单一

目前餐饮市场中不同类型的餐饮企业不断涌现。特色各异的大宗消费餐馆

不断出现，因其鲜明的主题特色极大地分散了高端餐饮的客源。因为高端餐饮企业之间经营相似，针对的目标市场极其一致，提供的餐饮及服务产品缺乏个性，面对激烈竞争，导致企业在日趋狭小的市场空间里只能以价格高低生死相搏。

（四）高端餐饮业未完全改变传统经营理念，造成转型困难

以往的高端餐饮有着特殊的群体，餐饮企业一方面为了迎合消费要求，另一方面为了自身的发展，导致了"做大"（指追求经营面积），"做高"（指追求高价格、豪华装修、昂贵食材）的情况出现。在快速发展的过程中，偏离了吃饭的本质，变成了"吃面子，吃排场，吃身份"，使得吃饭的本质变了味。高端餐饮应该以高端服务打动顾客，高端餐饮除了要有高端的菜品以外，软件和硬件服务都要跟上，这样的餐厅才能留住客人。随着去年"湘鄂情"先后关闭北京、南京、上海等地共8家亏损严重又扭亏无望的酒楼门店，前门"布鲁宫法餐厅"也被曝出关门的消息。如果依赖政府消费的高端餐饮不调整转型，肯定会被淘汰。

二 北京宴以家和文化为核心的应对之道

北京宴作为高端餐饮的一员，另辟蹊径，突破困境，逆势飞扬，成功完成了转型。北京宴诠释了"中国服务"生生不息的力量，也让我们看到了高端餐饮发展的春天和方向。

（一）清醒认识餐饮业发展方向，反对奢靡之风，回归餐饮服务，创造企业价值

2013年初，"国八条"颁布之后，作为主要以政务和商务人士为目标消费群体的北京宴来说，经营同样遭受巨大冲击。北京宴的生意一落千丈，曾经天天客满，变得门可罗雀。最惨的时候一天中午一桌，晚上一桌；最差的时候一天的生意只有2000元。面对困境，北京宴迅速转变了思想，调整了定位，用3个月的时间实现了盈利。北京宴在转型期间坚持不裁员、不降薪，积极响应

党和国家号召，不等不靠，主动转型升级，改变目标人群，扩展平民市场，加大促销力度，找准定位，推出了若干举措。依靠内容和产品去吸引社会的高端人群。优惠套餐将人均消费从 1000 元降到了 300 元左右，同时保持服务品质，标志性的"中国服务"赢得了顾客赞誉和良好口碑，口碑相传，深入人心，让餐饮回归了服务业的本质。

（二）面对困境调整经营思路，以差异性、多元化的消费服务引领餐饮企业转型

北京宴总经理杨秀龙认为，普通的老百姓有不同的消费需求，需要不同档次的消费水平和消费服务。在当今倡廉、倡简、倡安全的大环境下，应该正确区分不同的消费群体。"反浪费不等于反消费，高品位不等于高消费"，高端餐饮照样可以转型"高端"，只不过以前的高端是特殊的群体，而现在的高端是普通百姓中收入相对较高的人群。北京宴调整了消费层次结构、产品结构，开拓新食材来降低成本，但不影响菜品的品质，比如，他们将原来用的南非鲍鱼，在经济套餐中改用大连鲍鱼。调整了部分菜品和果汁销售价格及高、中、低档菜品的比例，以吸引普通大众消费群体；降低"门槛"，走亲民路线，开发性价比较高的大众产品，推出了经济实惠的 1 元系列套餐。针对不同消费群体，北京宴开发了不同的市场，如开发居民市场、企业会、同行培训市场、婚宴和旅游市场等。

（1）针对居民市场，放下身段，走亲民路线。北京宴以酒店所在地为核心，把方圆 2 公里内的居民作为重要市场来开拓。打出的口号是"北京宴，您的家庭会客厅"。餐厅工作人员通过周边拜访形式，将自己的变化告知市民。此外，北京宴还通过组织员工逢年过节的时候去丰台区养老院等养老机构献爱心的方式，积累在周边居民市场的口碑，开发居民市场中的中高端消费人群来北京宴进行家庭聚餐、举办生日宴、寿宴等。周边居民的点餐量每天达 10 桌左右。目前，北京宴每天光外卖的包子和豆腐就各有 200 多份。杨秀龙笑言，现在要问附近居民，北京宴是干吗的？听到的答案会是：卖包子的，卖豆腐的。高端餐饮同样具有很好的发展前景，高品位餐饮不应成为某些阶层所独享的特权，而应成为人民群众在生活水平提高之后都可以享受的一种体验。

北京宴平均每天预定60多个房间，而生日宴超过10桌，占到了订餐的1/6甚至更多。在北京宴过生日可以享受很多温馨的服务，有温馨感人的房间布置，免费蛋糕，团队送福，还有摄像师为您定格最美好的瞬间。

（2）北京宴细分和开发了众多的新市场，例如，推出了"企业会"。通过提供免费办公室、书画房、麻将室、茶室等优惠措施，锁定一些高端客源。据悉，长峰医院、宝马等企业有意向与北京宴合作，他们希望在北京宴的包房内设立办公室，作为常驻站点。北京宴有一个专用企业包房叫"华为厅"，里面放置了华为的一些经典照片、华为语录、华为Logo等富有华为文化底蕴的摆设，并由一名专门的服务员负责接待华为的人员和用餐事宜。

"中国有很多企业在当地很有影响力，可能在北京的业务不算多，如果在北京专门设一个站点比较浪费，或者没有能力去养活一批人，但他们有洽谈公务的需求，所以我们想与商学院的企业家学员合作，推出企业会，给他们设立专用包间，提供管家式服务，收费标准是50万，以后的消费都可以从这50万里直接扣除。"杨秀龙说。另外，北京宴与清华经管学院、中欧商学院、长江商学院等进行紧密合作，商学院众多的开班仪式和聚会活动都在北京宴举行。

（3）撬动同行企业的培训市场。北京宴目前是商务部重点推荐的全国服务商贸流通行业优质服务现场经验交流企业，和中国饭店协会命名的中国饭店业优质服务公益培训基地。北京宴在一年内给中国饭店协会组织的70多家餐饮企业、东方美食网组织的80多家企业、中穗伟业咨询公司组织的40多家企业、每时宏达咨询公司组织的60多家企业做过关于"如何提供优质服务""如何打造尖刀团队"等主题的培训。以目前的优惠价1200元/人（含食宿、授课、场地、参观、资料等）、每次课程少则150人左右的规模来计算，通常两天半的课程，北京宴可以收入18万元。

"相约北京宴，助力中国服务"高级研修班，每月一期，2013年总共举办了12期并完美结课，全国各地几十家餐饮企业的同仁们汇聚北京宴，感受真正的餐饮文化，中国服务。这也给北京宴带来了良好的口碑和可观的收入。

（4）北京宴通过与婚博会、婚庆网站、婚庆公司、婚纱影楼合作，向已婚人员进行微信营销、感情营销，来开发婚宴市场。开发婚宴市场的策略成效

显著，2013年3月北京宴的婚宴活动仅有2场，到5月已达8场。杨秀龙透露，北京宴5月婚宴活动的销售额达80万，目前已预定好的婚宴活动有15场。

北京宴还通过开发旅游局、外交部、各大旅行社资源来开拓国内外高端旅行者资源。通过挖掘旅行社市场，希望开发出一个"游北京、逛长城、吃北京宴"的品牌。

（5）北京宴重视与中国美术家协会、中国烹饪协会、世烹联等协会的合作，还与各类媒体开展合作，如与新华视讯、中饭协网站合作，开通官方微博、微信，向报纸、杂志推介文章，参加中央电视台、北京电视台的美食地图节目等。同时，也接待一些规格较高的官方经验交流会等，如"爱聚力，心未来"和平儿童未来成长基金会慈善晚宴暨2014"中国梦·正能量"大型公益晚会。

三 借势社会发展主潮流，"家和文化"铸就中国服务

（一）北京宴推"家和文化"铸就服务业中国梦

北京宴总经理杨秀龙说："中国梦任重道远，需要通过脚踏实地的努力，我们的中国服务梦需要大家的众志成城与不懈努力。我们以践行北京精神，宣扬中华美食，倡导中国服务为己任，坚信服务是一份神圣的工作。旨在提供最优服务，让客人感到比在家里更舒适，更方便，更有人情味，打造充满亲情的'家外之家'。北京宴，一群人，一辈子，一件事，就是中国服务。"北京宴，倡导中国服务，在"高品位，低价位"的原则下，对宴请进行细致划分，策划了12种基本宴会模式，如家宴、同学宴、朋友宴、婚宴、商务宴、生日宴等，以达到宴宴精彩，宴宴惊喜，宴宴感动的效果。

在杨秀龙看来，提供优质服务是餐饮企业得以制胜的关键。那么，如何让顾客体会到优质服务？就是永远不对顾客说"不"，宁可让酒店吃亏，也不让客人吃亏，追求顾客赞誉——要超出顾客的期望，让顾客满意、惊喜、感动。

（二）以客人为家人，让客人以北京宴为家

在北京宴当看到客人咳嗽时，员工会给客人悄悄上一碗银耳雪梨汤；得知客人胃不好时，会给客人端一碗热腾腾的小米粥；当看到客人喝酒过多时，会给客人准备一杯蜂蜜水解酒；当客人因感动而坚持要给小费时，会准备好平安果并把小费包在里面，写好爱心卡说明，在客人临走时送还给客人。

2014年1月5日晚，宴会七部刘路平在310房间服务时，知道客人为其81岁父亲过寿，便提前把房间号换位南山厅，又精心布置房间，装饰餐桌。刘路平还准备了特制欢迎屏，摆寿字沙盘，并提前把写有生日快乐、福如东海、寿比南山的爱心卡放在每一个骨碟下，给客人惊喜。餐中顾客夸赞北京宴，刘路平便耐心为其讲解灯光，介绍特色菜品和沙盘；刘路平还安排人员为寿星唱生日歌，送长寿面，为一家人合影留念。得知爷爷奶奶携手共度66个春秋，刘路平立刻向上级汇报，赠送了一个礼品杯和"平安果"，祝其身体健康，恩爱一辈子。客人感动地流下了眼泪，离店前留下表扬信："我们在北京宴体会到了如家人般的优待与贴心的服务，如此优质的盛宴，果然名不虚传。"

（三）服务社区，让家和文化之火心心相传

2014年春节前为了满足周边居民的年夜饭需求，北京宴还联合小区居委会一起组织社区居民，在酒店支起桌子，摆好锅碗瓢盆，油盐酱醋，由彭华强厨师长现场教居民如何做好一桌年夜饭。北京宴深深懂得企业在依托社区发展的同时，也要回报社会，与社区居民打成一片。

作为一个负责任的企业，北京宴一直重视企业社会责任。北京宴的管理人员和员工曾在父亲节、母亲节、重阳节等节日去敬老院看望老人，感恩节请残疾儿童参观、用餐。为狮子会青少年交流提供帮助。他们经常做爱心义工，帮助福利院的残疾儿童，通过这些举措实践中国服务和安全经营等理念，不断造福社会，努力成为富有社会责任感的企业。

北京宴总经理杨秀龙认为，服务就是一个品牌，当你的优质服务成为顾客根深蒂固的印象时，那么它将是你的一个"招牌菜"，也就是胜于其他对手的竞争力。然而在优质服务的背后必将是人力资源的竞争，这就要求企业具有一

个适于运营的组织结构,适于运营的岗位职责,完善的工作流程,合理的晋升机制,良好的人力资源职能循环机制。让员工了解到你的企业愿景并为之服务,实现企业和员工共同发展的企业战略。

四 再论"家和文化",高端中餐的经营之路

(一)家和万事兴,公开、公正、公平

北京宴提供了一个真正公开、公正、公平的人员晋升平台,大家都是公平的,不存在论资排辈,也不任人唯亲。每个员工都能在这个平台上静下心来做自己的事,通过做事来使自己得到提升,而不必掣肘于复杂的人事关系。在北京宴,每个入职员工都有《岗前培训手册》《优质服务手册》和《企业文化手册》,管理者还有《管理工作手册》。每本手册中大到企业文化,小到烟灰缸更换的程序和标准都有着详细的说明,这些手册的一个共性是,开篇都是总经理杨秀龙的致辞:"我们的十年规划是,十年目标两步走,第一个五年打造中国商务宴请一流品牌,第二个五年做中国餐饮业的人才孵化基地。"

(二)"家风""家规"是实现"家和文化"有力措施

北京宴的晋升机制公平、清晰,能让员工看到希望,所有员工都有两条升迁路径可以选择:服务员—服务师—高级服务师—训导师—高级训导师;服务员—代班—领班—助理—经理—总监—店总。员工获得晋升、调配岗位的依据,重点在工作能力和工作表现考核,与资历和学历无关。这让学历不高的服务员看到了希望:我虽然平凡,但只要努力,我的未来就有希望。

在北京宴,每个人都是管理者。例如,北京宴包间的管理办法是"我的地盘我做主",每个包间的服务员就是该包房的负责人,包间里几乎所有的事情这个服务员都可以做主,可以给客人赠送牛奶、爱心果、送生日蛋糕、提供婴儿床、赠送鲜花,等等;顾客的一些个性化需求,在一定的权限之内,服务员不需要请示可以直接满足,如果客人的需求超过了服务员的权限,服务员可以快速反馈至总经理。

公司并不考核服务员的营业额,而是考核顾客的满意度和回头客的次数。对员工来说,每一餐都是一场演出,员工不是演员,而是导演和编剧,员工可以根据顾客的需求来策划每一餐。北京宴还有十个特别的组织:社团——形象北京宴、礼仪北京宴、茶艺北京宴、印象北京宴、艺术北京宴、感动北京宴、话说北京宴、养生北京宴、生活北京宴。

社团组织的创立源自"民间"。据员工讲,因为酒店日常的培训工作已经无法满足他们对知识的渴望,于是在酒店的帮助下,员工就自己感兴趣的方向自发组织成立了这些社团组织。所有社长均由普通员工担任,助理级以上管理人员只能担任副社长和秘书长一职,提供基础服务和保障,社长自己发展队员,壮大队伍,每个社团少则10人,多则不限。每个社团都编有自己的社团手册,每月组织一次本社团的活动,每年组织一次全员的集体活动。这样就使员工的业余生活非常丰富,并且能够将学到的专长应用到工作中,为员工提供展示自己的舞台。

经过调整期的阵痛,北京宴目前已经进入稳步盈利期,对于一家开业仅仅两年多的餐饮企业来说,这样的业绩实属难得。北京宴拥有富丽堂皇的硬件,温馨可人的软件,超乎想象的服务,这是一个感恩的地方、感动的世界。世界上有许多知名的餐厅,往往因服务群体的理念著称于世,从而代言一座城市、一个国家、一个群体,一个时代的精神风骨。在中国,在北京,在北京宴你可以时时刻刻感受这样的服务这样的文化。

参考文献

1. 杨柳、荆林波:《中国餐饮产业发展报告(2013)》,社会科学文献出版社,2013。
2. 北京宴:《企业文化手册》。
3. 李彬:《因文化而改变》。
4. 梁慧:《细看全聚德》,中央广播电视大学出版社,2013。
5. 王易、蓝尧:《微信,这么玩才赚钱》,机械工业出版社,2013。
6. 部分资料来自对杨秀龙的专访和北京宴微信平台。

B.10
金百万：餐饮电子商务的典范

马小清 曾 雷*

摘　要： 本文通过回顾金百万餐饮管理公司的发展历史，并分析其现状，提炼了金百万餐饮管理公司的成功之道：立足于传统行业，但建立了非传统的电子商务模式；持续注重品牌建设和差异化战略；较好地解决了中餐标准化的难题；通过赞助贫困学生教育，巧妙地解决了用工短缺和劳资关系紧张的问题。同时，文中也指出了金百万为了实现自己的宏伟目标将面临的一些问题。

关键词： 电子商务模式　品牌建设　差异化　标准化　员工关怀

一 金百万餐饮管理有限公司现状

北京金百万餐饮管理有限公司（以下简称"金百万"）成立于1992年，以经营北京烤鸭、精品京菜为主，辅以推陈出新各地特色菜，形成绿色健康的"家常菜"研发管理体系，创造出了全新的社区餐饮模式。

金百万现在已经发展成为直营、合作、特许加盟三种形式的全国性大型中餐连锁企业。目前，金百万拥有近30家直营店，100余万会员，近万名员工，年营业额突破了7亿元人民币，成为一个庞大的餐饮帝国。在全面打造金百万社区餐饮布局的同时，金百万还成功开辟了金百万社区中央厨房平台，倾全力打造

---

* 马小清，中国社会科学院研究生院MBA硕士生，中国社会科学院财经战略研究院服务经济与餐饮研究中心特聘青年研究员；曾雷，中国社会科学院研究生院MBA硕士生，中国社会科学院财经战略研究院服务经济与餐饮研究中心特聘青年研究员。

服务于大众餐饮的社区中央厨房理念,并成功推出准成品,以优质的菜肴和便捷的服务深入民心。如今,金百万已成为京城百姓居家消费的首选餐厅之一。

二 金百万的发展之路

1992年,年轻的邓超在警院门口靠着马路边上的六间简陋空房里做起了餐饮,这就是如今享誉京城的连锁餐饮巨鳄——金百万餐饮集团的雏形。

做餐饮两三年后,邓超的生意越来越好,几乎天天爆满,餐厅的口碑逐渐形成。不过,邓超发现,即便生意如此好,但自己却没挣到多少钱。经过深入思考,邓超发现餐饮行业有一个最大的特点:受时间和空间的严重制约。在时间上,用餐的时间相对固定,饭点持续时间就两三个小时。在空间上,一个店面受制于建筑环境,想扩大几乎没有可能。即在一天有限的时间里,固定的空间内,每个桌位所能服务的顾客数有限,每个桌位贡献的销售收入也有限。因此,单店的销售收入达到一定规模时,就很难再大幅提升,从而限制了店面的发展。

要想真正发展,就要突破原有的传统盈利模式,邓超开始思考突破路径。1994年,随着中国改革开放进一步深入,国外的大型跨国集团开始大举进入,并带来了新的运营模式、经营模式和管理理念。像沃尔玛、肯德基等通过连锁模式在国内取得了快速发展,门店越来越多。国外连锁企业在中国的跑马圈地让邓超发现餐饮行业也可利用连锁模式来突破原有的传统盈利模式。他开始思考如何建立中餐连锁经营模式。通过连锁经营模式,能够实现匀速的盈利,让自己的管理模式和品牌成为自身宝贵的财富,建立区别于竞争对手的核心竞争力。而要实现连锁经营,必须要别人认可自己的品牌。

1995年,邓超将餐厅改名为金百万烤鸭店。从1995年到1999年这五年里,邓超一直在打造金百万的品牌。1995年,当时全聚德的烤鸭是88元一只,而金百万第一次以38元的低价让北京烤鸭成为北京老百姓吃得起的家常菜。金百万采用"卖点营销",成功树立了金百万便宜实惠的形象,成为京城家喻户晓的烤鸭品牌,开创了北京餐饮行业卖点营销的先河。随着金百万品牌知名度的提高,金百万开始走上连锁经营模式。同时,邓超利用连锁加盟的模

式挣到了人生第一桶金。

到 2004 年前后，金百万在全国的加盟店已经达到 100 多家。不过，这期间发生了一件事对邓超的触动非常大。在周口市有一个加盟商，由于经营不好破产了，破产之后欠了很多账，孩子上学的钱都没有了。该加盟商带着孩子到北京找邓超，要求邓超退他 10 万块钱的加盟费，让孩子上学。邓超将全部加盟费 50 万元都退还给了该加盟商。

这件事给邓超带来的歉疚感久久难以平复，他开始反思如何对加盟商负责，因为他知道只有降低加盟商的风险，才能够真正提升金百万的品牌加盟价值，才能够实现更多人的百万梦想。当前的这种连锁加盟模式不能再走下去了。于是，在 2005 年前后，金百万的连锁加盟模式基本暂停了。取而代之的是走直营经营模式，同时转向金百万内部支撑平台建设。金百万通过运营标准化，弱化前台门店的能力，强化后台职能支撑网络，尽量减轻门店的工作量，让后台做得更多更全。这样的系统架构设计非常有利于今后公司规模的扩张和发展。

从 2006 年到 2010 年，邓超一直致力于内部支撑平台构建。金百万打造了 9 大中心 27 个职能部门组成的垂直管理机构，专业高效地服务于门店的运作，拉升店面日常运营管理能力及水平，保证金百万快速扩张的同时，实现统一形象、统一规范、统一标准的快速复制。

2012 年是金百万发展历史中具有里程碑意义的一年。在金百万成立 20 周年时，其营业额突破了 7 亿元人民币。金百万提出了下一步的发展蓝图：百城、百店、百亿。金百万又一次突破自我，打破传统盈利模式，提出和实践餐饮边缘化盈利新概念，凭借实体品牌 20 年的经营，积累了百万余优质客户群体，开创以餐饮为媒介的经营新思想，整合了电子商务平台快捷便利、不受时间和空间约束等优势，最大限度地满足客户多元化消费需求，从而创造更多的利基点，提升金百万可持续发展的核心竞争力。

三 金百万的成功之道

自 1992 年成立以来，金百万经过 20 余年艰苦卓绝的发展，以最好的环境、最低的价格、最高的质量、最完美的服务赢得了消费者信赖,并创造出全新的社区餐饮模式,成为北京餐饮行业的排头兵。

金百万是如何取得今日的辉煌成绩呢?邓超用一句话总结出其企业的成功之道,那就是"管理模式谋生存,经营模式谋发展"。用良好的管理模式为企业打造发展的基础,用持续创新的经营模式领先于业内。

金百万从最初的单店经营到加盟连锁,再从加盟连锁再到直营;从传统的餐饮模式到餐饮行业的衍生产品,再到传统餐饮模式与电子商务的结合。经过不断的尝试和挑战,邓超带领金百万进行了一轮又一轮的创新探索。

(一)做传统行业下的电子商务公司

1. 金百万的电子商务模式

在历次突破自我、突破传统商业模式后,邓超提出主营餐饮业务边缘化新概念,利用百万余优质客户群体,开创以餐饮为媒介的经营新思想,整合电子商务平台,最大限度地满足客户多元化消费需求,提升企业可持续发展的核心竞争力。金百万虽然是立足于传统的餐饮行业,但邓超已经不把金百万视为传统的餐饮行业,只将餐饮作为媒介,其真正的目的是建立一家传统行业下的电子商务公司。这就是邓超新定义的金百万的电子商务运营模式。

前期连锁经营模式的成功带给金百万庞大的客户群。金百万从2007年开始做客户积累,到现在已有100多万客户。这100多万客户具有一些显著的特征:基本都集中在北京地区;都是活跃客户,并非虚拟的ID客户;都多次来金百万消费等。金百万通过建立良好的客户关系管理系统(CRM),将这100多万会员客户转化成金百万电子商务的客户。在电子商务平台上,利用信息技术和大数据技术,深入挖掘客户需求信息,更高效地为客户提供个性化的推荐和服务,销售饮食相关的产品,进一步提高客户满意度和忠诚度。

金百万利用优质的门店服务让客户认可金百万品牌,当客户建立了对金百万品牌的满意度后,金百万会推介自己的网站,推出更多的增值服务,进而推广自己的电子商务模式。这一切都是水到渠成,而非刻意追求。

电子商务平台必须依靠金百万的门店网络为支撑,这也是金百万区别于传统电子商务公司的特殊之处。金百万的店面布局规划是:在北京30多家直营店的基础上,未来5年内,至少再开70多家直营店,以达到在主要城区覆盖半径5千米以内,10万人以上居住人口的区域。金百万的电子商务提供的增值服务就可依靠其在北京庞大的门店网络推广。网上销售的商品可随中央厨房的物流配送网络先到达各门店,客户可选择到门店自提,也可利用门店覆盖半径5千米的上门送餐服务网络将网上销售的商品拿到手中。整个配送流程几乎不用增加额外的物流成本,完全依托于现有物流网络。这就是金百万做电子商务转型的硬件平台。

前期在电子商务平台上销售的商品种类不一定很多,主要销售与餐饮紧密相关的一些商品。金百万销售这些商品具有独特的优势,例如,没有门店陈列费用,没有专门的销售人员费用,没有额外的物流费用,批量采购成本很低。

首先向现有的目标客户销售金百万店里的产品,比如将现有的一些家常菜速冻化,或者半成品化。同时,将金百万自己的招牌烤鸭做成成品,在金百万的电子商务平台和各店面销售。也考虑进入超市,进一步扩大金百万烤鸭的知名度。

其次,销售生日蛋糕等自制糕点。例如,一个八寸生日蛋糕,市场上售价在100元以上,其中很大部分是流通成本和人工成本。金百万做蛋糕就完全没有额外增加流通成本和人工成本,蛋糕的成本就可以大幅降低,售价相对于市面上的普通蛋糕具有很强的竞争力。目前,金百万每天售出的蛋糕达到300份以上。

再次,销售一些金百万具有采购优势和价格竞争力的商品。例如,金百万每年需要消耗大量的食用油,通常是直接从厂家进货,都是同样的油,由于卖给超市的油含有品牌的成本,因此厂家卖给超市的油比卖给金百万的油价格要高一些。这样金百万的油在采购成本上就低于超市,并且没有门店租金,没有销售费用,没有额外物流成本,油的价格只有超市价格的2/3左右。

金百万的电子商务模式突破了原有店面传统经营模式在时间和空间方面的局限性,将金百万的品牌效应最大化,为客户提供真正具有价值的产品和超值的增值服务,更好地满足客户的需求,实现收益最大化。

2. 金百万的先进信息化系统

金百万是餐饮企业中最早引入信息化系统的餐饮企业之一,信息化已经成

金百万：餐饮电子商务的典范

为金百万的品牌特性。近年来，金百万斥巨资搭建信息管理系统，现在已经实现了完全的信息化管理：先进的 ERP 系统、OA 协同办公平台系统、客户关系管理系统 CRM、EHR 管理系统、财务管理、网络教育、视频教学和培训等先进的信息化平台。

通过先进高效的信息支撑平台，金百万可以进行精准的会员营销，并且可以利用微博、微信等 O2O 手段，与消费者进行互动营销。同时，利用先进的信息系统可对成本采取"预检式"控制。从采购到销售，每一个环节都会在信息系统中留下数据，当天就可以查出利润，随时可以发现细微的问题，使成本控制更加高效。目前，金百万直营店的菜品毛利率可以达到55％。举个例子，金百万的某一分店发现毛利率在当月下降了2个点，经过信息系统数据分析，很快就找到了一个重要原因。原来是新来的配菜师傅在当时正热销的"小笼粉烧肉"中，每份多放了两片肉，仅这一个微乎其微的细节，就让该店的毛利率降低了 0.7％。

（二）品牌和差异化战略

1. 品牌战略

连锁餐饮企业必须树立自己的品牌，金百万公司一直注重其品牌建设。从1995 年开始，历经 5 年时间树立了金百万品牌。同时，品牌连锁经营也让邓超赚到了事业发展的第一桶金。从 2005 年开始，金百万开始转入新的经营模式，即将餐饮作为媒介，突破时空局限，实现向电子商务公司的转型。2012年，金百万在品牌推广上的费用是全年营业额的8％，其推广策略有：20 年店庆、聘请专业的咨询公司做品牌营销、新媒体投入等。由于在品牌建设上的突出成绩，金百万荣获 2012 年度北京商业管理创新品牌。2013 年是金百万的"品牌年"。金百万将品牌建设提升到企业经营战略的高度。金百万将在保持特色及核心竞争力的基础上，提升品牌认知度和美誉度。

金百万一直以"高品质的特色菜品、星级的服务、大众的价格、整洁温馨的就餐环境"为特色和核心竞争力。在此特色和核心竞争力之上，金百万制定了完整的营销推广计划，以统一的企业形象走出大品牌企业的气势。更清晰、更及时、更准确地将金百万的信息及时传播出去，与客户深度沟通，做客

户的好朋友。

经过20多年的积累，金百万建立了立足北京，辐射全国的品牌影响力，已经走向全面品牌化经营时代。金百万如今成为北京烤鸭、大众社区餐饮、北京味的代名词，建立了丰富的品牌联想。亲民的价格、实惠的消费体验让金百万深入人心。

2. 差异化战略

在激烈的市场竞争中，金百万公司通过差异化来实现更好的市场定位。当烤鸭还是有钱人才能消费的年代，金百万将烤鸭价格降到38元，让老百姓也能消费；当餐饮企业普遍面临用工荒，员工流失率高时，金百万通过赞助贫困学生上学，解决学生毕业工作的方式，巧妙地解决了用工荒与劳资关系紧张等问题；当餐饮行业还在基于扩展店面的传统盈利模式时，金百万已经突破了时间和空间的局限，开创了电子商务盈利模式，为客户提供多种增值服务，更好地满足客户的需求，实现收益最大化。

在烤鸭制作工艺上，金百万通过差异化策略，突出自身的环保特色。传统烤鸭制作方式需要燃烧木材，排放污染，而金百万长期与德国最著名的电烤炉企业合作，采用电烤炉代替原来的火炉，实现了精细化、数据化的现代科技手段与传统工艺完美结合。金百万首推的电炉科技符合环保主题，极大地减少了碳排放，同时获得了国家政策的大力支持。

在提高客户满意度上，金百万也别出心裁。在金百万的每张餐桌上都放有一个沙漏计时器，这既是对顾客等候时间的承诺，也是对员工工作效率的考核。沙漏会在30分钟漏完，如果沙漏漏完，菜没有上齐，消费者就可以免费享受还没上齐的那些菜。人性化、高效率的时间管理充分体现了金百万的差异化策略。

（三）金百万的中餐标准化之道

1. 中餐标准化的制约

对于大型连锁中餐企业，标准化是其不能绕过的一道坎。以前，一提到标准化，人们的第一反应是西式快餐，很少有人会想到中餐的标准化。中华餐饮文化经过五千年的沉淀，中餐主要的烹饪方法就达28种，口味丰富，博大精深。烹饪出的菜品会由于个人差异而不同,并且同样的人在不同的时候烹饪出的菜品口味也有很大差异。这样就出现了中餐企业管理中的最大问题:店长强则店强,厨师好则菜好。这种能人文化和大厨文化,严重制约了中餐的发展和传播。

2. 金百万的标准化

金百万打破了传统中式餐饮不能标准化的定论。那么金百万是如何实现中餐标准化的呢?邓超认为中餐行业不仅是服务业,更是制造服务业。通过不断的学习与思考,金百万完成了从个人驱动向系统驱动的转变,把复杂的事情简单化,简单的事情数量化,数量化的事情模块化,模块化的事情专业化。

例如水煮鱼这道菜,金百万把这个菜的加工分成13道工序。从采买到最后菜成型送到客人面前,分13个工序,13个工序由不同的人操作。每个人只操作很简单的一个环节。整个环节中,厨师只负责控制火候这一小部分工作,并且每位厨师只要求会做5~8个菜,通过任务分拆和具体化,厨师的作用就很弱化了。在中餐烹饪中采取了类似工业流水线的方式,把所有的菜品拆分成很小的部分,即将复杂的菜品简单化;每个人负责一小部分工作,并将其精确数量化,即将简单的工作数量化。每个人做一小部分工作就可将其做精做深,最后大家配合起来,就成为一项复杂的工作。

金百万公司引入了大量的工业化操作工艺和大量的信息化管理系统,改变了原来的单店管理模式,成立了9大中心27个职能部门的矩阵式管理体系。各中心的职能部门,按照业务线进行分责,各司其职。这种垂直式管理的直接结果就是,把单一的事情做精、做细、做到极致。通过弱化单店功能,增强后台支持体系,进一步推进了中餐的标准化。通过中央厨房送到各门店的几乎都是半成品,近乎成品,极大地减轻了各门店的工作量。这样既能统一口味,又能实现集约化,节省成本。比如,骨汤在中央厨房集中熬制,它比传统的分散门店熬制节约能源60%。标准化,后台支持化已成为大型连锁中餐企业的发展方向和控制成本的不二法宝。通过标准化建设,改变了能人文化和大厨文化,从而加快了中餐的发展步伐。

同时,金百万通过标准化加工,推出了准成品快速美食食品。让消费者在金百万以低价购买到各种菜肴的准成品,回家后只需要加热或轻炒就能吃到和

金百万餐厅同样可口而又有营养的美食,即方便省时,又省钱省力。金百万的这一大胆创新,突破了传统餐饮受时间、空间和人力的限制,把工业化的思维引入了传统的餐饮行业中,同时又极大地降低了大众的食品消费成本。

(四)员工培养和人性关怀

"现代管理学之父"德鲁克曾说,企业走下坡路的第一个信号是对那些合格的、能干的、有志向的人才失去吸引力。邓超也深知人才对金百万的重要性,他认为经营企业就是经营人,要想把企业做成功,经营人是第一重要的。一个企业想做大,关键看有多少人形成共同的理念,跟随企业一起做事业。

1. 中底层员工培养

金百万率先提出了企业学校化的理念,投资1000万加入国家"温暖工程"就业助学计划,通过资助、引导、培训、学历教育等途径不仅使贫困地区的孩子圆了大学梦,还提高了贫困地区人口素质,增强其就业和创业能力,为社会培养应用型人才,把就业压力转化为人力资源优势。金百万长期与多所知名大学和职业院校长期合作,已经资助1000多名贫困学生完成学历教育,为每个学生支付近2万元的学费,学成之后绝大多数学生选择进入金百万工作,其中已有100多位成长为公司的中层管理人员。就业助学计划成就了员工的求学梦想,员工也成就了金百万的事业,就业助学计划不仅培养了员工的忠诚度,而且有效地为企业培养并储备了大量实用型人才。

当前很多餐饮企业遭遇用工荒和劳资矛盾等情况,金百万通过赞助"温暖工程"这一教育切入点,不仅很好地解决了员工来源,有效地缓解了劳资矛盾,同时主动承担企业社会责任,扩大了品牌知名度,真可谓一举多得!

2. 高层次人才培养

金百万非常注重专业餐饮人才的内部培养,一直致力于建设一支学习型团队。培养员工是一项长期事业,需要投入相当多的精力和资源。金百万投资2000多万元建立了4000平方米的学习中心,签约了众多知名高等学府的教授学者及业内专业人士,定期到学习中心为员工授课,为金百万员工提供了良好的培训与继续教育机会。

同时,为了配合"百城、百店、百亿"的发展战略,金百万启动了"百万基金"人才发展计划,成立了百万餐饮商学院。百万餐饮商学院积极展开餐饮行业的研究和探索,大胆进行商业模式的创新,为行业引进新的餐饮理念,并积极进行人才交流和输出。金百万希望在5年内培养100名高级餐饮经理人,让金百万未来成为餐饮行业精英人才的摇篮。

3. 员工人性关怀

进入金百万的每一位员工都可以清晰地看到自己在公司内的职业发展规划,通过自身努力,可以成为公司的中高层。金百万的店长几乎都是从底层脚踏实地干上去的,而且将来所有金百万单店的大股东一定是店长,并非金百万。这种充分放权和激励,让员工的主人翁精神迸发出推动公司发展的巨大动力。系统而周到的员工培训和科学的激励机制为金百万的腾飞打下了坚实的基础。

金百万专门设有员工食堂,提供个性化的员工订餐服务,公司给每人每月补助600元作为伙食费。金百万为员工免费提供"胶囊单间公寓",每人每间3.2平方米,里面有床、桌子、柜子。金百万每个月给员工拨出150元的"业余生活费",选择合适的日子带员工出去旅游;公司每月花6000元找专业的舞蹈老师教员工跳交谊舞;每个部门都安排员工"欢乐唱"等。

所有这些开支加起来,用人成本人均达到每月4500元。同时,由于公司培养了一支高效的员工队伍,每位员工每月创造的价值高达20000元以上。虽然每位员工的成本高于同行业,但是每月员工创造的价值也远高于同行业。

到目前为止,金百万内部工作5年以上的员工占到了80%,人员流失率不到4%,远远低于同业平均数值,这在员工流动率较大的餐饮行业来说简直是个奇迹。由此可见,金百万真正做到了员工人性关怀:吸引人,培养人,留住人,激励人,成就人。

四 金百万面临的问题

在宏观方面,餐饮行业面临食品原材料成本上升、劳动力成本上升,政策扶持倾向弱等诸多不利因素,这些对金百万形成了不小的外部压力。金百万通过实施合理的经营策略和管理模式,实现了企业营业额连续数年高速增长。但

金百万希望在五年内实现"百城、百店、百亿"的目标,其中有些问题需认真考虑,不能忽视。

(1)金百万提出"百城"计划,希望立足北京,走向全国。当前,金百万绝大多数直营店都在北京,外地只有零星直营店。如何将金百万在北京的成功复制到外地?同样,金百万的特色是北京烤鸭和精品京菜,这两类菜品在北京、河北等华北地区还比较符合当地老百姓的口味,如果希望进入中国其他地区,饮食文化和风格有非常大的差异,金百万的特色口味不一定适合当地百姓,很难赢得老百姓认可,金百万的优势和特色将不复存在,也就难以扩大店面和规模。如何解决这一问题呢?希望金百万在走出北京、走出华北前,先想清楚这些问题。

(2)当前,金百万的直营店达到30个左右,营业额7亿多元,要实现其"百店""百亿"计划,则需要在未来5年内新开70家店,平均每年新开14家店左右,按照每家直营店投资1000万计算,每年需投资1.4亿。显然,仅依靠金百万自身的资金实力不足以完成计划,只能依靠外部融资,依靠资本市场的资金投入。不过,由于证监会对餐饮企业上市把关非常谨慎,设置了较高的餐饮企业上市门槛,对上市餐饮企业增长率、净资产、盈利水平要求更严,没有大规模的资金投入,就不可能实现快速的直营店扩张,也就无法实现营业额的快速增长,那么"百店""百亿"目标就难以快速实现。如何突破资金的束缚,也是金百万在实现梦想道路上需要应对的挑战。

参考文献

1. 杨柳、荆林波:《中国餐饮产业发展报告(2013)》,社会科学文献出版社,2013。
2. 部分资料来自于对金百万邓超董事长的专访。

B.11 小南国：中餐企业翘楚的发展创新之路

陈园园*

摘　要： 小南国集团创立于1987年，总部设于上海，是中国中高端市场上最大的中餐正餐连锁餐厅之一。2012年7月小南国在香港联交所上市，小南国中餐正餐业务正式进入金融资本市场，进入全新发展阶段。小南国借助资本的力量，凭借多年来的积累和创新迅速壮大，同时积极开创餐饮业发展的新思路，为整个餐饮行业的发展进步提供了有益的借鉴。

关键词： 中餐　创新　标准化

20世纪八九十年代品牌诞生，虹梅店开设，新世纪之初在香港地区开办首家外地店，2012年成功在香港上市……这就是国内中餐企业的翘楚——小南国餐饮控股有限公司（以下简称"小南国"）独特的发展轨迹。该集团旗下核心品牌有为中高端顾客提供上海特色佳肴的"上海小南国"（Shanghai Min），有服务于商务及高端客户、为其提供粤菜及沪菜的"慧公馆"（Maison De L'Hui），以及在2012年推出的以在时尚闲适空间中呈献海派美食为理念的"南小馆"。

从5张小桌起家，经过26年的发展，小南国从一家小门店发展到一个餐饮大集团并走向多元化，现已涉及中餐、烧烤、SPA、甜品、酒店五大业务板块。截至2013年6月，该集团开设了70多家店面。小南国不仅增开门店积极

---

* 陈园园，中国社科院研究生院MBA，中国社会科学院财经战略研究院服务经济与餐饮研究中心特聘青年研究员。

扩张，还在寻求并购机会，通过收购现有的餐厅和品牌拓展业务。此外，小南国还通过进驻天猫商城和其他B2B平台来拓展新的增长点，主要经营门店餐饮消费电子券、小南国品牌商品及食材贸易等业务，并通过经营酒店餐厅来发现新商机。

2013年世界经济仍延续低速增长态势，中国的经济发展速度趋于缓慢。小南国在年报中认为，2012年以来，餐饮行业面临诸多阻碍：经济增长放缓、原料及劳工成本上升，以及中央政府削减公费餐饮开支，令很多餐厅无法继续经营或遭遇较大幅度的营业额及利润下滑。"从现在限制高消费、提倡节约的社会风气来看，无论是商务宴请还是普通消费，都将回归理性，这是湘鄂情、小南国等中高端餐饮企业拓展中低端市场的原因之一"，中国烹饪协会副会长、北京餐饮行业协会会长汤庆顺向《中国经济时报》记者如是说。因此餐饮企业在保持原有业务稳步增长的同时，要加速大众化餐饮的发展，比如快餐、团膳、火锅等已是大势所趋。小南国早做了分析，将提倡节约的社会风气这样的因素设为比较长期的影响因素，并针对此情况不断采取积极策略应对。如公司将推出更多新业务、新品牌和新产品，来促进进一步发展，并制定了多元化的发展战略。公司在2013年7月份要将其旗下高毛利年轻品牌"南小馆"从香港引入内地，作为公司目前的发展重点，目前在深圳、上海总共开了3家店，预计在2014年开10家以上，到2015年达到15家以上。继"南小馆"之后，小南国将于2014年推出定位于中端市场的以家庭大众消费为主的新品牌"小小南国"。该品牌以家庭大众消费为主，人均消费额为100~150元。

一 锐意进取，不断创新，树立餐饮界良好口碑

小南国能在日趋激烈的餐饮业竞争中脱颖而出，发展成为中国最大的餐饮服务集团之一，在很大程度上得益于其层出不穷的产品创新。小南国每年会有300~400款产品小样，每周举行一次品评会。公司通过市场调研、对消费者信息的搜集和需求分析来确定新菜式的开发，然后外包给厨务公司开发制作菜品。接着公司从研发的新品中挑选试卖，根据试卖期间的销量来确定新菜的生产规模，并对新产品进行后续跟踪，搜集客户的反馈，根据各项反馈意见进行

系统的调整，最终形成标准作业程序（Standard Operating Procedure，SOP），进入菜品库。小南国对新菜的研发极其挑剔，一年研发的新菜有130多道，但淘汰率高达90%。

比较常规的中餐企业是按季节推出新菜，小南国在研发方向上进行了更大的突破，不仅在食材源头找到更新鲜、性价比更高的食材，还研发了一些更加适合家庭消费的平价菜。比如小南国去大连找生态鲍鱼，去福建找生态环保的大小黄鱼，并对这些鱼类水产品进行直采，越过中间环节。这样不仅给消费者带来更加鲜美的美食享受，还提高了产品的性价比。

小南国除正常的新菜研发之外，还打造了一个创新的平台，传递餐饮文化。如上海小南国在创立25周年特别推出的"大师系列"，将鲁菜文化在小南国的平台上呈现。经过多年的产品创新历程，小南国形成了一套独特的产品设计流程。

第一，制定年度目标。为了满足消费者对新产品的需求，小南国每年都会确定推出多少款新品的目标。2012年推出了"大师系列"，邀请鲁菜大师孙成顺为小南国加入鲁菜元素，共设计了十几款新品，目前保留在菜单上的有三四款。

第二，科学调研。结合外部合作媒体，搜集餐饮市场数据，分析判断消费趋势，找到消费者的偏好和需求点，同时借鉴其他行业的一些研究，主动创造消费需求。

第三，小样开发。借助外力，开发新产品。内外结合，重在创意。

第四，产品定型，进行标准化制作。

第五，试卖。首先在上海门店进行试卖，试卖成功后，开始做全国推广的准备。

第六，微调。产品上市后，根据各门店的具体情况对产品进行微调。

正是因为有如此细致的产品设计流程，小南国推出的新品才能准确地把握消费者的偏好，适应并创造消费者的需求，在餐饮界树立起了良好的口碑。

二 建立标准化体系，实现一体化管理

中餐行业实现标准化是一件很难的事情，因为涉及的菜品太多。而实现标

准化是提高产能、保证菜品品质一致的关键。在20多年的经营摸索中，小南国实现了"产品"和"管理体系"两大标准化，为以后的高速发展打下更为坚实的基础。

小南国在初创初期就意识到了"去厨帅化"的重要性。小南国的每道菜品流程都被拆分，每名厨师只做有限的工序——焯水的专焯水，炒蔬菜的专炒蔬菜。这种操作方式不仅让复杂的做菜过程简单化，还尽可能地减少了厨师操作带来的不稳定因素。因为这些"专业化分工"，小南国的厨师队伍很稳定。

2000年小南国在上海虹梅路店开启了首个中央厨房，这是中国正餐最早的中央厨房。

大型中央厨房可进行规模采购、配菜处理等，在达到规模经济效益的同时还能减少单体餐饮门店内厨房的面积，使门店单位面积的出餐效率提高。中央厨房形成规模采购后就能更好地利用供应链和采购系统提高原材料的标准化水平和质量。比如小南国的招牌鲥鱼，为了保证原材料的新鲜，每天都是通过供应链系统统一配送到门店的。为了保持产品在各分店出品的一致性，减少员工操作的随意性，小南国实行中央厨房对原材料的集体加工，除了统一配制标准的调味料，还将总计200多道正菜分解成1000多道中央厨房生产的预制品。预制品到门店后只需厨师简单加工即可完成。这样不仅保证了出品的原味，还能保证每一家分店的味道一致。因每道菜需要的原料各不相同，中央厨房会根据当天门店的需求量来生产小批量、多品种的预制品和调料，这样就保证顾客能够吃到新鲜美味的菜肴。在不断标准化的过程中，小南国厨房系统的五大技术部门，即冷菜、切配、炉灶、上什、点心，都形成了自己的出品操作手册，手册中详细描述了出品产品的操作方式、原辅料及各种定量标准。目前小南国形成了《厨房出品手册》、《厨房技能手册》、《厨房管理手册》三大宝典。

除了"产品"标准化之外，"管理体系"标准化也是关键，这是支持提升整个企业核心竞争力的法宝。中餐企业主要靠人来管理，很少采用连锁企业的标准化运作体系进行管理。无论是产品开发、供应链建立、集中采购、配送，还是财务、人事等各个环节的运行都需要一套标准的做法。小南国很早就意识到了这一点，近几年投入了大量的人力、物力、财力来实施标准化经营，形成现代化的企业管理体系。通过仓储采购管理、供应链管理、中央厨房管理等系统，加快业务模式的复制，同时保证产品质量。2008年小南国的信息技术部门在流程管理中加入了物料清单系统BOM，解决了菜品及原料标准化问题。通过这一系统，只要顾客一结账，后台就会呈现全部的损耗、毛利等财务数据。2009年，小南国引入了覆盖整个公司的ERP系统，搭建了集团内外部各部门之间的一体化经营管理平台。

三 招贤纳士，储备人才

人才是企业的骨干力量，特别是在激烈的市场竞争中，企业间的竞争已经转化为人才竞争。众所周知，餐饮行业是劳动密集型产业，人力集中，从业人员整体素质偏低，从业人员流失率高，考核管理和提升机制不足等。小南国今天的发展，离不开专业化团队的努力。

小南国董事长王慧敏一直认为找对人才能做成事。企业发展的这些年里，她最重要的事情就是找人。王董事长自己不会做菜，当小南国开到第二家店的时候，她就开始找店长帮忙打理。在不断扩店的过程中，她一直在寻找职业经理人。现在小南国的CEO康捷则是国际化的人才——原华尔街第五大投资银行的贝尔斯登中国区董事、总经理。新CEO康捷来了之后，在5年时间里，帮助小南国实现了迅速扩张，完成了企业在香港的上市，并凭借自身的国际背景，为小南国集团招募了大批高管，其中90%来自跨国企业，如百胜、麦当劳、宝洁、家乐福甚至西门子等跨国巨头。这支队伍的主要成员虽然年轻，但都有着丰富的国际大型企业综合经营管理的经验，给餐饮业带来了新的理念与方法，不断为小南国开拓新市场、新领域。

面对餐饮行业员工的高流动性，相对于其他餐饮企业，小南国有着得天独厚的优势。小南国正处在高速发展阶段，而且随着2012年小南国上市进入资本市场，有了更加充足的资金进行业务扩张，新增门店数呈高速增长态势。2010年新增9家、2011年新增22家、2012年新增15家、2013年新增15家门店。在餐饮业"寒冬"中，小南国逆势扩张。快速的门店扩张给小南国的员工提供了更多晋升机会，小南国的中层比如店长、厨师长，绝大部分是从公司内部基层提拔上来的。

小南国有自己独特的培训考核体系。基层员工如门店服务员、后厨人员有专门的员工操作准则；员工通过利润管理、内部沟通、值班管理、食品安全、消防安全、订货、训练等十大管理系统在实际工作中得到训练，获得技能提升；管理人员参加公司提供的关于管理技能和管理理念的培训课程，提高管理水平和管理效率。小南国的晋升制度与培训体系相匹配，员工通过与岗位相关的所有培训才有资格参与考核，并采取每半年回顾一次、每一年考核一次的关键指标考核体系。随着门店的扩展，小南国需要更多优秀的门店管理人员，这对员工来说就意味着更多的提升机会。同时小南国也加快了人才的培养储备步伐，2010年小南国与大学合作开办第一个小南国管理人员委托代培班，为实现未来门店管理人员20%是大学生的人才格局做努力。为了鼓励并留住出色的管理人才，小南国还实行股权激励机制，售出的股权占小南国上市后已发行股本的10%。

凭借完善的培训体系、良好的员工食宿条件、比较有效的考核管理和提升机制、股权激励机制以及上市公司的号召力，小南国吸引了越来越多的优秀人才。

四 打造供应链优势，保证食品安全和质量

食品的安全是餐饮企业生存和发展的生命线，小南国对自己出品的每道菜的安全都有十足的把握。小南国为确保餐饮质量和食品安全，对原材料供应及食品烹饪过程的各个阶段都实行了严格的质量控制。"控源头、抓过程、重预防、守法自律、诚实守信，为消费者提供健康安全的食品"是小南国食品安全及质量控制的核心内容。

没有安全的原材料就生产不出安全的产品，原材料的安全性是保证好产品的前提条件。小南国对供应商的选择十分严格，有自己的一套审核体系。引进供应商时，品质保障部门会对工厂进行一系列审核，包括供应商源头原材料采购、加工环境控制、生产过程管理、运输冷链环节等诸多方面。即使该供应商通过了审核，小南国对其也会有三个月到半年的考核期，考核期内的供应份额

不会超过30%。当通过一系列考核成为小南国的正式供应商后，还会有更为严格的年审。小南国选择的供应商大部分都是质量好并对食品安全管控严格的企业，比如小南国选择中粮集团作为食用油供应商。除了严格选择供应商之外，小南国还设有品质控制及原材料检验关口，原材料在到达总仓及产品送达门店后都有验收环节，对一些特殊原材料，小南国会邀请第三方进行检验。正是这一层层的审核和检验确保了产品的源头安全和质量。

小南国的中央厨房和仓库的使用，保证了产品质量的稳定，但很多产品都是在中央厨房上浆，然后再运送到门店，这对物流运输提出了严格的要求。如运输过程需要保鲜，温度必须保持在1~5℃；运输时间必须控制在3~4个小时内，否则就会导致脱浆。小南国将物流运输外包给专业的运输商。小南国在选择物流外包商时也有一整套评估系统，如运输车需要安装全程温度记录器，需配备GPS定位系统，门店配有电子温度仪进行现场货物检验等。

中央厨房的设立形成了集中、大量的采购和订单，为了更加便捷有效地管理，小南国采用了ERP管理系统并设立了采购委员会。通过ERP系统可对订单的数量、价格、供应商等信息进行管控和分析。该系统设定了金额的限制，超过设置的金额数需要授权审批才能生效，这样就大大降低了可能发生的管理风险。对重要的采购确定订单时，需要采购委员会的共同决议。通过上述对供货商的严格审批、流程化作业及ERP系统和采购委员会等管理系统的完善，小南国形成了更加透明化、系统化的供应链，为产品的安全和质量加筑了一道安全防线。

五 开设电商旗舰店，加入网络营销与宣传

以团购为代表的信息化创新，颠覆了餐饮行业传统的盈利模式，面对"双11"这样的购物狂潮，餐饮企业坐不住了，纷纷开启了电商业务。经过差不多一年时间的充分调研和对业务模式的探讨，小南国看好了天猫商城的B2B平台优势以及电子商务潜在的巨大市场。2013年下半年，经过3个月的酝酿和准备，小南国在天猫商城开设了官方旗舰店，并在"双11"开业，当

天的打折力度空前，小南国自有的品牌得到了很好的宣传，为以后的电子商务业务奠定了良好的基础。开设天猫旗舰店仅仅是小南国进军电商领域进行网络品牌营销的开始，通过天猫旗舰店团购业务这个窗口，让更多的消费者能够在天猫和淘宝上了解小南国，提高了品牌的知名度。未来小南国会加入更多的电商细分市场，进行全网品牌营销，同时利用大数据对小南国客户和潜在客户的消费偏好和需求进行分析，盯住目标消费人群，选择更适合的电商发展之路。

六 多元化发展，形成休闲生活产业链

小南国集团经过20多年的发展，业态横跨中餐、烧烤、SPA、甜品、酒店五大业务板块。旗下品牌有小南国、小南国花园酒店、慧公馆、小南国大味来、满记甜品等。已上市的中餐板块是小南国集团的核心产业。小南国从吃、住、美容等各个层面，打造了一个生活时尚服务业内的全国知名品牌。多元化的策略降低了专注于某一个市场的风险，同时还产生了协同效应，为小南国的发展提供了更多的机会和更加广泛的市场。

小南国的日式烧烤始创于1998年，凭借着优质的食材、精致的做工、独家香料、秘制的酱汁取得了不俗的成绩。2009年小南国推出了小南国大味来，专门提供中餐的外送业务。2005年1月，小南国集团正式牵手香港满记甜品，将港式甜品带到上海。2002年创建了小南国温泉SPA，并在短短几年内将其发展成为上海最知名的SPA连锁店。2012年10月，小南国推出了五星级酒店品牌小南国花园酒店。首家旗舰店上海小南国花园酒店为中国首家"一泊二食"都市度假酒店，该酒店推出了"一泊二食+水疗"的全新概念。一泊，是指离开繁忙的城市生活，回归自然，享受隐于闹市的闲静，酒店的客房舒适奢华又不乏典雅的情趣，客人可尽情享受顶级的设施和贴心的服务；二食，是指客人在晚餐时段能享受到精心烹饪的地道怀旧美食，在早餐时段可回味上海传统早点"四大金刚"，还可现场参与美食的制作。小南国未来多元化的发展正如王董事长所说，"小南国的步伐也将不止于此，休闲生活产业链条还将继续延伸，未来，小南国集团继续坚持多品牌同步发展，根据客户的不同定位和

需求细分市场,以前瞻性的理念创造更多新的消费体验,革新餐饮休闲这一传统行业发展方式。"

参考文献

1. 杨柳、荆林波:《中国餐饮产业发展报告(2013)》,社会科学文献出版社,2013。
2. 李扬主编《2014年中国经济形势分析与预测》,社会科学文献出版社,2013。
3. 部分资料来自小南国集团网站及对小南国的专访。

地区状况篇

Region Situations

B.12
北京餐饮产业发展分析

谢岳峥*

摘　要： 作为我国的政治、经济、文化的中心，北京的餐饮产业对政策、潮流的变化非常敏感，所以北京的餐饮产业一直是国内餐饮产业的风向标。2013年对北京餐饮产业影响最深远的莫过于中央的"八项规定"和"六项禁令"，而2013年北京最火的餐饮企业莫过于"庆丰包子铺"。本文对北京餐饮业的历史现状、发展环境及典型业态等进行了分析，为促使北京餐饮业进一步发展，从振兴老字号、转型多元化、信息化、社区餐饮、老年餐饮五个方面提出了发展建议。

关键词： 北京餐饮业　发展环境　典型业态　老字号　多元化

---

* 谢岳峥，中国社科院研究生院MBA，中国社科院财经院服务经济与餐饮研究中心特聘青年研究员。

一 北京餐饮业历史及现状

北京,是我国的政治、经济、文化中心,虽历经千年的历史与沧桑,但仍焕发着古老而又现代的魅力。餐饮产业作为北京重要的产业,与民生紧密相联,历史也是源远流长、异彩纷呈。北京烤鸭享誉中外,北京小吃琳琅满目,豆汁、焦圈、卤煮火烧、灌肠、炒肝、驴打滚、豌豆黄等不一而足。满、汉、蒙、回多民族在此杂居,民族特色餐饮蓬勃发展。

北京,作为中国的首都,经济发达,商业繁荣,人口众多,来自全国各地的人们在此生活、工作,由此也聚集了全国各地的美食,粤菜、川菜、鲁菜、淮扬菜……各大菜系无不在北京占据一席之地,拥有相当大的市场。

北京,作为世界级的大都市,汇聚了全世界各地的美食,从"老莫"到北京第一家中外合资的西餐厅——马克西姆餐厅,不一而足。随着改革开放的进程,北京如今已经拥有法式、意式、美式、韩式、日式、俄式等全球各大菜式的餐厅、饭馆。

北京,作为一个名胜古迹众多的旅游大城市,不但有数以千万计的人们在这里繁忙工作,还有来自全球各地的游客,快节奏的工作和便捷的服务使快餐在北京大受欢迎,来自国外的有肯德基、麦当劳等,国内的有真功夫、永和大王等(见表1)。

表1 北京旅游业情况(2005~2012年)

年份	来京旅游者人数(万人次)	其中		旅游外汇收入总额(万美元)	国内旅游收入(亿元)
		入境旅游者人数	国内旅游者人数		
2005	12862.9	362.9	12500.0	362000	1300.0
2006	13590.3	390.3	13200.0	402600	1482.7
2007	14715.5	435.5	14280.0	458000	1753.6
2008	14560.0	379.0	14181.0	446000	1907.0
2009	16669.5	412.5	16257.0	436000	2144.5
2010	18390.1	490.1	17900.0	504400	2425.1
2011	21404.4	520.4	20884.0	541600	2864.3
2012	23134.6	500.9	22633.7	514900	3301.3

资料来源:相关年份《北京统计年鉴》。

北京餐饮业在消费力度、投资力度、产业规模、餐饮文化包容性、领导消费时尚和示范效应等方面有着其他城市无法比拟的优势。

北京餐饮业作为重要的服务业，在促进消费、吸收就业及带动周边产业发展等方面发挥着重要的作用。

2011年，北京市实现餐饮收入772.4亿元，同比增长15.9%，高于社会消费品零售额增速5.1个百分点，占社会消费品零售额的11.2%。

2012年，北京市餐饮市场销售额为824.3亿元，较2011年增长7.7%，低于同期社会消费品零售额增速3.9个百分点，占社会消费品零售额的10.7%。

2013年，北京市餐饮收入仅为783.1亿元，较2012年下降了5%，而同期社会消费品零售总额达8375.1亿元，比上年增长8.7%，餐饮收入占社会消费品零售额的比重仅有9.4%。

（一）北京市餐饮业固定资产逐年增加

从图1的数据可以看出，2005~2012年，北京市餐饮企业的固定资产总额逐年递增，除2008年受北京奥运会的影响资产出现异常增长外，其余年份均呈现稳步增长的态势，截至2012年底餐饮业固定资产总额已达到641724万元，2013年底餐饮业的固定资产规模预计会突破66亿元。

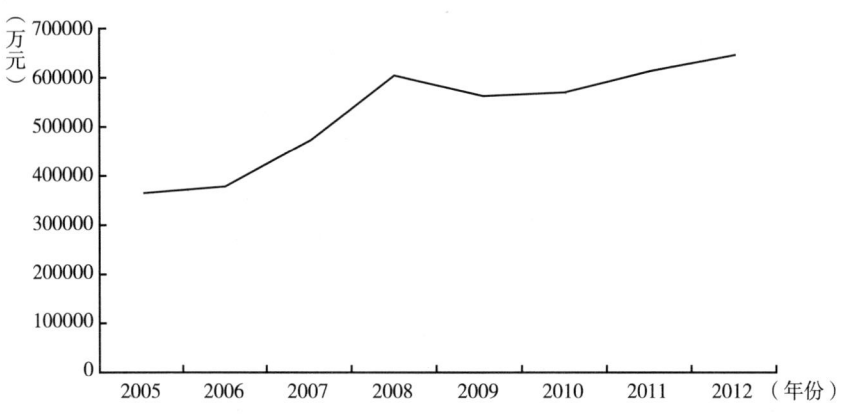

图1　北京餐饮业固定资产

资料来源：相关年份《北京统计年鉴》。

（二）餐饮业零售总额稳步增长

2009年，北京市餐饮业的零售总额为590.3亿元，同期北京市社会消费品零售总额为5309.9亿元，占比为11.1%，之后每年的餐饮业零售总额与社会消费品零售总额均保持一个相对稳定的速率，餐饮业零售额占社会消费品零售总额的比重基本稳定在11%左右（见表2）。

表2　北京市餐饮收入与社会消费品零售总额（2009~2012年）

单位：亿元，%

项　目	2009年	2010年	2011年	2012年
社会消费品零售总额	5309.9	6229.3	6900.3	7702.8
按商品类别分				
吃类商品	1180.0	1331.0	1561.4	1679.1
穿类商品	473.8	548.4	665.2	718.0
用类商品	3278.3	3884.0	4080.1	4678.4
烧类商品	377.9	465.9	593.6	627.3
按消费品形态分				
餐饮收入	590.3	666.6	765.9	824.4
商品零售额	4719.6	5562.7	6134.4	6878.4
餐饮收入在社会消费品零售额中的占比	11.1	10.7	11.1	10.7

资料来源：相关年份《北京统计年鉴》。

（三）餐饮业企业数量逐年递减

2006年北京市限额以上餐饮企业数量为1261家，此后逐年增加，截至2009年，全市共有餐饮企业2264家，从2009年开始，餐饮企业数量逐年下降，至2012年，全市餐饮企业为1949家（见图2）。虽然餐饮企业数量减少，但是餐饮企业的利润却逐年增加，从图3可以看出从2006年开始，北京市餐饮企业的利润从41952万元一直增长到2011年的171666万元，2012年由于政策的影响，餐饮企业的利润有所下降。这表明企业在经营活动中越来越重视利润率，而不再是简单盲目的扩张。

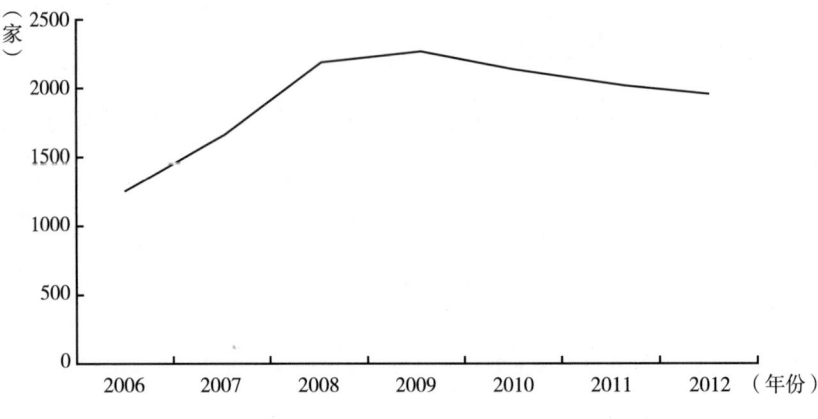

图2　北京市餐饮企业数量（2006～2012年）

资料来源：相关年份《北京统计年鉴》。

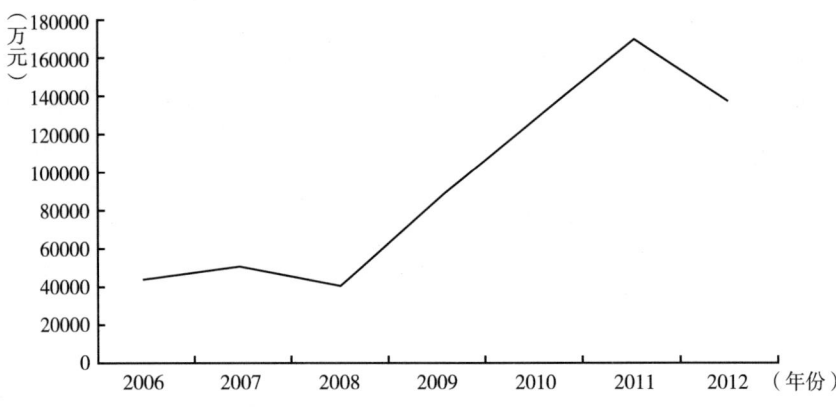

图3　北京市餐饮企业的利润总额（2006～2012年）

资料来源：相关年份《北京统计年鉴》。

（四）住宿餐饮从业人员数量平缓增加

北京市餐饮业从业人员的数量近年来平缓增加，个别年份甚至出现减少趋势（见图4），2010年较2009年减少了1.6万人，但是值得一提的是近年来餐饮从业人员的收入却是逐年增加的。2008～2012年的人均收入分别为23921元、25245元、28198元、33482元、38725元，而2009～2012年的年增长率分别是11.7%、18.7%、15.7%（见图5），也就是说近几年来餐饮从业人员的收入增长速度远远超过 GDP 的增长速度,这也意味着企业用工成本逐年提高。

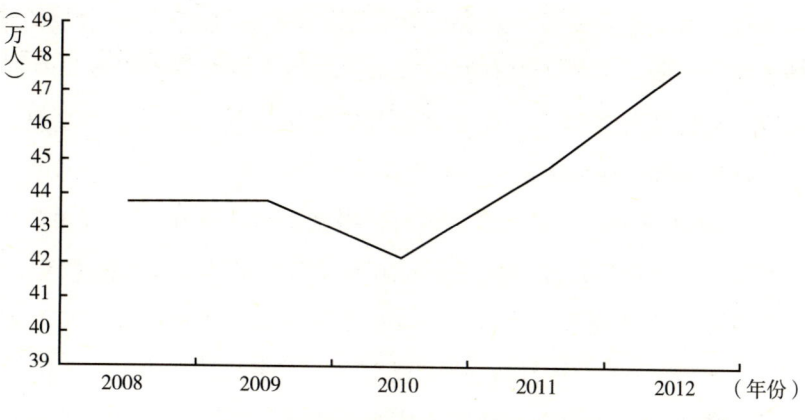

图 4 北京市住宿餐饮从业人员数量

资料来源:相关年份《北京统计年鉴》。

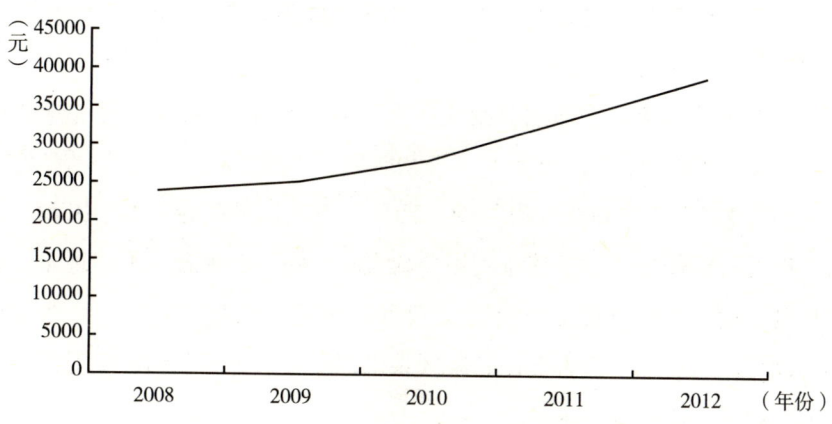

图 5 北京市餐饮从业人员平均工资

资料来源:相关年份《北京统计年鉴》。

二 北京餐饮业面临的环境

(一)政治环境

中国的餐饮业历来都是"三公"消费的主要去向,公款吃喝一直为国人

所诟病。而北京作为国家的政治中心,林立着各大党政机关、人民团体、大型企事业单位,还有各级地市的驻京办事处、联络处等,为了"跑部钱进",为了事项审批,为了建立关系,公款吃喝在北京是普遍的现象。在北京遍布着各类高档餐厅、会所、酒楼。曾有调查显示,在整个高端餐饮行业,有近20%的营业收入来自纯公务消费,而北京作为公务宴请最多的城市则更甚。2012年6月,财政部部长谢旭人向十一届全国人大常委会第二十七次会议提请审查2011年中央决算报告和中央决算草案时曾提到,2011年中央行政单位、事业单位和其他单位用当年财政拨款开支的出国(境)经费、车辆购置及运行费、公务接待费即"三公经费"支出共计93.64亿元。其中,出国(境)经费为19.77亿元,车辆购置及运行费为59.15亿元,公务接待费为14.72亿元。

2013年春节前后中央先后做出了"八项规定""六项禁令",自此全国上下掀起了一股反对铺张浪费、力行勤俭节约的社会风气,人们的消费观念开始转变,许多高档消费的餐饮场所都不复之前门庭若市的"盛况"。而北京作为政治中心,也是这场改革的中心,理当成为全国的表率。

2013年北京市委、市政府为落实中央"八项规定"和出台的《党政机关厉行节约反对浪费条例》,开展了"公款吃喝""超标配备公车""三公经费开支过大""损害涉农利益行为"的"四风"突出问题的专项整治工作。此次整治工作的目标任务,包括禁止利用公款大吃大喝,严查奢侈浪费现象;实施源头控制,确保严格执行"三公"经费年度预算,解决"三公"经费开支过大的问题等。随后北京市各部门、各区县也都提出了厉行节约、反对浪费,禁止出入高端餐厅酒店等要求。

根据北京市统计局数据,2013年全市实现社会消费品零售总额8375.1亿元,比上年增长8.7%。按消费形态分,实现商品零售额7592亿元,增长10.4%,而餐饮收入仅为783.1亿元,下降了5%。北京市787家重点餐饮企业中有393家亏损,亏损面达50%,利润总额仅为50456万元,同比下降73.3%。2012年第三季度北京市地区生产总值及增速情况如图6所示。

(二)经济环境

随着新一届国家领导人的上任,新的经济政策也先后出台,"克强经济学"

的三大支柱为经济减速、财政货币去杠杆化及改善经济增长质量。政府主导的海量投资已经成为过去式,稳定、可持续、注重增长质量已经成为新的经济主旋律,政府也不再片面追求GDP的高速增长。在这种情况下,北京的经济环境也必然发生变化,近一年北京的GDP增速稳定在7.5%左右。在这种经济背景下,餐饮业作为一个重要的第三产业,不可避免地会受到这种政策的影响。随着经济增速的放缓,人们社会活动和交往的需求量就会减少,社会活动和交往的减少必然导致餐饮业的客流量减少,而且在很大程度上也会影响消费者的餐饮支出。

从图7的数据可以看出,北京近年来企业景气指数一直呈下跌态势,从2012年第二季度的151.7下跌到2013年第四季度的108.2。

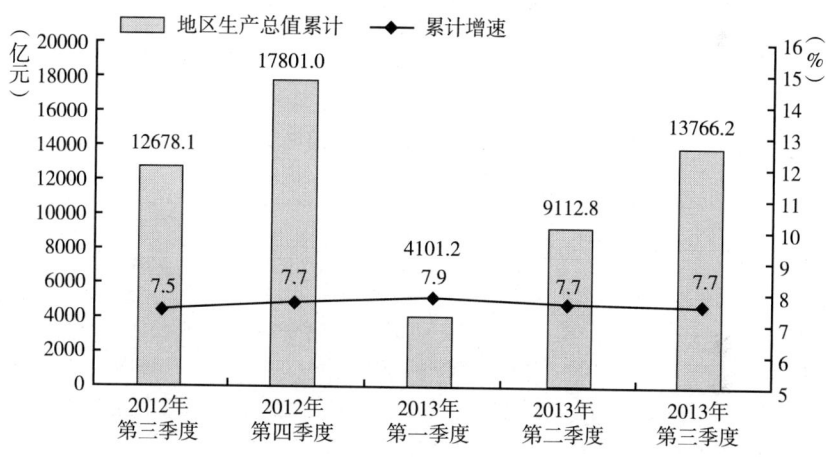

图6　北京市地区生产总值及增速

资料来源:北京市统计局网站,2013年10月。

根据中国烹饪协会《2013年上半年餐饮市场分析及下半年预测》报告,北京2013年餐饮收入一直保持负增长,5月同比下降10.3%,基本呈现下降态势。据相关部门调查,2013年1～5月份北京市50家餐饮业的营业额下降6%,15家高端餐饮企业的营业额下滑36%。北京市有效餐饮服务许可证逐月递降也印证了北京餐饮市场的低迷。截至2013年6月30日,北京市共有有效餐饮服务许可证60186个,比1月份减少2168个,比上年同期减少2791个,从内部结构来看,快餐、小吃店逐渐增多,而餐馆数量逐月减少(见表3)。

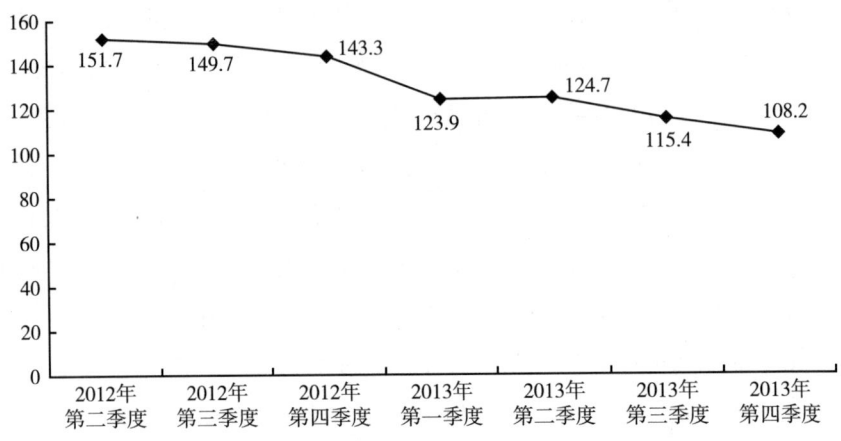

图7 北京住宿餐饮企业行业景气指数

资料来源:北京市统计局网站。

表3 北京市2013年1~6月餐饮服务许可证数量

单位:个

	1月	2月	3月	4月	5月	6月
餐饮服务	62354	62237	61717	61508	60846	60186
变动情况	277	-117	-520	-209	-962	-660
其中:餐馆	27503	27414	27034	26716	26248	25773
快餐	1046	1057	1069	1091	1105	1111
小吃店	7229	7224	7288	7458	7624	7689

资料来源:中国烹饪协会:《2013年上半年餐饮市场分析及下半年预测》。

(三)社会环境

人口红利的终结。中国30多年来年均高达8%~9%的GDP增长率,很大一个原因就是人口红利的因素。按照联合国相关预测,中国的人口红利期即将终结。从2015年开始,中国15~64岁的劳动年龄人口在达到10亿人后,绝对数量将逐年减少;2010年中国65岁及以上人口占总人口的比重为9.4%。根据联合国的统计标准,如果一个国家60岁以上老年人口达到总人口数的10%或者65岁以上老年人口占人口总数的7%以上,那么这个国家就已经属于人口老龄化国家,就此而言中国已经进入老龄化社会,而北京的老龄化情况则更加严重。

2013年9月25日,北京市政府网站"首都之窗"发布该市《2012年老年人口信息和老龄事业发展报告》。该报告显示,截至2012年底,全市户籍总人口为1297.5万人,其中,60岁及以上户籍老年人口为262.9万人,比上年增加15万人,占总人口的20.3%;80岁及以上户籍老年人口为42.6万人,比上年增加4万人,占总人口的3.3%。即使按2012年末全市常住人口2069.3万人来计算,60岁及以上老年人口也有286.8万人,占总人口的13.9%。

从图8可以看出北京的老龄化一直在加剧,特别是近两年几乎每年以1个百分点的速度加快。老龄化带来的重要问题就是餐饮业的用工成本大幅增加,同时也会出现严重的用工荒,近年来用工荒现象屡见不鲜。

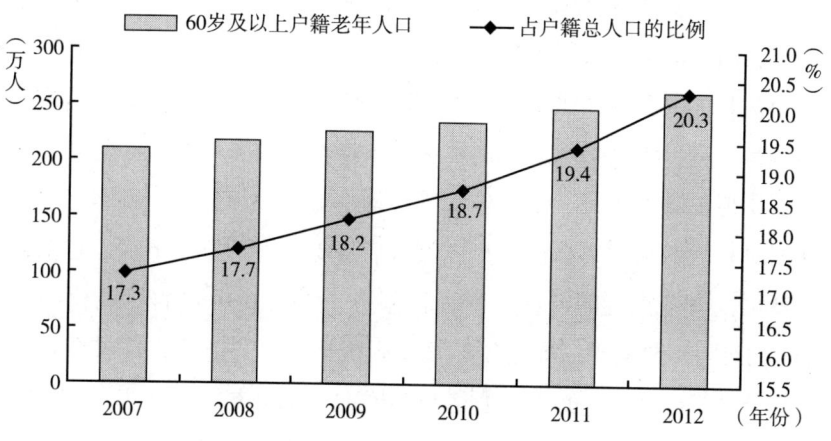

图8　2007~2012年北京市户籍老年人口变化

资料来源:北京市统计局网站。

还有一点是北京一路上扬的租金,北京的商铺租金一直是餐饮业支出的大头,高昂的租金让很多餐饮企业承担了沉重的成本负担。调查显示,2002~2012年10年间,北京餐饮业各项运营成本快速上涨,其中,色拉油上涨120%、猪肉上涨136%、水上涨60%、电上涨100%、人工上涨347%,房租更是涨了4~5倍。

2013年6月,因为租金压力过大,星巴克内地首店将从国贸一期的黄金地段撤出,迁入国贸三期租金较为便宜的位置。知名餐饮企业俏江南董事长张兰日

前在谈到企业运营中房租支出比例时表示,房租压力对企业来说过大。目前房租占营业收入的比重约为20%,因为公司在二线城市有一定的议价能力,拉低了一线城市的租金,否则房租占营业收入的比重会更高。她同时表示,其他的餐饮店,租金可能要占营业收入的40%~50%,经营非常难。对此,有专家指出租金在13%以下是合适的。由此可见目前餐饮业的房租成本之高、经营压力之大。

(四)技术环境

第三次工业革命对餐饮业的影响日益重要,互联网技术、信息技术、智能技术、机器人技术等都开始大量运用于餐饮业的整个流程中。北京作为中国科技的前沿城市,有众多的科研院所,有大量的高科技人才,有大量寻觅好项目的资本,还有众多喜欢尝试新鲜事物的年轻人,所以北京对餐饮相关科学技术的研发、利用、推广有着得天独厚的优势。

如今在北京很多餐厅,点菜都是通过手机实时输入菜单,通过信息系统直接传到后台,后台收到指示后就能迅速进入操作,节省了大量的时间,也避免了菜单的误传。随着手机、平板电脑等移动终端的大量普及,顾客可以通过移动互联网对餐厅的菜谱、打折优惠、就近店址等进行预览、下载,在前往餐厅的途中就可以进行相应的自助操作,让服务更贴心。中餐的标准化一直是个"老大难"问题,要实现标准化就必须实现机械化、智能化,这就离不开信息技术和智能技术,煮面、炒菜机器人已经在北京部分餐馆被使用,随着未来人力成本的增加,将会有越来越多的智能化机器进入餐饮领域。

团购也成为很多餐饮企业突围的新方式。大众点评网的数据显示,高端餐厅的团购活动显著增加,2013年第二季度团购售卖量增长了6倍,交易额约是2012年第二季度的11倍。

此外,O2O的营销模式也被北京不少餐饮企业所运用,餐饮企业掀起APP建设热潮,开启定位搜索、预订餐位、点餐、支付、点评的智能服务模式,一茶一坐、俏江南等很多企业都推出APP客户端服务,以扩大消费、提升效率,迎合年轻的消费者。

未来大数据的应用也会给餐饮业带来大变革,餐厅可以搜集分析客户每次就餐时的习惯,比如口味偏好、口味禁忌、就餐位置、就餐食量等,下次客户再登录公司网站或者来餐厅就餐的时候,就可以这些数据为基础,有针对性地保留就餐位置、推荐菜品以及菜量等。

(五)自然、人文等环境

随着工业化和现代化的推进,北京面临的环境是:550万辆机动车带来的拥堵交通、近2100万常住人口形成的庞大人群、遍布二环至六环的各色写字楼和大型社区、绵绵不绝的雾霾天气、日渐干涸的地下水资源。首都面临的环境日益恶化,健康、环保已经成为新的生活主题,餐饮也是如此。各种不环保、不健康的饮食方式已经为人们所摒弃,绿色消费、绿色餐饮为越来越多的人所提倡。

人们就餐的时候不但对餐厅环境提出了较高要求——远离喧嚣、亲近自然、依山傍水、青山环绕,而且对原材料、做工都提出了更高的要求——绿色、有机、少油、少盐。就像北京这几年非常火的农家乐,鱼是池塘里现捞上来的,蔬菜是自己地里不施肥长的,鸡蛋是自家土鸡下的,这些地方一到节假日就异常火爆,全是城里人到郊区来贴近自然、回归田园。

还有人文环境的变迁。随着人们日益增长的物质文化的需要,人们就餐不单单是为了满足口腹之欲,餐饮更多的是作为一种社交的方式和联络感情的手段出现在日常生活中,所以为了迎合这种人文和情感上的需要,除了饮食之外,餐饮业还需要附加更多的东西在里面,比如现在比较流行的概念餐厅、主题餐厅、体验餐厅等。比如红色经典餐厅就曾被网民评为北京市最有人气、最有创意的餐厅,走在餐厅里面望着那些清一色工农兵服饰的服务人员,还有那些革命口号和标语,以及舞蹈、样板戏、革命歌曲,你仿佛又穿越到了那个热火朝天、激情燃烧的年代,上了年纪的人还可以来此怀旧,重温那段峥嵘岁月,年轻人可以在这里点上几个菜,咬上一口菜团子,品味粗茶淡饭,忆苦思甜一番。

三 北京餐饮业典型业态发展状况

(一)快餐业发展状况

快餐业作为餐饮业的一种重要业态,它把餐桌服务和柜台式销售相结合,并提供早、中、晚三餐。品种较少、服务简单、供应快速、价格适中、交通便捷是快餐业的主要特点。现代快餐的产生是社会进步与经济发展到一定阶段的产物，因而快餐业的发展与城市的经济发展是同步的，经济越发达，人们对快餐的需求就越高。相关研究表明，美国、日本快餐业快速发展的阶段，都出现在人均GDP超过3600美元、恩格尔系数为0.23~0.32、第三产业占国内生产总值比重超过50%的时期。截至2013年年底，北京市常住人口人均GDP已达93213元，按年平均汇率计算，折合为15052美元，2012年北京城镇居民恩格尔系数为0.313，农村居民恩格尔系数为0.332，2012年第三产业占地区生产总值比重为76.9%，北京市目前各项指标都已达到快餐业发展黄金期的标准，这也正是北京市近年来快餐业迅猛增长的根本原因。

北京市统计局网站统计信息显示，2012年，北京限额以上快餐企业实现营业额1274860万元，比2011年增加16.7%，同期北京限额以上正餐企业营业额较2011年增长11.5%，快餐业的增长速度远高于正餐业。2012年，北京连锁快餐门店数共1854家、从业人数为56024人、营业面积为515969平方米、营业额为1099219万元，分别较2011年增长14.7%、4.3%、11.5%和16.6%（见表4）。北京连锁快餐业营业额在连锁餐饮业营业额中的占比也由2011年的44.3%上升到45.04%。

表4　北京连锁快餐企业规模状况

年份	中/外快餐	门店数(个)	从业人数(人)	营业面积(平方米)	营业额(亿元)
2010	中式快餐	726	13293	152494	246014
	外国快餐	598	21783	234425	485962
2011	中式快餐	916	16182	193957	335905
	外国快餐	700	37556	268772	607074
2012	中式快餐	1074	19243	223944	423345
	外国快餐	780	36781	292025	675874

资料来源：《北京市统计年鉴》（2011~2013年）。

快餐人均消费情况方面，北京相关统计数据显示，目前北京快餐市场人均消费80元、60元、40元、25元及以下店面分配比例分别为2%、3%、10%、15%和70%，其中25元及以下的店面所占比例较大，而25元以上的店面合

表5　中式快餐与外国快餐发展速率对比

年份	中/外快餐	门店数(个)	从业人数(人)	营业面积(平方米)	营业额(亿元)
2011年同比增长	中式快餐(%)	26.2	21.7	27.2	36.5
	外国快餐(%)	17.1	72.4	14.7	24.9
2012年同比增长	中式快餐(%)	17.2	18.9	15.5	26.0
	外国快餐(%)	11.4	-2.1	8.7	11.3

计所占比例只有30%，表明目前北京快餐业还是以中低档次为主。从肯德基、麦当劳、真功夫、吉野家、永和大王、味千拉面等快餐店的一般套餐价格来看，定价基本在15~30元。而根据大众点评发布的《中国城市生活消费十年变迁（2003~2013）》来看，截至2012年年底，北京餐饮单次人均消费价格约为87元，由此可见，北京的快餐业相较于正餐的价格优势还是相当明显的。

2013年12月28日上午习近平主席在位于月坛公园附近的庆丰包子铺吃过包子后，庆丰包子铺这家隶属于北京聚德华天饮食集团的老字号中式快餐店顿时名声大噪，成为人们心目中的美食圣地。据华天饮食集团党委书记兼总经理朱玉岭介绍，自从习主席在庆丰就餐被播出后，北京市183家庆丰包子铺，目前家家都排队，销售额增长四成，以前是包子等人，现在是人等包子。春节期间的客流量更是翻番，其中月坛店营业额同比增长了4.7倍。中式快餐的发展由此也成为一个热门话题。

从表4、表5可以看出，近三年北京市中式快餐的发展状况，无论是门店数、从业人数、营业面积、还是营业额的发展速度都已经基本超过了外国快餐的发展速度。经过多年的学习、摸索、成长和培养，中式快餐在标准化、饮食卫生、服务水平、响应速度等方面都已经迎头赶上，再加上中式快餐本身的民族特性，营养、健康、美味的特点，中式快餐将大有发展空间。

外国快餐也开始意识到中式快餐的重要性，从2013年5月15日起，麦当劳两款新品五色嫩鸡麦饭卷和五色至牛麦饭卷开始在北京等地率先上市；6月10日起，不仅这两款美食将出现在全国麦当劳的餐单上，而且烤汁牛肉麦趣饭和秘制鸡腿麦趣饭两款重量级的新品也全新登场。麦饭卷与麦趣饭的推出，使麦当劳进入中国23年后餐单上首度出现了米饭类产品，而它的竞争对手肯

德基从2008年就已经开发并推出中式快餐,如油条、豆浆、米饭、粥、老北京鸡肉卷等。

由于受中央厉行节约政策的影响,许多高端餐厅也开始加快对快餐市场的布局,如高端餐饮的代表湘鄂情已经加快了对其收购的快餐品牌"味之都"在北京的布局,力争两年内在北京的每个主要商圈都开一家"味之都"。2002年进入北京市场的净雅集团的董事长张永舵也表示,从2013年起,净雅正式转型,它将以高端正餐为主,同时涉足火锅、团膳、快餐等大众品牌。

虽然快餐市场发展较好,但是北京快餐业在资金实力、资本运作、文化建设、管理水平、人才培训、市场开拓、目标定位、供应链整合等方面还存在着诸多问题需要解决。

(二)商业地产综合体内餐饮业的发展状况

狭义的商业地产在英文里叫作"Retail Real Estate",意指用于各种零售、餐饮、休闲等生活服务类经营方式的不动产,包括商场、店铺、MALL、步行街等。而广义的商业地产在英文里称为"Commercial Real Estate"或"Commercial Property",除上述内容外还涵盖写字楼、公寓式酒店、连锁酒店等具有商务运行属性的不动产。

餐饮则是商业地产综合体内必不可少的一个业态,近些年来其在商业地产综合体内的地位日益提高。互联网的发展使人们经常能够足不出户地享受很多服务,比如购物、看电影,但是人们吃喝玩乐的乐趣还是需要去亲身体验,而不是坐在家里就能享受到的。商业地产就是这样一个完整的场所,它能够提供一站式服务,经常能看见一家老小,推着婴儿车在商场里逛,逛累了就找家餐馆吃饭,而且可以看到每家餐馆都顾客盈门,经常是要排半天队才能有位置。

有关调查显示,餐饮、娱乐内容丰富是消费者选择商业地产综合体的重要原因,而消费者在商业地产综合体内进行消费时,餐饮类消费的比例的为73.1%,零售类产品消费比例的为40.5%,休闲娱乐消费比例紧随其后,为37.9%。

由于受到网购、折扣店冲击以及宏观经济形势不容乐观等因素的影响,餐

北京餐饮产业发展分析

饮等体验式业态,在国内商业地产综合体内的占比呈逐渐增加趋势。

曾几何时,欧美等发达国家商业地产综合体内的购物、餐饮、娱乐呈52∶18∶30的业态分布比例被视为黄金比例。而如今,该比例正被打破。餐饮比例普遍被提高到30%,成为商业地产综合体内聚集人气的新引擎。

据北京悠唐购物中心统计,2012年北京悠唐购物中心餐饮比例仅为24%,2013年增至32%,未来这一比例还将增至35%。

餐饮业最初并非商业地产体内的主流业态,但运营者逐渐发现,餐饮业对商业地产综合体,尤其是新开张的商业地产的人气聚集有着举足轻重的作用,餐饮相比服装等零售类产品,重复消费频次高,吸引客流效果显著,众多新的商业地产综合体不得不依赖餐饮业把其带热、带旺,为其聚集、稳定人气。反过来,商业地产综合体内的餐饮业也可以依托商业地产综合体内的庞大客流量,来保证客流,扩大影响。可复制性也是餐饮业在商业地产综合体内的一个特点,很多餐饮企业都发现,一旦依托于某个全国性的商业地产商,餐饮品牌就可以追随其商业地产项目而迅速扩张走向全国,从而大大降低了选址所带来的风险。

受土地市场的政策及商业地产项目火爆开发的影响,北京市近几年开发了不少大型商业地产项目。2012年下半年,北京的商业地产综合体形成开业高峰,凯德mall太阳宫店、侨福芳草地、颐堤港、卓展等多家大型商业项目集中开业,使北京的商业地产综合体存量明显增加。2013年下半年,红星集团旗下的爱琴海购物中心、宝苑国际购物中心、金隅万科广场、新燕莎金街购物广场、力宝广场等十余家商业综合体都处在开业筹划中,北京新一轮商业地产综合体开业潮将显现。有关研究机构调查显示,2008年奥运会之后,北京一直保持着每年产生20家新的商业地产综合体的频率。

餐饮业在大型商业地产综合体内的重要性是不言而喻的。随着商业地产的竞争日趋激烈及网络购物的迅猛发展,大型综合体内餐饮业的地位将会更加凸显,地产与餐饮之间的依赖性和纽带性会更强。

当然,由于商业地产的野蛮增长,商业地产综合体鱼龙混杂,部分跟风的商业地产综合体的风险也在积聚,比如不少商业综合体建在人烟稀少的新区,人流极少,餐饮企业没有稳定的客流,生意就没法做下去。部分地区消费者没

有在商业地产综合体内就餐的习惯，需要慢慢培养。还有就是商业地产综合体内高昂的租金，也会给餐饮企业带来不小的压力。

四 北京餐饮业的发展建议

（一）提振老字号

北京餐饮市场特色荟萃，品种齐全，但最著名的、人们印象最深的莫过于那些长盛不衰的老字号品牌，有以全聚德、便宜坊为代表的北京烤鸭，以丰泽园、萃华楼、同和居为代表的庄馆大菜，以东来顺、烤肉季、鸿宾楼为代表的清真风味，以仿膳为代表的宫廷风味，以隆福寺和护国寺小吃为代表的北京小吃，还有最近火得一塌糊涂的庆丰包子铺，他们吸引了大量的中外宾客。

老字号餐饮既是北京的重要经济产业，又是北京的文化名片。然而北京的老字号这些年大体上经营得不温不火，除了全聚德的品牌在全国打响之外，其余的老字号经营效果都不那么令人满意。在今后的发展中，北京必须要培育和挖掘名优"老字号"企业，加大对"老字号"餐饮企业的扶持、保护和宣传力度；培育发展具有一定规模、地方特色突出、文化氛围浓厚、社会影响力大的特色美食文化一条街；加快老字号的标准化、连锁化，并帮助有条件的老字号上市，使更多的资本进入这个领域，使老字号这块金字招牌发挥更大的经济和文化效应。

（二）转型或多元化

受中央政策的大环境影响，北京众多高端餐饮企业不得不面对经营业绩下滑的境况，许多高端餐饮企业已经开始走亲民路线，纷纷适应市场需求，迈开了转型或多元化之路，它们纷纷进入快餐、团餐等以前不屑一顾的领域，以期增加客流量，提高营业额，弥补亏损。

中央的节约、反腐政策近五年内将不会有太大的变化，新的市场大格局正在形成，餐饮消费平民化时代已悄然来临，北京餐饮企业必须加快转型升级步伐，调整高端品牌产品结构，同时还可通过并购、合资等方式进入快餐、火锅、半成品等领域进行多业态发展，必要的时候还可以通过整合上下游的供应链、产业链，加强对原材料成本以及销售和人力成本的控制，从而形成"大牌带副牌"的多元化品牌战略。

（三）信息化、网络化

2013年3月，俏江南在App Store正式发布"俏江南中国"手机App，可以实现查询门店、在线点餐、了解优惠信息等多项功能。除了海底捞、肯德基、必胜客等已拥有App的餐企外，比格、金百万、大鸭梨、北京青年餐厅等也纷纷在与手机App开发公司洽谈合作。

信息化、网络化是现代企业管理的一个重要工具，如今再也不是那个一把算盘、一个账本的年代了，餐饮企业需要与时俱进，电脑、手机、平板电脑、网络等都可以为企业所用，企业可以在点餐、收银、中央后厨、员工管理、客户管理等环节实现全方位全流程信息化。比如，在点餐环节，通过手机或平板电脑，服务员可以将客户所点菜单即时发送到后台主厨，并通过系统的提单时间按照一定规则排列上菜的顺序和先后，并标注客户的口味偏好，比如微辣、少盐等，一来可缩短上菜的时间，二来不容易出现漏单或错单，从而提升客户的服务感受。信息化的管理方式能够极大地提高企业的管理水平，达到提升效率，降低成本的目的，科学技术才是第一生产力。

信息化、网络化，特别是今年以来大家一直在谈论的大数据应用，可为餐饮业的服务带来突破性的进展，因此信息化、网络化是餐饮业大发展的必由之路。

北京是中国信息化和网络化程度较高的城市，有着得天独厚的优势，因此信息化、网络化在北京餐饮业的应用将越来越广、越来越深。在信息社会、网络时代，谁对信息、网络的应用更好，必然将成长得更快更好。

（四）社区餐饮

截至2013年年底，北京常住人口已超2100万人，大型社区上百个，社区餐饮业也成为值得开发的领域，现在不少人都喜欢宅在家里，一到周末就不愿出门，在家里一两个人又懒得动手做饭，而外卖、快餐等就餐方式一来花费时间长、二来价格也不便宜，社区餐饮则可以解决这个问题，社区餐饮不需要座位、门脸，无须雇用太多的人，房租也便宜，所以成本较低，社区餐饮就在小区附近，熟悉小区环境，送餐快捷方便，同时社区餐饮还可以提供配送半成品或者原材料服务，方便小区的部分老年人或者身体欠佳的人员。

（五）老年餐饮

随着人口老龄化程度的加剧，北京市60岁以上老年人人口数量已逾300万，而老年人由于生理和家庭的原因，在家解决饮食问题不太方便，因此老年人对餐饮的需求也越来越多，而老人的餐饮需求与中青年的需求是不一样的，老年人的餐饮要求主要表现为餐量小、营养需求丰富、卫生标准高、个性化多（无糖、少盐、低嘌呤）。北京目前并没有太多符合老年人餐饮特点的老年餐饮企业，只有部分连锁餐厅设置了形式上的老年人餐桌。北京养老问题的形势越来越严峻，老年餐饮作为养老的重要部分，也将会成为政府和百姓关注的焦点，老年餐饮将是一片值得开拓的蓝海。

北京的餐饮业是北京经济的一个重要组成部分，它不仅肩负着供应北京2000多万北京住户、海内外游客的饮食需求，而且是向全国、全世界展示首都精神文明、物质文明和悠久历史文化的窗口。北京餐饮业的发展离不开北京经济、文化的发展繁荣，反过来北京餐饮业的发展又促进北京经济、文化的大发展大繁荣。北京餐饮业的发展需要诚信经营、服务大众的经营理念，也需要敢为天下先的创新精神；它需要吸收和包容那些来自全国，甚至全球各地区的餐饮企业及其服务和管理方式，又需要发扬北京悠久的饮食文化传统。

参考文献

1. 张云：《购物中心的餐饮商机》，《销售与市场》2012年第11期。
2. 祁建：《北京餐饮的变迁》，《传承》2009年第7期。

3. 荆林波、马彦华、李蕊:《从绿色消费探讨中国绿色餐饮的发展》,《中国餐饮年鉴(2008－2009)》,中国餐饮年鉴社,2009。
4. 朱洪春、刘伯超、陈建新、徐夷冶:《高端餐饮转型突围之路》,《合作经济与科技》2013年10月号上(总第474期)。
5. 唐红燕:《北京餐饮连锁先行——2012年北京连锁餐饮企业经营状态分析》,《数据》2013年第8期。

B.13 广东省餐饮产业发展报告

李 力 余构雄*

摘 要: 广东是餐饮大省、也是餐饮强省,餐饮产业在广东经济发展过程中扮演着重要的角色。本文对广东餐饮产业发展有重要影响的经济环境、文化环境和政策环境进行分析,明确广东餐饮产业呈现"产业规模扩大,增速疲软""高端低迷,中低端旺盛""粤菜品牌效应初步呈现""珠三角市场规模领先,粤东西北增长快速"等特点,在此基础上,对餐饮产业问题进行剖析,最终从制订广东中长期餐饮业发展规划、实施标准化工程、强化品牌建设、打造美食名城(县、镇、村、街)等方面提出发展方向。

关键词: 广东 餐饮产业 发展环境 发展方向

一 广东餐饮业发展环境分析

(一)经济环境

1. 广东经济蓬勃发展为餐饮业的发展奠定扎实基础

近十年来,广东省GDP与人均GDP呈稳步增长态势,广东GDP年增长率每年都高于全国GDP增长率,其年均GDP增长率为11.17%,全国年均GDP

---

* 李力,华南理工大学旅游与酒店管理学院常务副院长,博士,教授,主要研究方向为国际旅游发展,酒店管理教育研究;余构雄,广东青年职业学院管理系教师,主要从事旅游业发展研究。

增长率为9.74%。然而近十年广东GDP占全国GDP及广东人均GDP占全国人均比率均有下降趋势。国内生产总值及人均国内生产总值等经济指标的增长态势，为广东餐饮业的发展奠定扎实的经济基础。

表1 近十年广东GDP、人均GDP与全国比较

年份	广东GDP(亿元)及增长率	全国GDP(亿元)及增长率	广东人均GDP(元)及增长率	广东人均GDP/全国人均(%)	广东GDP/全国GDP(%)
2004	16039	159878	20876	169	10.03
2005	21701(12.5%)	183217(10.4%)	24647(18.1%)	174	11.84
2006	26968(14.1%)	211924(11.6%)	28534(15.8%)	173	12.73
2007	30674(14.5%)	257306(13.0%)	33272(16.6%)	165	11.92
2008	35696(10.1%)	300670(9.0%)	37638(13.1%)	159	11.87
2009	39081.59(9.5%)	335353(8.7%)	39436(48%)	154	11.65
2010	45472.83(12.2%)	397983(10.3%)	44736(13.4%)	149	11.42
2011	52673.59(10.0%)	471564(9.2%)	50807(13.6%)	144	11.17
2012	57067.92(8.2%)	519322(7.8%)	54096(6.5%)	141	10.99
2013	62163.97(8.5%)	568845(7.7%)	62164(14.9%)	—	10.93
平均	11.17%	9.74%			11.46

资料来源：根据全国、广东国民经济和社会发展统计公报（2004~2013）整理计算。

2. 第三产业的快速发展为餐饮业的发展创造广阔空间

餐饮业是第三产业的重要组成部分，与旅游业、零售业等第三产业密切相关。一方面，近十年来广东第三产业增加值的年均增长率大于10%，而全国第三产业增加值的年均增长率小于10%，广东第三产业的发展仍呈稳步增长

状态;但近十年来广东第三产业增加值占全国比重呈下降趋势,反映出全国第三产业的发展势头高于广东。另一方面,广东三大产业比例由2004年的7.76%∶55.43%∶36.81%发展为2013年的4.9%∶47.3%∶47.8%,产业结构明显优化,特别是2013年广东第三产业所占比重首次超越第二产业,使广东逐步迈进服务产业大省(见表2)。广东第三产业的快速发展为餐饮业的发展提供了广阔的空间。

表2 近十年广东第三产业增加值与全国比较

年份	广东第三产业增值(亿元)及增长率	全国第三产业增值(亿元)及增长率	广东三大产业比重	全国三大产业比重	广东第三产业增值占全国比重(%)
2004	5903.75(10.4%)	43384(8.3%)	7.76%∶55.43%∶36.81%	15.20%∶53.2%∶31.78%	13.61
2005	9579.44(10.8%)	73395(9.6%)	6.33%∶49.52%∶44.14%	12.4%∶47.3%∶40.3%	13.05
2006	10966.57(12.2%)	82703(10.3%)	6.05%∶51.72%∶42.23%	11.8%∶48.7%∶39.5%	13.26
2007	12989.28(13.0%)	96328(13.0%)	5.69%∶51.96%∶42.35%	11.7%∶49.2%∶39.1%	13.48
2008	15323.59(9.1%)	120487(9.5%)	5.52%∶51.55%∶42.93%	11.3%∶48.6%∶40.1%	12.72
2009	17805.09(11%)	142918(8.9%)	5.13%∶49.31%∶45.56%	10.6%∶46.8%∶42.6%	12.46
2010	20267.90(10.1%)	171005(9.5%)	5.03%∶50.40%∶44.57%	10.2%∶46.8%∶43%	11.85
2011	23808.46(9.1%)	203260(8.9%)	5.05%∶49.75%∶45.20%	10.1%∶46.8%∶43.1%	11.71
2012	26393.71(9.2%)	231626(8.1%)	5.0%∶48.8%∶46.20%	10.1%∶45.3%∶44.6%	11.39
2013	29688.97(9.9%)	262204(8.3%)	4.9%∶47.3%∶47.8%	10.0%∶43.9%∶46.1%	11.32

资料来源:根据全国、广东国民经济和社会发展统计公报(2004~2013)整理计算。

(二)文化环境

广东是岭南文化的发祥地,其主要构成是广府文化、客家文化和潮汕文化,由此滋养了由广府菜、客家菜和潮汕菜为主的汉族八大菜系之一的粤菜。岭南的地貌是"七山一水二分地",其特点不利于农耕,周围又有百越民族聚居。因此,此环境熏陶培养了广东人民勇于进取、锐于开拓、兼容并蓄的精神,使得广东人在饮食消费观中具有"尝"为人先的勇气,而粤菜也向以"选料广博、制作精细、讲究新鲜"著称于外,该特点契合现代人追求新、奇、异的欲望,使粤菜在广东餐饮市场上具有广阔发展前景。此外,岭南文化兼容并蓄的精神,使广东餐饮市场上呈现"海纳百川、有容乃大"的格局,国内的徽菜、川菜、湘菜等另七大菜系纷纷在广东设店,并且多国菜系纷至沓来,共同推动广东省餐饮业总体消费水平的不断攀升。

(三)政策环境

2013年,国家及广东省相关职能部门相继出台了一系列政策法规(见表3),以推动餐饮业朝着更加规范的方向前进。

表3 2013年主要餐饮政策

发布日期	发布部门	主要内容	影响
1月20日	中央办公厅	习近平总书记在新华社一份《网民呼吁遏制餐饮环节"舌尖上的浪费"》的材料上作出批示,要求大力弘扬中华民族勤俭节约的优秀传统,努力使厉行节约、反对浪费在全社会蔚然成风	倡议消费者文明理性就餐,呼吁经营者以实际行动抵制浪费;各地包括广东亦倡导"光盘行动"
2月25日	中国人民银行	《关于切实做好银行卡刷卡手续费标准调整实施工作的通知》全面执行。《通知》维持了现行刷卡手续费行业差别化定价,行业主要分成餐饮娱乐类、一般类、民生类以及公益类四大类,总体下调幅度在23%~24%,其中,餐饮娱乐类整体费率由原来的2%下调到1.25%,降幅高达37.5%	刷卡费的降低让餐饮企业松了口气,一定程度上刺激消费者刷卡消费
9月	国家卫生计生委	《食品安全国家标准"十二五"规划》要求,拟定《食品相关产品标准的清理建议》征求意见稿。除《液体食品复合软包装材料(QB/T3531-1999)》一项将废止外,《一次性筷子 第1部分:木筷(GB19790.1-2005)》等219项标准将不再纳入食品安全国家标准体系	食品相关标准将删繁就简

续表

发布日期	发布部门	主要内容	影响
10月	中国商业联合会	《餐饮服务企业打包服务管理要求》公开征求意见。征求意见稿规定,餐企服务人员对于有剩余食品的顾客应主动征询意见,按照顾客意愿进行打包	餐企打包服务将有章可循
12月9日	中国商务部	通过了《餐饮业管理办法》,设定了餐饮业经营行为规范,明确了商务主管部门在制定行业发展规划、标准,加强行业统计和运行监测,建立投诉举报制度,指导经营者应对处理突发事件等方面的职责	为加强行业管理工作提供了法律依据

资料来源：中国商务部、国家卫生计生委、中国商业联合会等。

二 广东餐饮业发展概况

（一）产业规模扩大，增速放缓

省统计信息网统计快讯显示，2013年广东住宿餐饮业营业额为3504.66亿元、零售额为2618.96亿元，同比分别增长9.6%和9.4%，增幅均比前三季度回落0.5个百分点。在第三产业中，2009~2013年，广东住宿餐饮业占比分别增长12.7%、9.1%、5.4%、7.0%、3.4%。2013年餐饮业增速明显低于近五年平均水平，反映出2013年广东餐饮业的发展仍呈增长趋势，但相对于近五年的蓬勃发展势头，2013年增长显疲软之势。此外，《2013年广东国民经济和社会发展统计公报》显示，2013年广东住宿和餐饮业固定资产投资额为463.92亿元，比上年增长12.2%，而同期广东第三产业投资额增长20.5%，住宿和餐饮业固定资产投资低于行业整体增长水平，增速放缓。

（二）高端低迷，中低端旺盛

党的十八大以来，中央发出厉行勤俭节约、反对铺张浪费的号召，特别是"八项规定"出台后，2013年广东高端餐饮消费锐减三到四成，高端餐饮企业经营困难重重，利润大幅下降。2013年广东整体餐饮消费市场需求没有下降，高端餐饮的锐减意味着中低端市场需求的旺盛，一方面，部分高端餐饮企业通过发放优惠券、代金券、现场预订、网上团购等多种方式进行促销，如广州高端餐饮店"空中一号"放下身段打五折促销，广州六合家宴食府推出"廉价公务餐""实惠家庭餐"，海皇轩食府推出近3折的优惠套餐。另一方面，部分高端餐饮经营中低端市场，位于广州十八甫路13号的广州老字号腊味皇上皇佳栈店被改造成粤式快餐，抢占中低端市场。

（三）美食节助推餐饮业蓬勃发展

"食在广东"，美食节是广东节事节庆经济的重要组成部分，以其独特的文化展示方式逐渐深入人心，现已成为广东人节庆生活的一部分。广东有21个地级市，每个城市每年均依托当地特色餐饮举办美食节活动。其中，影响力最大、经济效益最好的是广州国际美食节。2013年，历时十天的广州国际美食节主会场接待入场人次超过120万，消费总额超过1.5亿元，与去年相比有大幅增加，同时带动全市餐饮业消费超过10亿元。广东各地蓬勃发展的美食节有力地助推了地区餐饮业的发展，实现经济和社会效益双丰收。

（四）粤菜品牌效应初步呈现

粤菜历史悠久，为我中八大菜系之一，发源于岭南，在国内外享有盛誉。粤菜广义上来说由广州菜（亦称广府菜）、潮州菜（亦称"潮汕菜"）、东江菜（属客家菜）组成。粤菜虽然起步较晚，但影响深远，港、澳以及世界各地的中餐馆大都以粤菜为主。在国内，粤菜餐厅一般消费档次较高，这也是粤菜餐厅在很多城市没有川菜系餐厅多的原因。截至2013年年底，全国挂牌五星级饭店814家，有70%以上中餐厅主打粤菜。粤菜的影响不仅仅局限于本地，它已经深入内地，很大程度地影响着其他菜系和餐饮消费观念。而2013年首届世界粤菜厨皇精英赛等主题活动的举办，更是提升了粤菜的国际影响力，促进粤菜品牌效应的传播。

（五）珠三角市场规模领先，粤东西北增长快速

从全省各市餐饮业发展情况来看，珠三角地区的餐饮业规模领先。2013

年珠三角地区九地市住宿餐饮业消费总额占全省消费总额近八成，其中广州、深圳两市的消费总额占全省消费总额的四成以上。从增长速度来看，2013年限额以上餐饮企业营业额增幅较大的城市多集中在粤东西北地区。

（六）餐饮业态多样化

经过多年的不断发展，广东餐饮业业态在全国走在前列，呈现百花齐放的态势，类型上主要涉及正餐、团膳、快餐、休闲餐饮，档次上既有豪华的高级餐厅，又有大众快餐。2013年广东餐饮市场中，生猛海鲜最受欢迎，而诸如四川菜、东北菜、河南菜、山西菜等地方特色餐馆也遍布大街小巷，同时意大利菜、法国菜、日本料理、韩国料理等异国风味也纷至沓来，在市场占有一定份额。

三 广东餐饮业问题分析

（一）餐饮业产业结构问题

广东省内，特别是珠三角地区高档餐馆数量偏多，而符合大众消费的中低档餐馆却处于较低发展水平阶段，高、中、低档餐馆比例不符合市场需求。2013年是中央推出"八项规定"的起始年，广州某按五星级标准建造的酒店主管人员表示，在"八项规定"推出之前，该酒店超过一半的餐饮客源与政府直接或间接相关，比如召开政务会议后到该酒店就餐、某央企请当地党政机关的领导吃饭，不仅宴会预订火爆，而且带火了该酒店的自助餐服务。2013年元宵节期间，广州环市路一家星级餐企的负责人称，不少提前预订的包厢出现退订情况，九成以上的商务订单被取消，或转到大厅消费。随着"八项规定"效应持续发酵，公务消费份额锐减至"几乎为零"，高档餐馆承受着巨大的经营压力，餐饮业面临着结构调整。

（二）龙头企业欠缺，品牌意识薄弱

中国烹饪协会最新发布的2012年餐饮百强报告显示，全国餐饮百强广东省

仅5家企业上榜,而在十强中,无一广东餐饮企业,广东餐饮龙头企业欠缺。在广东餐饮市场中,传统中小型企业仍占较大的市场份额,经营方式和产品类似,总体经营水平不高,一些企业之间的竞争仍停留在低水平的价格战上,未能有效挖掘广东省内各地最具特色、最具地域代表性和历史传承性的美食,难以打造具有推动力的广东餐饮业品牌及各地标企业。"广东餐饮品牌榜"及"广东餐饮消费白皮书"等有助于强化餐饮品牌意识的活动举办时间尚短,号召力有限,到2013年仅举办了三届,未能在广东餐饮市场上掀起品牌热。

(三)电子商务等新技术应用较少

进入电子商务时代的中国,电子商务交易方式席卷各行各业。2013年,各大互联网巨头纷纷涉足生活服务领域的电子商务产业链,阿里入股高德地图,腾讯通过微信涉足本地生活服务,百度利用百度地图开始线下布局。品途网发布的《2012～2013年中国餐饮行业O2O发展报告》显示,2013年餐饮O2O在线用户规模将达到1.39亿,O2O市场规模将达到622.8亿元,比2012年增长61.1%,预计到2015年将达到1200亿元。然而,广东餐饮行业对于电子商务的反应却并不如想象中热烈。广州市绿茵阁餐饮连锁有限公司对于电商平台仍然保持比较审慎的态度。一方面,作为对新渠道的一种初步尝试,不指望靠它大幅提升销售额,但求"不落伍";另一方面,将电商平台作为一种形式特别的"广告平台","让品牌在互联网上多露露面"。广东省餐饮服务行业协会名誉副会长姚学正坦言:"广东餐饮业的电商化可以说是在全国几大重要市场中比较滞后的。"

(四)从业人员综合素质不高

餐饮业由于受限于传统观念、薪资水平、职业发展路径、工作环境和工作强度等方面的劣势,从业人员高流失率和低学历等问题一直制约着广东餐饮业的发展。对广州某一高档餐馆的典型调查得知,该餐馆一线员工85%以上学历为高中及以下,基层管理者大专以上学历的仅20%,并且相关专业培训工作也较为滞后,基层服务岗位的培训多集中于入职时,入职后大规模的专业化培训几乎为零。

四 广东餐饮业发展方向

(一)制订广东餐饮业中长期发展规划

目前,从全国层面来看,已有《全国餐饮业发展规划纲要(2009—2013)》;从各主要省、自治区、直辖市来看,亦多有专门餐饮业中长期发展规划。而广东作为全国餐饮消费第一大省,产业规模自1995年以来连续18年位居全国首位,却一直未将餐饮业的发展提上政府重要议程。《珠江三角洲地区改革发展规划纲要(2008—2020年)》明确指出,珠三角要建立现代产业体系,其中现代服务业被摆在了重要位置。餐饮业作为现代服务业的重要组成部分,却没有从宏观上、整体上、战略上与之配套的《广东中长期餐饮业发展规划》。因此,迫切需要对广东省餐饮业的发展做出统一规划,把餐饮业的发展纳入城市总体规划,把餐饮网点布局、交通体系、商业网点、旅游景区景点等规划结合起来,加快优化城市餐饮业结构。

(二)实施标准化工程

国外快餐行业之所以能实现全球连锁经营,关键在于其标准化的经营模式。标准化一直是广东中餐企业发展、扩张的瓶颈,也是实现广东餐饮产业升级的路径之一,重点体现在:第一,视觉标准化。体现在餐饮企业经营环境(如具体选址、企业装修设计等)、设施设备(餐饮产品制作厨房用具、餐具、菜单等)以及食品生产的标准化(原料采购、对供应商要求、原料质量控制、产品加工生产操作、生产技术标准化和规范化等)。第二,行为标准化。体现在内部管理制度及外部营销的标准化。对内形成统一的营业训练手册、岗位操作手册和质量指南,对外实施一致的营销策略、营销手段。第三,理念标准化。体现在员工对企业经营理念认同、管理理念认同、服务标准认同、企业文化认同等。

(三)强化品牌建设

广东是餐饮业大省却不能称为餐饮业强省,重要原因之一是餐饮品牌建设落后，突出表现在全国餐饮百强前十强无一广东企业，餐饮企业集聚性不强，连锁餐饮企业数量少、品牌知名度不高、品牌意识淡薄等。广东餐饮业未来较长一段时间的主要发展方向应为强化品牌建设，培养粤菜餐饮龙头企业，如广州酒家、新荔枝湾、莲香楼、陶陶居、炳胜、黄埔华苑、绿茵阁、顺峰山庄等广东餐饮名优品牌，围绕龙头企业打造一系列品牌，走"众星拱月"的品牌建设路径。一方面，餐饮企业应积极引进先进的管理模式、经营技巧、技术方法，在标准化的基础上逐步实现企业的规模化及产业的系统化，提高自身产品的内在价值，培养粤菜餐饮龙头企业。另一方面，注重从味觉、视觉、服务、情感上强化餐饮品牌在消费者头脑中的印象及心目中的地位，构建"一流的饭菜、一流的服务、感动的情感"，以菜品创新、美味、新奇等为载体，实施"感动"服务营销，让顾客在消费过程中，能得到酒店环境、氛围、服务等带来的感官及心理享受。

（四）加强餐饮文化建设

广东是岭南文化的发祥地，广东饮食是岭南文化的一大缩影，岭南饮食文化传承了岭南文化"开放创新、博采众长"的特点。在餐饮消费文化上是"广东人除了地上四条腿的桌子、水里游的蚂蟥、天上飞的飞机不吃之外，其他什么东西都敢吃"。在餐饮制作上是"用料广博奇杂、配料多而巧，蛇虫鼠蚁、飞禽走兽、山珍海味、中外食品，无所不有，焗、煎、炸、泡、扒、爆等手法善于变化"。目前，广东拥有"中华老字号"企业57家，"广东老字号"企业63家，这些老字号主要分布在医药、食品加工、餐饮住宿、商业服务等行业。其中餐饮业老字号不到十家，呈数量少、规模小、认知度不强的特点。加强广东餐饮文化建设需要以中华老字号、广东老字号餐饮品牌为突破口，寄希望于老字号传承岭南餐饮文化。具体而言，应在餐饮老字号品牌名称、广告宣传、特色服务中渲染历史典故、名人轶事，把菜谱做成文化产品，从情感上强化消费者对品牌文化的认知。在传统形象塑造上，应重点突出"历史累积、文化沉淀"，像广州陶陶居的店面布置，大红灯笼高高挂、金黄灯光相映照，从色彩上包含着传统的中国元素。在文化营销宣传推广上，北京开通"老字号网店"的做法十分值得借鉴，他们提倡"特色经营，以文兴商"的理念，充分运用了当今"网购"的辐射力，同时能够满足不同年龄层消费者不同的需求。

（五）打造美食名城（县、镇、村、街）

依托美食节，打造美食名城、名县、名镇、名村、名街。广东美食节以节庆形式，汇集广东省各地区和省外各美食城市的各种特色美食而进行的一种短期的、地区性的、颇具代表性的美食文化展销活动。广东美食节活动历史悠久，其中，广州国际美食节从1987年开始已举办二十六届。通过举办美食节活动，促进休闲餐饮、旅游餐饮、喜庆餐饮、节假日餐饮等餐饮消费的发展，从而带动地方餐饮业的发展。集中力量在各地打造一批具有影响力的美食节活动，如做好"广州国际美食节""岭南美食节""客家美食节"及"潮汕美食节"等，使美食节成为宣传广东、推介广东餐饮的大型盛会，提高广东在全国餐饮业中的知名度、影响力和竞争力。

（六）加快餐饮业信息化发展

随着经济的快速发展及信息网络技术的普及，电子商务已渗透到各行各业。然而电子商务在广东餐饮业的应用却远不及在百货零售、旅游、社交、金融业等行业发展迅速。广东餐饮业应用电子商务技术多停留在独立建立自己的餐饮网站阶段，借此进行产品的宣传与推广；或是加入第三方餐饮综合网站，通过网站介绍饮食文化、实现团购、订餐等浅层次电子商务应用。加快广东餐饮业信息化发展，除了上述两种方式外，还应推进Mobile POS点餐系统、快餐预订配送系统等新技术的完善及普及，推进连锁餐饮企业的电子商务，形成从原料采购、网络营销到产品销售等系列流程智能化。

参考文献

1. 杨柳主编《中国餐饮产业发展报告》（2013），社会科学文献出版社，2013。
2. 苏秋成主编《中国餐饮产业发展报告》（2013），中国烹饪协会发布，2013年。
3. 施德群：《广东餐饮业的品牌塑造与提升研究》，《科技创业》2012年第8期。

B.14 上海餐饮业的发展现状和趋势

沈思明*

摘 要: 本文从市场规模、经营状况两方面分析上海餐饮业的发展现状,从多元格局、连锁集约、亲民惠民、生态绿色、资本运作五方面归纳上海餐饮业的特点,从深化转型升级、向社会化和产业化方向迈进、扎实推进电子商务、强化行业诚信建设、建立人才高地、打造国际美食之都等方面提出上海餐饮业下一步的发展方向。

关键词: 上海餐饮业 现状 趋势

一 上海餐饮业的发展现状

上海餐饮业经过改革开放、创新转型、调整发展,已基本形成餐饮市场规模化、用餐业态多样化、品牌经营连锁化、生产方式集约化、投资主体多元化,并从传统服务业转向现代服务业的新格局。

(一)市场规模

上海餐饮业现有约5万家社会餐馆,其中90%以上是民营企业,其余为

---

* 沈思明,高级经济师,世界中国烹饪联合会监事长、上海市餐饮烹饪行业协会会长。本文文献来源于历年上海市国民经济和社会发展统计公报、历年上海市餐饮烹饪行业协会样本企业统计数据。

中外合资、股份制和国有企业，约有70万名员工，是吸收就业最多的行业之一。2013年纳入统计的规模以上餐饮营业额为484.6亿元，全行业营业额超过1000亿元，在全国名列前茅。

（二）经营状况

据权威部门统计数据，20多年来，上海餐饮业每年都以两位数快速增长，是拉动上海经济增长的重要力量，对提高人民生活质量、扩大消费规模、拉动相关产业、促进社会就业、推进社会和谐发挥了十分重要的作用。

2010年的上海世博会给餐饮业带来了很大商机，全年营业额同比增长了16.9%。但是，2011年只增长了2%，2012年只增长了6.43%，2013年也仅增长了7.69%（见表1）。再看上海餐饮业利润率更是从2006年的12%一路下滑，到2013年只剩下3.3%，下降了72.5%（见表2）。

表1 2006～2013年上海餐饮业经营情况

项目\年份	2006	2007	2008	2009	2010	2011	2012	2013
营业额（亿元）	452.16	556.46	669.54	761.50	890.19	422.80（限额以上）	449.98（限额以上）	484.6（限额以上）
同比(%)	29.19	23.07	20.32	13.73	16.90	2.00	6.43	7.69

表2 2006～2013年上海餐饮业经营情况

年份	2006	2007	2008	2009	2010	2011	2012	2013
利润率(%)	12	9.6	8.9	10	8.7	6.7	5.7	3.3

（三）效益下降

1. 老企业"四高一低"依旧

多年来，餐饮业始终面临房租上涨、原材料价格上涨、用工成本上涨和各种税费上涨四大困境和利润下降的局面，严重影响可持续发展。统计数据显示，上海餐饮业的人工成本近几年是增长最快的，人力资源与社会保障部推出

《社会保险法》以后,保险金额度已经连续3年大幅提高,企业承担部分已达到每人每月1000多元,使整个人工成本占营业额的比重达到20%甚至更高,成为企业负担最重的成本。另外,房租成本也占营业额的15%左右,再加上能源约5%,营业税5.65%,其他费用6%~7%,大批企业游走在亏损边缘,面临前所未有的压力(见表3)。

表3　餐饮企业缴纳各种费用占营业额的比重

费用种类	人工	房租	能源	营业税	其他费用	总计
占营业额比例(%)	20	15	5	5.65	7.35	53

2. 反腐政令挤走泡沫

中央出台"八项规定""六项禁令"后,上海餐饮业挤出需求泡沫、回归真实的社会消费。据抽样调查,2013年以来上海餐饮企业营业收入下跌的形势十分严峻:全年营业收入同比下降6.2%,其中正餐下降3.9%,高档餐饮降幅更大,达30%~70%。

二　上海餐饮业的特点

(一)多元格局

1. 业态多样

上海是一座有2500万人口的国际化特大型城市,市场需求的多元化催生了上海餐饮行业的多样业态,所有适应都市餐饮快节奏的经营业态一应俱全,经营模式多种多样。除正餐、快餐、团餐外,主题餐厅、商务套餐、休闲餐饮、会所餐饮、婚庆餐饮等各种餐饮形式也各领风骚、大放异彩。

2. 兼容并蓄

上海餐饮业是兼容并蓄、中外交融、在改良中求发展的。上海独特的投资环境和巨大的消费市场,吸引了世界各地有名的餐饮企业来上海落户。上海的餐饮市场中西合璧,精彩纷呈。

（二）连锁集约

1. 餐饮企业的核心竞争力集中体现在品牌化经营上

面对当前严峻的市场形势，上海餐饮知名品牌也在谋求转型。个性化多品牌并存、老字号品牌与其他品牌并存、各种贴近消费者的业态并存、高中低档次并存，新的餐饮市场格局通过品牌竞争逐步形成。小南国、苏浙汇、丰收日等推出连锁品牌，满足了不同消费者的需求。表4列出了不同餐饮的消费档次。

表4　品牌化经营满足不同层次消费者

品牌＼子品牌人均消费额＼档次	高档	商务时尚	中档	低档
小南国	慧公馆 500元	小南国 150~200元	小小南国 100~120元	南小馆 70~80元
苏浙汇	苏浙总会 400元	天萃庭 300元	苏浙汇 200元	斗香园 40~50元
丰收日	云 500元	风和日丽 180~200元	丰收日 100~120元	点沁 70~80元

2. 科学化、集约化提高企业发展潜力

科学化、集约化生产，传统餐饮业从家族制管理转型到现代科学管理、从传统手工操作转型到电脑操作、从分散加工转型到集中加工，这是质的飞跃。中央厨房的建设证明了这一点。

（1）优势明显。中央厨房集中采购、加工，统一配送，提高了中餐标准化、工业化程度，对降低成本、提高生产效率、稳定菜点质量、保障食品安全和节能降耗等都发挥重要作用。正餐和品牌快餐连锁企业建立中央厨房的已达几十家。

（2）功能广泛。中央厨房除了满足门店供应外还制作外卖时令点心、半成品菜肴和特色产品，有的还打入超市，派生出社会化中央厨房，生产和销售能力得到极大提升。

（3）效果突出。上海杏花楼集团所属的新雅粤菜馆是8年前最早建造中央厨房的企业之一。经过多年实践摸索，现在总面积达1.5万平方米，总投资8000万元，饭店总产值3.8亿元，其中中央厨房产值3.2亿元，占营业额的比重达80%，占利润比重也达80%以上。目前该中央厨房为85家连锁网点、560个柜台供应食品。

（三）亲民惠民

在餐饮市场陷入低迷的情况下，餐饮企业采取高端瘦身、重新定位的方式，调整经营结构、积极创新转型；放下身段，大力发展亲民餐饮，走出一条创新转型的新路子。亲民餐饮出现了不少耀眼的新亮点。

1. 携手大型商业综合体

（1）商餐联合。服饰行业和百货零售业走势低迷，餐饮品牌参与到新型商业综合体和购物中心商场业态结构的调整中，既加大了餐饮业在商场的人流聚集效应，又可在严峻形势下强强联合，达到抱团、借力、整合的目的。

（2）资源互补。餐饮企业进驻大型购物中心，还可充分共享其他业态客群、整体软硬设施和资源，从而实现优势互补。上海大型购物中心内餐饮企业所占比例变化见表5所示。

表5　上海大型购物中心内餐饮业所占比例的变化表

年份	购物中心数量（家）	全年营业额（亿元）	其中餐饮业营业额（亿元）	餐饮业占总体营业额比例（%）
2005	36	251	25	9.6
2012	100	1048.12	144.46	13.50

2. 服务民生，做大"早餐工程"

（1）实事实做。上海的早餐工程自2011年以来，已连续建设3年，市政府连续两年将早餐工程作为实事项目。共新增早餐门店1245家，中央厨房主食加工配送中心12家。目前上海早餐网点有2万多家，其中较有规模的近5000家。

（2）发展迅速。巴比馒头专卖馒头和包子，10年发展连锁门店已达1400余家，营业额8.04亿元。沪上知名的大富贵酒楼，近年来变传统为时尚，率

先实施"早餐工程",将早市的兴旺变为全天的热闹,不仅把具有上海特色的"早餐工程店"做出了人气,还获得了可观的经济效益,年销售额以30%的增幅上升,早点销售收入占了公司总销售收入的75%。

3. 大手笔破解"白领午餐"难题

上海餐饮行业同地方政府和相关企业联手,把白领午餐作为服务白领的民心工程,构建了多形式、多渠道、多层次的"白领午餐"服务体系。建立了成百上千个"白领午餐"点,其中外资餐饮企业达30%、品牌特色餐饮企业达80%,供应品种达600余种。在静安寺商圈,白领午餐网络单位总数超过64家,其中有知名餐饮品牌王家沙、上海人家航站店等。

白领午餐网点多,价格分为多个层次,以价格10~15元人均标准的楼宇食堂、平价餐馆为基础,引入20~40元标准的社会餐饮企业,再以便利的超市、便利店为补充,让白领就近吃到价廉物美、品种多样的午餐,解除了他们的后顾之忧。

(四)生态绿色

(1)搭建绿色采供对接平台:为保障餐饮企业食品安全,推广绿色健康和特色原料,分两个阶段搭建绿色、特色原材料采供平台。①目前第一阶段,协会搭台,企业对接,即定时、定点组织品牌供应商与餐饮企业对接。②准备第二阶段,争取政府的支持,通过信息化网络配合建立绿色餐饮原料电子商务采供平台,以提高餐饮食品物流、商流组织化程度,确保餐饮食品安全。

(2)创建食材安全追溯系统。①可追溯性。上海市餐饮烹饪行业协会指导上海绍兴饭店管理公司与相关软件公司合作设计开发一套餐饮原料食品安全可追溯查询系统。该系统可对菜肴原材料种养殖日期、检测结果、品质、生长环境等关键信息进行索证、索票、溯源。②实用性。消费者通过终端触摸式屏幕,能实时对餐饮食品安全状况享有知情权。③可控性。有利于食药监部门对餐饮原料食品安全进行全程监控,有利于行业管理。④先进性。国家科技部和中烹协表彰在全国餐饮科技创新、技术应用、理论建设中做出突出贡献者,授予上海绍兴饭店"中餐科技进步奖"二等奖。2014年要完成10家餐饮企业追溯系统。

（3）推广实施餐饮业六T管理。①成效显著。《餐饮业现场管理规范（六T实务）》和《中餐厨房管理规范》在全行业中推广成效显著，涉及众多品牌企业。到2013年底，实施达标单位已达582家。这两个文件先被市技术质监局批准为上海市地方标准加以实施；后又获商务部批准，上升为部颁行业标准，在全国餐饮业推广实施。②走向全国。在此基础上，十年来六T实务培训已从本市辐射全国，目前，上海市餐饮烹饪行业协会已举办了82期培训班，培养了餐饮行业六T实务管理骨干7687名。六T实务已经辐射到全国28个省市的1831家餐饮企业，得到了广泛推广。

（五）资本运作

1. 积极配合搭建融资平台

（1）关注融资困难。中式餐饮领域存在市场大、企业小的特点，中小企业普遍融资困难，69%的企业把资金不足列为不利于企业发展的最主要问题，融资难是制约我国中小企业发展的瓶颈。

（2）推进银企合作。协会与民生银行、建设银行、中国银行进行洽谈，为银企合作搭建桥梁。

（3）提供融资担保。协会积极与投资公司合作，开设金融服务窗口，为20多家餐饮企业小额贷款牵线搭桥，或是提供担保、或是拟定融资可行性报告，为有资金需求的企业创造条件。

2. 鼓励企业上市

（1）上海已有三家餐饮企业上市。2008年金融危机爆发以来，全球资本市场并不景气。但近年来味千拉面、明轩、小南国陆续上市。小南国2012年7月4日在港交所成功上市，融资5亿港元，是中国为数极少的中餐正餐上市公司之一，成为上海正餐业龙头。

（2）还有一批餐饮企业准备上市。丰收日等企业引入了风投资本，加快人才引进，加速企业发展，扬长避短，开发不同业态、不同消费层次的品牌，用现代管理制度对企业实施集团化管理，争取早日实现新的飞跃。

三 上海餐饮业的发展方向

（一）深化转型升级

继续高举亲民餐饮的旗帜，以推进大众化餐饮为突破口，深化餐饮业的转型升级。有条件的正餐企业可以积极借鉴早餐企业成功经验，开辟早餐餐饮市场。

1. 进一步拓展大众化餐饮的规模

（1）大众化餐饮要做大、便民。鼓励大众餐饮进社区、进学校、进医院，满足市民的基本生活需求。

（2）大众化餐饮要多元。发展外卖送餐、提供半成品等服务，加快发展老年餐饮、学生餐饮、病人理疗餐饮、调理餐饮、家庭宴、假日宴等。

（3）大众化餐饮要体现高性价比。品牌餐饮要通过电商平台实现线上、线下融合，提升服务水平，满足广大市民的健康餐饮需求。

2. 商务餐饮要体现特色化和精细化

商务餐饮要以为经济服务为目的。

（1）全方位。高端餐饮不要一窝蜂转向中低层次，避免造成餐饮消费市场同质化恶性竞争。

（2）个性化。要向特色化、精细化方向发展，要拿出拳头产品，以餐饮文化精品含量和特色服务重启高端市场。

（3）多层面。既要反对铺张浪费、滥用公款，又要支持、鼓励和保护市民的正常理性消费，推动商务餐饮在创新转型中多层次协调发展，保证餐饮业的普惠性、便利性、和谐性。

（二）向社会化、产业化方向迈进

1. 推广社会化的中央厨房

倡导和组建社会化中央厨房，既有利于推动行业资源整合，又为中小餐饮企业提供服务平台，以安全、多元化品牌，优质服务来赢得市场和消费者。社

上海餐饮业的发展现状和趋势

会化中央厨房可向社区发展,让家庭厨房劳动社会化。

2. 发展餐饮食品工业

加大对重点餐饮企业的扶持和服务力度,加快食品工业化、集约化步伐。品牌餐企要充分利用优势发展品牌菜肴、点心等深、精加工,制作有特色、有货架期的特色食品和旅游食品。

3. 发展战略联盟

以小南国集团为代表的上海数十家品牌餐饮企业加盟"众美联餐饮饭店产业战略联盟",并向全国拓展,整合优化资源,完善提升产业链,打造社会化的采供平台、融资平台、电商平台、培训平台,将餐饮企业与各方面的合作纳入创新模式。

(三)扎实推进电子商务

用信息技术改造餐饮行业,是餐饮企业做大做强的前提条件。鼓励和指导餐饮企业借助电子商务信息化平台,迅速提升经营管理的现代化水平、推动中餐全面升级、与世界餐饮新趋势同步发展。

1. 推进办公自动化

积极推广和应用互联网新技术,建立现代化信息科技管理系统,各门店管理实现标准化和统一化,把标准化、精细化的IT管理延伸到定位—订餐—点菜—结账—统计—评价等工序。

2. 推广O2O营销模式

把线下商务的机会与互联网结合在一起,让互联网成为线下交易的前台。鼓励传统餐饮企业努力与高速发展的纯电商站在同一条起跑线上。

(四)强化行业诚信建设

诚信是餐饮业取信于民、提高品牌知名度的基础。

1. 对外诚信

(1)严格把好原材料采购关,保证食品安全,2014年在9家优秀品牌企业推广使用餐饮原料食品安全可追溯查询系统。(2)价格公平合理、明码标价。(3)企业和产品宣传实事求是、不夸大。(4)对顾客信守承诺,不搞过度包装。

2. 对内诚信

（1）强化《食品安全法》宣传教育，落实食品安全第一责任人制度。（2）强化员工培训和内部食品安全管理制度，规范经营行为。（3）强化餐饮食品安全监督管理制度，教育员工树立"诚信经营"理念。

（五）建立人才高地

1. 加强高管队伍与职工队伍建设

组建具有现代科学知识的高度专业化的职业高管团队，加强职业经理人队伍建设，并同步提升行业普通员工的职业素养，以适应食品深加工、精加工的需求。

2. 实施人才培养计划

培养一大批既精通中餐又懂西餐、厨艺厨德兼备的新型复合型厨师，逐步从前店后厂过渡到以定量代替模糊、以标准代替个性、以机械代替手工、以自动控制代替人工控制、以连续化的生产方式代替间歇的生产，从而适应餐饮业发展需要。

（六）打造国际美食之都

注入海派文化之魂、推进上海菜发展、推动国际美食之都建设，让世界餐饮走进上海、让上海餐饮走向世界。

1. 继续推进上海菜的发展

（1）上海菜的改革方针。自2006年开始对上海菜的改革和改良，我们的方针是传承延续、博采众长、贯通中西、创新发展。在新的形势下，要继续做好特色与绿色、美味与营养、传统与时尚、大众与高端四个相结合，推出更多国宴级别的上海菜。

（2）捆绑式合作发展。上海餐饮要提升综合竞争力，可采用品牌扎堆、捆绑联手，向二、三线城市扩张的方法。上海餐饮可以上海点心为突破口走出去。传统上海特色点心、小吃店，只有手挽手、肩并肩，才能集中优势走向全国、走向世界。

2. 海纳百川，繁荣活跃上海餐饮

（1）让世界餐饮走进上海。欢迎全国各帮别菜系落户上海，引进各地特色餐饮、特色品牌，丰富来自五湖四海的人的餐桌。优先引进外国餐饮业的先进理念和餐饮业态，为国际知名美食品牌来上海落户创造条件。让海外宾客能吃到他们青睐的菜肴和点心。

（2）让上海餐饮走向世界。继续创造条件鼓励上海餐饮企业通过参加国际烹饪比赛、国际美食节等活动，吸收国外的理念，提升中餐的竞争力，借鉴国外餐饮的成熟经验和做法，增强对外拓展能力。目前，上海小南国已在日本、中国香港、中国澳门开设多家门店，南翔小笼也先后进军日本、新加坡、韩国、马来西亚和印度尼西亚等地市场。我们将继续引导有实力、品牌效益好的企业走出上海、走向世界。

B.15 河南餐饮行业的形势及发展

张海林*

摘 要: 餐饮行业是传统服务行业中的支柱产业,这并不是仅从产业规模角度上的定性分析,而是从河南作为一个人口大省、农业大省,从一个面临经济结构转型、探索新型农业发展并走向新的城镇化建设的经济强省全局的判断;是一个基于构建、实现小康社会、和谐社会的判断;是一个基于民生刚性需求而得出的结论。因此,在这样的前提下研究河南餐饮行业的形势及发展,在理论和实践上立足现实、总结过去、谋划未来是本文的中心。

关键词: 餐饮行业 形势发展 河南省

一 形势与评估

餐饮行业在业态上是一个广义的概念,包括饭馆、酒楼、茶楼、西餐店、快餐店、咖啡馆、流动摊贩和专司团餐、送餐的食品厂家等纯餐饮和宾馆、饭店中的餐饮部分以及学校、机关、团体的食堂、餐厅等。据河南省有关方面的统计,目前,纯餐饮和宾馆、饭店部分大约是20万家,但因统计的途径不同,餐饮行业的总户数应该在30万家以上,作为一个以手工业劳动为主的行业,按每户平均30人执业,河南省餐饮行业的从业人员在

---

* 张海林,河南省餐饮与饭店行业协会常务副秘书长、河南科技学院食品学院教授。本文数据来源于河南统计网。

河南餐饮行业的形势及发展

1000万人左右。以单位数量和从业人数而言它是第三产业中规模最大的行业。在产值上,以2012年为例,餐饮与住宿行业总营销额为1500亿元,占当年河南全省社会消费品零售总额10787.62亿元的13.9%,是当年全省地区生产总值(GDP)29810.14亿元的5%左右。虽然人均不过1500元,但作为事关基本民生需求的行业而言,相对于34%左右的恩格尔系数、全省年人均不过3000元食品支出费用而言,彰显了餐饮行业的地位和餐饮经济的繁荣。

河南餐饮经济的繁荣是一个历史过程,从20世纪80年代以后,餐饮行业步入了快速发展的轨道,特别是进入21世纪以后,呈现出爆发式的增长,2000年全省餐饮营销额不过198亿元,此后便以每年20%左右的速度递增,十多年来增长了1200多亿元,这一增长同时拉动了种植业、养殖业、加工业和其他相关产业的发展,成就了河南省有史以来最大规模的餐饮行业和最为繁荣的餐饮经济,于是,正确认识和评估过去十多年的餐饮市场形势,便不仅是总结经验的需要更是谋划未来的需要。

1. 繁荣的动力

餐饮市场的繁荣是整体经济繁荣的一个表现,2005年河南地区生产总值突破万亿元,当年的餐饮销售总额便达470多亿元,2010年河南地区生产总值突破2万亿元,餐饮销售总额则突破千亿元,达1200亿元左右。进入21世纪以来,河南经济的高速增长让我们看到了一个极大的变化,从省会郑州到洛阳、开封、新乡、许昌等18个省辖市和几个经济强县,城市的面貌日新月异,全国第一的高速公路网将河南全省及部分周边城市构建成为三小时经济圈和具有很大潜力的中原城市群、中原经济区。大规模的城镇化建设,大规模的人员迁徙,更加发达的加工制造业,更高密度的政务、商业活动,不断增加的农村剩余劳动力转移,城乡人民生活水平的相对提高成为餐饮经济繁荣的动力所在,也同时决定了餐饮市场的结构和特点,这是我们研判市场形势的前提。

2. 市场的结构

河南餐饮市场是以中心城市为主干呈现出两头大中间小哑铃式的结构特征,而不是在一般规律下的金字塔型。所谓两头大,一是指高端餐饮以不足

1%的市场份额却占有30%左右的营销额度,二是占有60%以上市场份额的低端餐饮却仅占有30%营销额度,本应是市场主体的中端餐饮则份额较低。这是因为高端餐饮的消费集中于省及各个地区的权利中心,并以服务于政务活动、商务活动的消费为主要内容,而低端消费的主体是流动人口、务工人员及常住人口,大量的中端消费则是以节日庆典、百姓社交为重要成分,高中低之间人均消费金额差距达到十倍甚至百倍,这种市场结构的特点是由市场需求所决定的,但市场经济规律的作用则更加扩大了这种不平衡,使政务和商务的高端餐饮消费毫无疑问地成为餐饮市场繁荣的主要原因。

3. 投入与效益

餐饮市场的繁荣并不意味着餐饮经济的健康无忧,改革开放30多年来,餐饮行业最早完成了市场经济化的改造,民营经济成为市场的主体。这是因为相对于许多行业而言,在理论上,餐饮业是投入小、风险小、收益快、门槛低、技术含量亦不高的行业,也就因此成为某些资本牟利的途径和诸多城乡剩余劳动力谋生和二次就业的首选。一哄而起的餐饮投资热用30多年的时间让餐饮市场由卖方市场转为买方市场。尤其是近十多年,部分游资和相当一部分其他领域的成功者出于多元投资和政商交往、商业活动的需要而强势介入餐饮市场,使餐饮业每平方米的平均投资由百元升至千元以上,每平方米的年平均收益下降到300元左右,全行业的平均综合毛利率维持在40%上下,盈利企业不过30%,大多数企业处在生存线上,平均生存周期不超三年,整体投入和收益是不成比例的。

4. 品牌与管理

30多年的发展和积累做大了河南餐饮市场的总体规模和经济总量,但没有形成可以持续发展的企业群体,可以代表一个类型、一个业态、一个地区餐饮市场的存活十年以上的企业屈指可数,能在全省产生影响力并引导市场走向和消费选择的品牌企业更是寥若晨星。急功近利、短期行为、盲目追求所谓高端、迎合不良习气的浮躁之风弥漫。整个市场虽得益于经济繁荣快速增长,但企业的经营、管理水平却跟不上。高端餐饮以稀有原料为中心经营,低端餐饮以降低质量求生,大量中端餐饮企业以牺牲员工利益维持,造成企业文化、技术队伍、管理队伍的塑造、培养和建设严重滞后,产品质量、服务水平下滑,再加房租、税收、原料、工资上涨的压力和业界的恶性竞争，品牌塑造和管理水平提升落后。

二 由来和症结

受政策因素的影响，2013年注定成为一个时期的结束，30多年来被潜规则左右的餐饮市场像一匹野马被套上了缰绳，政策的导向再次公开显现出巨大的力量，从年初开始，所谓的高端餐饮江河日下、一泻千里，以珍稀、海鲜、奢华为标榜、专司官场、排场服务的相关企业宾客罕见、门可罗雀，从省会郑州到洛阳、开封等省内重点城市的此类企业和此类业务受到前所未有的打击，从年中以后陆续关张转型来应对市场的变化，而原本以为避过风头便可的则错估了形势从而失去了改弦更张的机会。高端餐饮的一蹶不振确实影响到了处于正常经营状态的中端部分，许多正常的餐饮活动或取消或简省，到了年底，餐饮行业的黄金档期更是出奇的冷，各类会议、聚餐、团拜活动少之又少，靠单位、团体消费支撑的企业赋闲。同样是影响，部分转向大众日常消费的中低端餐饮市场不但火红依旧而且平添商机，这才让2013年的餐饮销售虽然增速下降，全年销售总额为1602.59亿元，整体的形势还是可以的。

然而，如果不是政策这只巨手的强力介入，我们大约还沾沾自喜地欣赏着过去的繁荣，也难以认识到餐饮市场和餐饮经济的畸形与病态。如果认为部分企业的关张及其影响是不幸的话，奢靡的不在和隐蔽则是河南餐饮市场、餐饮经济的万幸和大幸，它让我们有机会来重新审视过去，思考这种畸形和病态的由来，寻找症结所在，这或许是痛苦的、具有颠覆性的，但绝对是必要的，无此便没有未来，便不能在遭受挫折之后有全新的开始，便不能在新的概念下走向新的繁荣。

1. 病从何处起

改革开放使中国经济出现爆发式的增长，迅速改变了原有的社会格局和市场结构，经商、务工、人际交往、生活改善和新兴富裕阶层的剧增带来的各类餐饮需求给餐饮市场带来了一场革命，从20世纪80年代中叶到90年代初的短短数年间，河南省计划经济条件下以国有、集体企业为主体的基本需求型餐

饮市场被以民营餐饮经济为主体的适应多元化需求的餐饮市场所取代,餐饮经济也同时进入了爆发式的增长阶段,尤其是进入21世纪,餐饮业成为增长最快、最令人瞩目、最吸引投资者的传统服务行业。以省会郑州为例,1980年左右各类餐饮企业的户数不足千家,2012年则有数万家,2000年郑州市餐饮营销额不过十亿元,2010年过了百亿元,处处酒旗相招,满城灯红酒绿当不为虚言。但恰恰是这种爆发式的增长使餐饮经济染上了不择手段、急功近利、畸形发展等伴生病。

2. 畸形的基因

爆发的需求促成爆发式增长从而染上"爆发病"之间并不存在必然的逻辑关系,仅用一般的市场规律来诠释畸形的市场现象是不全面的,畸形的基因是起于对行业的认识,对许多离开土地进城谋生的农民或是下岗失业者而言,或受雇或自营于餐饮市场中,是维持生存的第一选择,天量的早晚餐摊点、小吃店便是由此而来。在宽松的政策条件下他们构成了低端餐饮市场的主要组成部分,但整体的产品、服务水平则不高。餐饮业门槛低、获利易的表象,使投资餐饮行业成为极诱人的选择,装两间房子、雇几个厨子、开一家馆子相对于其他行业的投资是件轻而易举的事。于是,在供大于求、竞争激烈的市场背景下,一切为生存、为利润,以实用主义的态度经营,漠视任何可以漠视的法规,便是致病的基因所在。

3. 潜在有规则

表面看来,最为畸形的所谓高端餐饮之象似乎是无规则之果,其实不然。餐饮现象从来都是政治、经济、文化的一个表象,中国传统的餐饮文明尤其是筵席文化是等级制的产物,是身份、地位的重要象征,是官场、排场的一个手段,酒店等则是中国社会交际最为重要的场合,贫学富、富学官、下仿上,以食物、食器、食处表现一切是此中的规则。粤菜、海鲜南下中州,被视为是富人之食而被趋之若鹜。

4. 管理的缺位

把畸形和病态之因都推给市场,推给投资者和从业者,推给社会和环境,并以资本的原罪来作解是很轻松的,也是任何个人都无须担责却又让我们所有相关的人都实际有无可推卸之责。从政府到行业从媒体到食客多少年来不缺政策和手段、道德和良知，也不乏有识之士的针砭和建议，可令人遗憾的是，政府各个方面的管理实际缺位，这种管理当然不可能是在市场经济条件下的限制和约束，但没有对优良部分、优质资源的引导和褒奖也就让所有的政策和手段变得虚无，其结果是劣币驱逐良币，让依法经营、坚守良知者处于市场边缘。

三　未来及展望

如何认识未来是当前整个行业所面临的重大课题，诸多投资者和从业者都在困惑中面临着抉择。一些资本和一些企业的退出让部分从业者看衰了餐饮行业的未来，还有一些人等待所谓风头过去而重操旧业，也有一些人在抱怨矫枉过正影响了行业的发展。如此种种其实还都是源于对餐饮行业以及目前形势的认识。可以肯定地说：在未来一个可以预见的、相当长的时期内餐饮行业不会是高利润的行业；将高消费的对象锁定在公务人员和公款上也不再有任何可能，目前针对奢靡、浪费、公款不当消费的高压态势会持续下去，并且仍旧会对一些正常的消费活动产生影响，但是只有过正才能矫枉，才能在回弹时到达正确的位置。所以，任何资本和企业的退出都是市场变化所带来的正常现象，正像肿瘤的切除会换来健康，有些阵痛、有些损伤是必要的代价，对行业的长远发展而言恰恰是积极的因素，完全可以相信，河南的餐饮市场不但不会因为2013年的变局走向衰退，而且会开启一个全新的、健康的时代。

做出上述断言是基于对整个社会现状与趋势的认识，是对党和国家的有关政策解读的结果，是建立在对河南省国民经济发展的信心上，自然也是建立在河南省餐饮行业近30年发展的积累的基础上。须知，我们拥有1亿以上的消费者，有便利的交通条件；有丰富的物产资源；有悠久、厚重、优良的文化、技术传统；有一大批健康发展的企业；有上千万勤劳、敬业的餐饮人，只要解决了方向问题，就可以乐观地展望未来。

1. 市场的前瞻

对未来市场的研判是政府、业界、上游产业及其他相关产业的重大课题，没有正确的研判和战略的前瞻将直接影响到我们能否尽快从目前的调整中走出。首先，餐饮的需求是刚性的，在整体经济向好的形势下，这个需求又在不断释放中逐步提升消费能力和水准。所以，未来的市场空间仍旧是巨大和相对无限的，可以容纳所有正常的投资意愿和从业需求，虽然餐饮市场仍将处于阶段性、非结构性的供大于求期间，但其会依靠自身的规律进行调节。从2000年至今的十多年间河南省每人年均在外的就餐消费从不足200元提高到近2000元，但相对沿海省份而言还是较低的。以广东为例，2012年人均消费便达到3000元以上，如果减去其省内社会经济发展不平衡的因素，广州、佛山等发达地区的人均就餐消费当在4000元以上，而目前的河南在区位、交通、产业转移、城镇化步伐加快等诸多利好因素下正处于经济腾飞的初期，餐饮市场未来的向好是不容置疑和毋庸赘言的。

2. 变化在何处

然而未来的市场必将有别于昨日的市场，而且有本质上的不同，可以肯定地说，餐饮行业服务对象的重点将实现由官向民的转变，大量的、高消费的公款接待活动将被终结，社会交际的餐饮需求主要表现为商务活动和民间的交往，其市场份额必将出现大幅度的减少，而百姓的节庆消费、旅游消费、一般假日消费、日常三餐消费增加，并日渐演变为市场消费的主力。市场的这个变化虽是由政府、政策的力量推动的，业界把握和适应这个变化也会有一个过程，由俭入奢易、由奢入俭难，但虽然困难、虽然痛苦，虽然这种变化会带来客单消费水准的下降、利润的下降，使一个期间内企业经营活动较难维持，但在经营者和消费者的互动下，消费总量的渐次提高会予以弥补，这就是说在经济规律的作用下这种变化最终会变为市场的自觉。也可以预期市场会很快完成调整，从而恢复稳定和高速的增长。

3. 结构与重组

餐饮服务对象出现质的变化会催生市场结构的调整和重组。市场虽因消费需求的不同和消费水准的差异仍会呈现不同的层次。高中低不同的消费水准也仍然决定着餐饮企业高中低的分档，社交餐饮、节庆餐饮、日常膳食等不同的消费需求也决定着餐饮行业的不同业态，这是由供求关系所决定的一般市场规律。然其质的不同在于，高端餐饮的服务对象主要是富裕阶层的个人消费和商业交往活动，中端餐饮以服务大众的节庆消费、旅游消费和部分日常膳食消费为主,低端餐饮仍旧是服务中低社会阶层的日常膳食所需。划分档次的依据由原来的主要以经营何类产品为标志转变为对企业软硬件的综合考量,文化氛围、经营环境、服务质量决定了企业的档次,正餐、筵席、简餐、快餐、团餐等不同的业态都有高中低不同的档次以适应不同的消费水准和消费需求,这是市场重组的主要内容。而政务消费和其他小众消费的变化则催生官厨、会所等新的业态形式产生与发展。

4. 文化之复兴

市场结构的变化和重组昭示着中国传统烹饪文化的复兴,也开启了健康的餐饮文明时代。数十年来业界和许多相关方面言必称港澳西方,食必选燕鲍翅参,将中国烹饪、中国餐饮中的主流健康成分弃如敝屣,把讲究技术、精工细作、适应大众需求的豫菜系列视为旧裳,给几代从业者和消费者带来极大的负面影响和危害,让我们付出了极大的、相当长的时期都难以弥补的代价。而今,在多年的艰苦努力后,在党和政府的最终推动下,廉政、节俭的春风荡涤了多年的污垢和沉疴,给新的时期内主流、健康文化的发展提供了引擎,据有关方面的数字,2013年燕鲍翅的销售下降70%以上,河南省以此为经营主体的企业也悉数关张转型。五谷为养、五菜为充、五果为助、五畜为益的膳食规范得以回归,广采博取、讲究制汤、五味调和、质味适中的豫菜将重新成为河南餐饮业的主流,可以断定,养育了中华民族数千年,代表着环保、健康的中国烹饪文化的复兴是不可阻挡的大潮。

四 方针与策略

20世纪80年代的改革开放对全国餐饮行业而言是一场革命,他打破了计划经济时代的桎梏,改变了市场结构,推动餐饮经济进入一个高速增长的时期。然而,"一从大地起风雷,便有精生白骨堆",任何大的变革都会呈现泥沙俱下、鱼龙混杂的局面,如果不能加以扭转会对整个行业持续、健康发展形成干扰、破坏,甚至危及变革的方向而造成难以挽回的政治、经济、文化诸领域的损失。从这个角度与立场出发来认识,2013年党和政府所发起并推动的反浪费、反奢靡、反腐败的种种举措是餐饮领域的拨乱反正,是非常及时、非常必要的,可谓是餐饮行业的又一场革命,"金猴奋起千钧棒,玉宇澄清万里埃",不论是对于整个行业的现实与发展,其作用的意义之重大、影响之深远是如何评价都不为过的。在这样的背景和形势下,全省餐饮行业只有尽快化被动为主动、改变思想观念、调动积极因素、调整经营方针、除旧迎新,才是唯一正确的道路。

经营方针的调整和确立是建筑在国情、省情的基础之上的,它要符合一定的政治、经济、文化条件,能够适应河南省餐饮市场今日和未来的发展,指导企业正确、有效地开展经营活动。从宏观的角度而言:河南省的餐饮行业要以中国烹饪文化为载体,以最广大的人民群众为主体,构建一个高中低档兼有的合理组合;中小企业为主要成分,百花齐放、能满足多元化餐饮需求的市场环境。从企业的角度而言:明确坐标、塑造品牌、提高技术、规范管理则是应对新形势的主要策略,也是生存和发展的前提。

1. 坐标的确立

所谓坐标不过是一个企业在市场上的定位。2013 年之前的所谓高端是同质化,仅以环境硬件和稀有原料标识,混淆了行业的分类和等级。历史以来,餐饮行业的市肆以正餐、简餐、快餐、火锅等不同经营业态分类,以不同口味的菜肴、面点、小吃品种来表现风格或风味,以不同的软、硬服务环境来区分消费档次,服务官商筵席的正餐可以是高端餐饮,而服务其他餐饮消费的简餐、快餐、火锅、早餐、午饭、夜宵也有高中低之分。在新的时期里,不同业态的各类餐饮企业都要在服务大众这个方针下,根据自己的现状和能力重新确立坐标,明确让谁吃、吃什么、怎么吃,将企业的信息以各种方法清晰转达给相对应的消费群体,取得消费者不同消费目的、消费水准的认知。目前,河南省餐饮市场虽然整体上依旧会维持供大于求的局面,但在某些业态和风格上都有尚待满足的需求,有诸多空白可以开发、许多领域可以拓展,网上餐厅、外办筵席当是新的探索,而标准的官方接待仍旧存在,豪华的排场也有小众的需要,市场的空间其实是无限的,关键在于定位以后通过何种手段去实现之。

2. 品牌的建设

所谓品牌是在一个行业、领域、地区内被公认的、有代表性的、具有自主的知识产权的成熟企业的标识。克服杯水主义、短期行为,建设更多的城市餐饮名片和各业态中的代表性品牌，是企业发展和行业壮大的关键。品牌的建设并不神秘，也非力不能及，而是不作为。这是因为品牌的建设需要企业根据自己的市场坐标和实际状况制定一个方向明确、切实可行的中、长期规划，非一蹴而就。其重点不是盈利的预期和数字，而是企业的经营理念、形象建树、产品研发、人才培养等企业文化基础建设，这较硬件的投入需更多的资费和时间，也就被很多业主轻视和舍弃。可行业的实践证明，拥有自己品牌的企业在市场竞争中占有强势地位，社会效应和经济效益均优。开封的第一楼、洛阳的真不同、郑州的合记、萧记、阿五美食就是典型例子。品牌建设也无企业规模的制约，大、中、小企业同理，只是优秀品牌更容易复制、扩张，形成更大的规模。

3. 技术和创新

技术对一个以手工业工艺劳动为主的行业是核心问题，遗憾的是受粤港风气、西式快餐和所谓工业化的影响，许多企业跟风、模仿、追求原料稀有以及快和量，经营品种缺失技术水准和文化内涵。改革开放至今鲜有被消费者公认、经得起时间考验、带有鲜明的地域特色及中原文化属性的品种，传统的名菜、名点虽然有其提升空间，但仍是能够对外宣传并代表豫菜的。有些企业宣称创新，却在炒作概念、四处模仿、频繁变化之后一无所有。2013年初以后，许多企业不卖燕鲍翅不会炒菜就是一证。我们提出餐饮行业要以中国烹饪为载体，并在传承中改进和创新，可如何创新，不能割裂传统和创新的联系，我们现今所有的烹饪技术都来源于历史，没有超越，因此中国烹饪的基本理论、原则必须遵循，实践证明，这些理论和原则仍旧闪烁着真理的光芒。五味调和、质味适中是豫菜的根本也是中国烹饪的根本。精工细作、研发经营带有企业特色的若干个优秀品种，是一个餐饮企业的生存之本，反之亦然。

4. 管理与规范

行业管理滞后是制约发展的瓶颈。在市场经济条件下这个管理是靠经营行为的规范来实现的。规范企业的经营行为、促进企业经管水平的提升，以政策来引导企业的进步和行业的发展是政府的责任和行业协会的职能所在，这当然是需要有关方面重视和改进的。而对于企业而言，如何遵守行业经营行为规范、提升管理水平也直接关乎企业的生存。河南省相当一部分企业盈利水平低下,逐利而无利,这有整体市场环境的作用也有管理水平低下的原因。在大众化餐饮时代、在整个行业微利经营的背景下,就必须向管理要效益,节能减排、减员增效是唯一的途径,企业要在经营方向、技术风格调整后重新制定技术规范、服务规范,同时加强人力资源管理。餐饮企业是手工业工艺劳动,建设一支高水准的技术队伍是关键,所以人力资源的管理要点在业务培训和人才使用上。要重新审视过去的包厨制,摒弃用人而不养人的做法,只有养人才能用人,以人为本、关爱职工、让经营的红利惠及员工,让企业和员工共同成长,建设和谐的劳资关系是未来企业进步和发展的重点课题。

"沉舟侧畔千帆过,病树前头万木春。"在经历一个调整和重组的过程后,在党和政府的领导下,在业界的共同努力下,河南餐饮行业必将迈进一个大众化餐饮的新时代,这是一个让人充满期盼、充满信心的时代,是豫菜的春天,是河南餐饮经济的春天。

B.16 宁夏餐饮业发展情况分析

李军 庞子杰*

摘 要: 宁夏是全国唯一的回族自治区，回族人口占全区总人口的35.56%，餐饮业是宁夏具有显著民族特色和独特竞争优势的产业，是扩大消费、促进就业和改善民生的主要行业之一。本文从宁夏餐饮业现状出发，对宁夏餐饮业2009~2013年主要指标进行分析，总结行业发展特征，分析存在的问题，最后提出推动宁夏餐饮业转型升级、持续健康发展的对策。

关键词: 餐饮 发展 分析

餐饮业作为服务业的重要组成部分，是扩大消费、促进就业和改善民生的主要行业之一。改革开放30多年来，宁夏社会稳定，经济发展，人民收入持续增长，消费水平不断提高，餐饮业已成为对宁夏经济社会发展和人民生活水平提高具有重要影响的行业。认清宁夏餐饮业的现状，分析存在的问题，研究解决问题的对策，对打造宁夏餐饮业核心竞争力、构建便民生活服务体系、推动行业转型升级以及带动旅游等相关产业发展具有重要意义。

一 宁夏餐饮业发展现状

宁夏是全国唯一的回族自治区，回族人口占全区总人口的35.56%，清真

---

* 李军，宁夏回族自治区商务厅流通业发展处处长。主要研究方向为餐饮住宿业和流通经济；庞子杰，宁夏回族自治区商务厅流通业发展处主任科员。主要研究方向为流通经济、企业组织与企业制度、国有企业改革和发展。

餐饮占全区餐饮业的95%以上。2013年，宁夏餐饮业实现收入额89亿元①，住宿和餐饮业实现增加值46.07亿元。行业从业人员数量97434人，占全区总人口的1.51%，占就业人口的2.83%，占第三产业就业人口的8.08%。

（一）主要指标分析

1. 产业规模持续扩大，限上餐饮出现下滑

2013年，宁夏实现社会消费品零售总额610.51亿元，同比增长11.24%。餐饮业实现收入额89亿元，同比增长8.67%，餐饮收入额占全区社会消费品零售总额的14.58%。2013年，住宿和餐饮业实现增加值46.07亿元，同比增长8.0%。住宿和餐饮业增加值占全区生产总值的1.8%，占第三产业增加值的4.28%。2009~2013年，宁夏餐饮收入额持续增长，从57.07亿元增长到89亿元，累计增幅55.95%，年均增长11.75%；住宿和餐饮业增加值持续增长，从2009年的25.59亿元增长到2013年的46.07亿元，累计增幅80.03%，年均增长15.83%（见表1）。

表1 宁夏回族自治区餐饮收入额情况（2009~2013年）

单位：亿元

指标	2009年	2010年	2011年	2012年	2013年
社会消费品零售总额	339.30	403.59	477.58	548.83	610.51
餐饮收入额	57.07	66.21	75.56	81.90	89.00
住宿和餐饮业增加值	25.59	31.00	37.15	42.67	46.07

注：本文中2013年数据均为快报数据，以下同。
资料来源：《宁夏统计年鉴》，中国统计出版社，2010~2013年。

2013年，宁夏限额以上餐饮业法人企业营业额11.31亿元，同比下降1.91%。限额以上餐饮业法人企业营业额占全区餐饮收入额的12.71%。2009~2013年，限额以上餐饮业法人企业营业额在2011年到达顶峰后，2012~2013年连续下降。2010年增速最高，达27.61%；2012年降幅最大，下降6.56%。限额以上餐饮业法人企业营业额占全区餐饮收入额比重2012~2013年连续下降。

---

① 本文中2013年数据均为快报数据，以下同。

宁夏餐饮业发展情况分析

表2 限额以上餐饮业法人企业营业额情况（2009~2013年）

单位：亿元，%

指标	2009年	2010年	2011年	2012年	2013年
全区餐饮收入额（亿元）	57.07	66.21	75.56	81.90	89.00
限额以上餐饮业法人企业营业额（亿元）	8.04	10.26	12.34	11.53	11.31
同比增速（%）	10.30	27.61	20.27	-6.56	-1.91
占全区餐饮收入额比重（%）	14.09	15.50	16.33	14.08	12.71

资料来源：《宁夏统计年鉴》，中国统计出版社，2010~2013年。

2. 增长速度渐趋下行，所占比重不断降低

宁夏餐饮收入总体增速呈逐年放缓趋势，从2009年的17.94%下降到2012年的8.39%，2013年回升到8.67%。住宿和餐饮业增加值增长也表现出相同趋势，增速在2010年达到顶峰后逐年下降，2013年降至7.97%。餐饮收入占社会消费品零售总额的比重逐年下降，从2009年的16.82%下降到2013年的14.58%。住宿和餐饮业增加值占第三产业增加值比重总体呈小幅下降趋势，从2009年的4.54%降至2013年的4.28%（见表3）。

表3 宁夏回族自治区餐饮业（2009~2013年）

单位：%

指标	2009年	2010年	2011年	2012年	2013年
餐饮收入同比增速	17.94	16.02	14.12	8.39	8.67
住宿和餐饮业增加值同比增速	13.48	21.14	19.84	14.86	7.97
占第三产业增加值比重	4.54	4.41	4.31	4.34	4.28
占全区社会消费品零售总额比重	16.82	16.41	15.82	14.92	14.58

资料来源：《宁夏统计年鉴》，中国统计出版社，2010~2013年。

3. 人均消费逐年提高，增长幅度有所放缓

2013年，宁夏人均餐饮消费额1360.46元，同比增长7.51%。2009~2013年，人均餐饮消费额持续上涨，从912.83元增长到1360.46元，累计增幅49.04%，年均增长10.49%。但总体增速呈逐年放缓趋势，从2009年的16.52%下降到2012年的7.09%，2013年较2012年增速有所回升（见表4）。

表4 宁夏回族自治区人均餐饮消费情况（2009~2013年）

指标	2009年	2010年	2011年	2012年	2013年
全区餐饮收入额(亿元)	57.07	66.21	75.56	81.9	89.00
总人口数(人)	625.20	632.96	639.45	647.19	654.19
人均餐饮消费额(元)	912.83	1046.04	1181.64	1265.47	1360.46
人均餐饮消费额同比增速(%)	16.52	14.59	12.96	7.09	7.51

注：人均餐饮消费额=全区餐饮收入额/总人口数。
资料来源：《宁夏统计年鉴》，中国统计出版社，2010~2013年。

值得注意的是，餐饮收入额、住宿和餐饮业增加值、限额以上餐饮业法人企业营业额、人均餐饮消费额增长趋势与反映社会经济状况的主要指标地区生产总值趋势基本一致。但2013年餐饮收入额、人均餐饮消费额增速均较2012年有所回升、限额以上餐饮业法人企业营业额降幅收窄，宁夏餐饮业2013年逐渐回暖（见图1）。

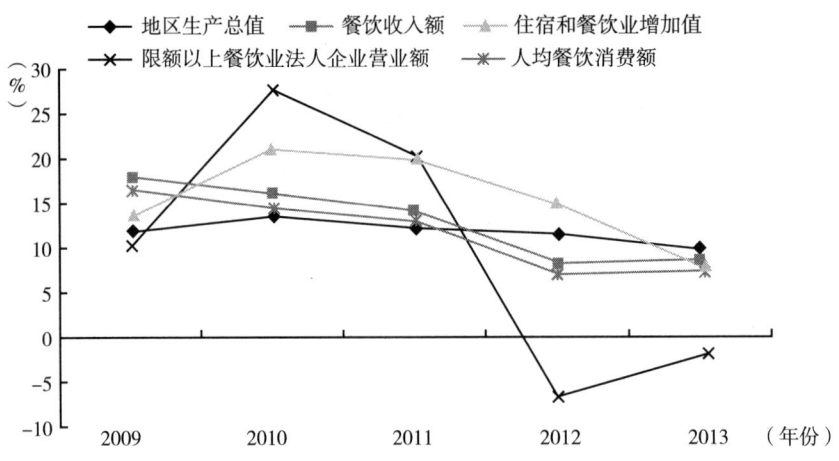

图1 宁夏餐饮业主要指标趋势图（2009~2013年）

从全国来看，宁夏餐饮收入额占社会消费品零售总额比重、住宿和餐饮业增加值同比增速高于全国水平，餐饮收入额同比增速、住宿和餐饮业增加值占第三产业增加值比重、人均餐饮消费额、人均餐饮消费额同比增速低于全国水平（见表5）。

表5　2013年宁夏餐饮业主要指标与全国平均水平比较

单位：%

地区	餐饮收入额同比增速	餐饮收入额占社会消费品零售总额比重	住宿和餐饮业增加值同比增速①	住宿和餐饮业增加值占第三产业增加值比重	人均餐饮消费额	人均餐饮消费额同比增速
宁夏	8.67	14.58	14.86	4.34	1360.46	7.51
全国	9	10.75	14.08	4.52	1879.08	8.51

注：因2013年全国住宿和餐饮业增加值数据未公布，住宿和餐饮业增加值同比增速、住宿和餐饮业增加值占第三产业增加值比重采用2012年数据。

资料来源：①《中国统计年鉴》（2013），中国统计出版社，2013年。②《中华人民共和国2013年国民经济和社会发展统计公报》，国家统计局，2014年2月。

（二）宁夏餐饮业发展主要特征

餐饮业是宁夏具有显著民族特色和独特竞争优势的产业。近年来，宁夏餐饮业发展主要呈现以下特征。

1. 清真餐饮特色显著

清真饮食文化走向国内外市场，清真餐饮成为宁夏餐饮业最为显著的特色。清真餐厅占全区餐厅的95%以上，已形成一批悬挂着阿拉伯文或"清真"字样牌匾的清真名品名店，如老毛手抓、民族饭庄、国强手抓、迎宾楼、陈义羊肉泡馍馆、仙鹤楼、同心春、同心圆、德隆楼等。旱蒸羊羔肉、烤羊尾、烤羊背、扒驼蹄、涮羊肉（盐池）、清炖羊肉、羊杂碎、手抓羊肉、风味羊蹄、羊头、黄焖牛肉、扒牛头方、手撕土鸡、生汆面、馓子、羊盘缠、烫面油香等清真名菜名小吃驰名区内外。"塞上江南"宁夏清真餐馆走出国门，进军埃及餐饮市场。《宁夏清真小吃》一书，在法国烹调展中荣获"世界最佳地方烹调食谱图书奖"。中国（宁夏）清真美食文化节吸引了马来西亚、伊朗、黎巴嫩、阿联酋、印度等多个国家的清真烹饪大师来宁参会，为中国群众奉上来自世界各地的清真美食。2013年9月，第七届全国烹饪技能竞赛清真烹饪比赛在宁夏吴忠市成功举办。清真名店的蓬勃发展及具有一定影响力的餐饮节会的举办，体现了宁夏深厚的民族文化底蕴和清真餐饮地域特色，吸引着来自四面八方的消费者，有力地带动了地方经济尤其是民族经济的发展。

2. 产业结构逐步优化

宁夏餐饮行业经营业态已由过去以中式正餐为主逐步形成正餐店、中西式快餐店、专营店、特色店、便利店、小吃店、主题餐厅、咖啡店、烧烤店等多业态并存的市场格局。从企业性质来看，民营餐饮企业发展迅速，营业额占全区餐饮企业营业额的95%以上，户数占限额以上餐饮业法人单位数的96.8%。

从层次结构来看，高端餐饮、集团消费下降，大众餐饮、个人消费上升。限额以上餐饮业法人企业营业额占餐饮收入额比重逐年降低，中小餐饮、大众餐饮发展迅速，营业额占比上升。2012年尤其是"八项规定"实施以来，限额以上餐饮业法人企业营业额一度急剧下降，根据2013年一季度对5家营业额在4000万元以上、以高端消费为主导的餐饮企业的抽样调查，营业额下降50%~80%，平均下降63%。高端餐饮主动自救，转换经营模式，推动大众消费、绿色消费。中小餐饮、大众餐饮营业额持续增长，成为推动整个餐饮行业发展的主要力量，在方便群众生活、改善民生方面发挥着更加重要的作用。

3. 品牌建设稳步推进

餐饮企业转变经营理念，从粗放式经营向集约式经营转变，注重品牌建设，引进现代管理方式，提升服务层次。全区有"中华餐饮名店"12家，全国餐饮业优秀企业5家，"中华名小吃"44个品种。银川东港餐饮集团逐步形成了集种养殖生产基地、配送中心、管理中心、连锁门店于一体的发展模式。德隆楼、阳光那波里、六盘红、国强手抓等企业积极推进连锁经营，扩大市场份额，提升品牌价值。总部设在吴忠市的强氏喜阿婆粥饼店发挥清真优势，立足区内，积极拓展区外市场，在全国发展直营和加盟连锁店90多家。

4. 人才体系初步形成

宁夏餐饮业人才队伍建设成效显著，已初步形成全方位、多层次的餐饮人才体系。目前，全区有餐饮业高级职业经理人35人；中式烹调师高级技师156人、技师546人、高级工1415人；中式面点师高级技师20人、技师36人、高级工157人；餐厅服务师高级技师30人、技师67人、高级工685人；餐饮业考评员79人；中国烹饪大师10人；中国烹饪名师16人；中国餐饮服务大师2人；中国烹饪大师金爵奖1人；全国餐饮业优秀企业家5人；餐饮业国家级评委12人，国家级裁判员8人。

二 宁夏餐饮业存在的主要问题

宁夏重视餐饮业的发展，也初步形成了具有自身特色的餐饮发展模式，但数据显示宁夏餐饮收入额同比增速、住宿和餐饮业增加值占第三产业增加值比重、人均餐饮消费额、人均餐饮消费额同比增速均低于全国增速，宁夏餐饮业整体发展水平与全国平均水平仍有一定差距。我们认为有如下深层次的原因。

（一）经营理念落后，管理水平较低

长期以来，宁夏餐饮业专注于饮食竞争，忽视文化内涵，阻碍了宁夏餐饮品位的提升，未能有效发挥文化在餐饮竞争中的独特作用，相当一部分餐饮企业经营者文化素质偏低，缺乏现代管理知识，市场分析和消费者心理把握能力弱，造成粗放式经营管理，存在一味追求高端营销、依赖集体消费特别是公款消费、忽视家庭消费、大众消费的误区。

近两年来，宁夏高端餐饮营业额下降，大众餐饮营业额持续上升，但从企业户数来看，大众餐饮发展仍有不足。在规模以上餐饮企业中，中式正餐企业数占比达91.9%，高于全国平均水平38个百分点；面向家庭、大众消费的快餐企业数占比为3.2%，低于全国平均水平37个百分点；休闲餐饮企业数占比不到1%，低于全国平均水平14个百分点。宁夏餐饮业还未充分发挥促进家庭消费、方便居民生活、满足城乡居民多样化需求的作用，大众餐饮发展滞后、经营管理水平不高是造成宁夏餐饮业发展落后于全国水平的根本原因之一。

（二）标准化程度低，现代化水平弱

标准化是现代生产方式的重要内容，是实现连锁经营、规模生产和规模效益的前提。宁夏餐饮业在继承传统的基础上，兼收并蓄，积极创新，推出了一大批清真名菜、名点、名小吃，受到消费者好评，但从原材料采购、菜品加工程序和方法、菜品质量到连锁扩张等环节均缺乏标准化，企业经营模式多是"一店一铺、独门独户"的小规模经营，连锁化、网络化、集团化经营模式少，即使有连锁，也是"连而不锁、锁而不强"。全国百强餐饮企业平均连锁

门店达到了55个,全部使用了信息化管理技术和中央厨房、集中配送等现代化生产方式。宁夏规模以上餐饮企业只有约2%有连锁经营门店,使用信息化管理技术的企业不足1%,集中配送、中央厨房等现代生产方式的应用几乎是空白。

(三)企业规模较小,缺乏战略规划

受市场规模限制,加之自身经营管理、标准化生产存在不足,宁夏餐饮企业规模普遍较小。限额以上餐饮企业平均年营业额1203.06万元,远低于全国平均水平1889.61万元。全国规模以上餐饮企业平均每平方米劳效为9827.3元,宁夏为6548.69元,仅约为全国平均水平的2/3。宁夏至今无餐饮企业进入全国餐饮企业百强。各大餐饮企业普遍存在重眼前竞争、轻长远规划现象,对企业发展和品牌建设缺乏战略规划,造成短期行为、无序竞争,企业可持续发展能力受到严重限制。

(四)税费负担较重,经营压力较大

根据调研,宁夏餐饮企业承担的税费共计33项,约占营业额的10%,企业税费负担较重。一是营业税税率较高。餐饮业营业税税率为5%,高于交通运输业、建筑业、邮电通信业、文化体育业等行业。二是企业所得税优惠政策使用不足。海南省已将餐饮业企业所得税降至国家最低标准8%。宁夏餐饮企业所得税税率为25%,目前无针对餐饮企业的所得税优惠政策。三是存在重复收费现象。社区收取的卫生费、街道收取的门前三包费,存在重复收费。四是刷卡手续费在各行业中最高。餐娱类企业刷卡手续费为1.25%,高于一般类(整体费率为0.78%)、民生类(整体费率为0.38%)和公益类(零费率)。

三 推动宁夏餐饮业转型升级的对策

要使宁夏餐饮行业持续健康发展,必须采取积极措施克服行业发展存在的问题,推动行业转型升级。

（一）转变经营理念

用文化提升宁夏餐饮竞争力。鼓励餐饮企业、专业院校和行业协会成立宁夏清真美食文化研究机构，深入挖掘美食文化，注入更多人文元素，总结提炼宁夏清真美食文化内涵和特色，提升宁夏清真美食文化品位，增强感染力和吸引力，提高宁夏餐饮文化附加值。

大力发展大众餐饮。从改变观念、促进餐饮变革的角度，重新审视餐饮行业的发展，以"八项规定"的实施为契机，推动餐饮行业转型升级。着力发展品牌化餐饮、绿色餐饮、大众化餐饮和节约型餐饮，逐步形成各类餐饮业态互为补充、相互渗透，区域餐饮特色鲜明，大众化餐饮较为普及的现代化餐饮发展新格局。

（二）提升管理水平

推动宁夏餐饮行业由粗放式管理向集约式管理转变。推进餐饮业规范化管理，推动餐饮企业建立有效的现代企业制度，采用现代经营管理技术，强化餐饮企业文化建设，实现连锁化、品牌化、集团化发展。

推行行业信息化体系建设。建立宁夏餐饮业信息库。利用最新网络技术和信息技术，采集餐饮业行业、企业、个人及相关行业的信息，经过整理、加工、分析，形成各类数据库。开发并推动企业应用餐饮管理信息系统。利用现代化信息技术和社会资源，联合开发适合餐饮行业管理和餐饮企业管理的综合管理系统及协会办公自动化系统，并推动企业应用。

（三）推动标准化生产

加强行业指导，建立宁夏餐饮产业标准化体系。在政府支持和企业参与下加强标准化的实施工作。逐步推动制定宁夏清真名菜名小吃标准，促进宁夏清真名菜名小吃的工艺、技术和质量标准的规范，引导经典清真名菜名小吃实现配方标准化、加工工厂化、生产批量化。对已发布的国家政策法规和行业标准，在实施过程中对可操作性与适应性进行实事求是的了解，及时提出修改、补充和完善的意见。

（四）加强餐饮行业规划

各级政府要立足地方特色，制定科学合理的餐饮行业发展规划。在制定规划时要坚持以人为本、因地制宜的原则，突出民族特色和地域特色，与人民群众需求相适应，市场化运作，围绕特色菜品进行品牌建设，促进其发展。餐饮企业尤其是大中型餐饮企业要加强战略管理，制定企业发展和品牌建设战略规划，增强可持续发展能力。

（五）切实开展菜品创新和理论研究

充分挖掘宁夏地方菜和各种风味小吃，借鉴吸收外地特色菜品优点，创新风味独特、营养价值和技术含量高的清真特色菜品和小吃。引入科技创新机制，加强清真餐饮理论、菜品创新、健康食谱、食品科学、原辅材料加工等方面研究，加强产学研结合，积极推动科技成果转化。

（六）促进清真餐饮品牌产业化发展

以餐饮龙头企业带动品牌发展，组织标准化生产，打造区域品牌、注册商标，规范加工技术流程，形成品牌产业化。以品牌带动旅游消费，提升餐饮文化品位，树立区域经济品牌优势。

（七）进一步加强行业人才队伍建设

餐饮行业的持续发展，必须有相应的人才队伍做支撑。要加快培育餐饮行业职业经理人市场，为提升行业管理水平打好人力资源基础。建立有利于清真烹饪人才脱颖而出的机制，培养一批通晓民族美食文化、技艺精湛的清真烹饪大师。进一步发挥高校和职业院校在餐饮专业技术人才培养方面的基础性作用，探索建立专业清真烹饪学校和人才培训基地。

（八）切实降低餐饮企业税费负担

将餐饮业（尤其是大众化餐饮、连锁餐饮）营业税税率从5%降至3%，与交通运输业、建筑业、邮电通信业、文化体育业等行业齐平。利用民族自治区的优惠政策，减征餐饮业企业所得税。清理餐饮行业重复收费和不合理收费，降低刷卡手续费。尽快落实餐饮业企业用水、用电、用气与工业同价政策，研究出台大众化餐饮业企业用水、用电、用气与居民用水、用电、用气同价政策。

（九）充分发挥政府和行业协会作用

发挥政府在行业规划引导和政策扶持方面的作用，支持行业协会、餐饮企业举办或参加推介会、各种展会及促销活动，支持餐饮企业走出国门参展办展、开拓国际市场。引导行业组织规范发展，健全餐饮协会常态化工作机制，发挥行业协会在标准制定和贯彻推广方面的作用，支持行业协会为企业提供法律、政策、管理、技术、市场信息、咨询及人才培训等服务。

参考文献

1. 宁夏回族自治区统计局、国家统计局宁夏调查总队编《宁夏统计年鉴》，中国统计出版社，2010~2013，第1版。
2. 中华人民共和国国家统计局编《中国统计年鉴》，中国统计出版社，2013，第1版。
3. 关书东：《宁夏清真餐饮业的发展现状与趋势》，《餐饮世界》2012年第9期。
4. 鲁琳雯：《宁夏清真餐饮业发展的现状、问题与对策》，《回族研究》2010年第3期。

国 际 篇

International Analysis

B.17
在华韩国餐饮企业发展分析

李明哲*

摘　要： 随着韩流文化在中国的迅猛发展，韩国料理热潮席卷全中国。如何在中国餐饮市场上保持良好的发展态势，是在华韩国餐饮企业所需要考虑的首要问题。在华韩国餐饮企业能否在中国成功发展，能否在跨国经营中取得明显成效的一个很重要的衡量标准，是能否在中国实施有效的本土化经营策略。本文以韩国的乐天利公司和比比客（BBQ）公司为例，具体分析了这两家在华韩国餐饮企业的经营情况。

关键词： 韩国　在华餐饮企业　餐饮本土化　跨国经营

---

* 李明哲，中国社会科学院财经战略研究院博士，服务经济与餐饮研究中心青年研究员。

一 韩国餐饮业发展历史及现状

随着产业化的迅猛发展以及经济的飞速增长,人们的生活水平大幅度提高,社会也发生了很大的变化。外国文化也开始慢慢进入现代人的生活,从而带动了饮食文化的发展与变化。连锁化的经营组织、集中的烹调法以及均一的客户服务等都是现代经营模式的重要元素。因而,餐饮业也逐步成为影响国民经济发展的一个重要行业。

20世纪80年代起,韩国的餐饮业开始逐步发展起来。1979年,韩国乐天企业进入韩国快餐行业。1984年,肯德基通过引进西方烹调技术和饮食文化在韩国发展起来,并与韩国企业建立了合作伙伴关系。这不但是韩国餐饮业树立品牌的象征,而且促进了韩国整个餐饮业的快速发展。因此,规模化成为跨国餐饮企业的发展方向。①

韩国餐饮产业的快速发展在1988年汉城(首尔)举办奥运会后更加明显地体现出来。目前,在韩国的餐饮市场上,国外餐饮企业竞争激烈。然而,韩国餐饮企业也不断努力争取向大型化经营方向发展,包括实现菜品的专业化及企业的连锁化等。

1986年亚运会和1988年奥运会的成功举办,使韩国餐饮业进入快速发展时期。这些国际活动很大程度上带动了韩国餐饮产业的飞速发展。同时,韩国国内的轿车销售数量在近几十年也有大幅度的增加,这对促进韩国国内餐饮产业的发展也起到了一定的作用。餐饮产业与国民经济发展具有密切关系。表1呈现了1990~2010年韩国餐饮产业发展的情况。

(一)韩国餐饮产业的发展历史

1. 萌芽期——餐饮产业的发育阶段

20世纪50年代,餐饮业开始在韩国出现。1950~1960年是韩国餐饮产业

---

① 三星经济研究所:《韩国餐饮企业对中国战略方向》,《经营战略》2005年(경영전략,한국외식기업중국진출방향-2005 삼성경제연구소)。

表1 韩国餐饮产业发展过程

年份	GNP	特征
1900年初	0	食物供给不足,餐饮市场出现停滞 以传统为中心的餐饮企业
1960	MYM100-210	食物供给的停滞(战争) 以面食为主的饮食发展(美国援助) 提出饮食习惯的改变
1970	MYM248-1644	以个体户为经营主体的餐饮发展 制订经济开发计划,改善饮食环境 出现跨国餐饮企业及连锁化的趋势
1980	MYM2194-4127	餐饮产业的成长期 餐饮业出现快餐化、休闲化及加工食品化的趋势 引导餐饮企业的快餐化、连锁化趋势
1990年初	MYM5569-10000	餐饮企业的产业化 大型企业进入餐饮市场及品牌化趋势 连锁化快速发展及机制化
1990年末	MYM6500-9800	亚洲金融危机出现,餐饮产业停滞 金融危机背景下餐饮业成为提供更多就业机会的行业 餐饮的多样化 金融危机背景下餐饮业逐渐发展
2010	MYM10000-18500	快餐的健康绿色食品化 疯牛病影响餐饮业 禽流感影响鸡肉快餐

发展的初始时期,也可称作萌芽时期。这时期的韩国餐饮产业仍然以传统为中心,以家庭为核心。同时战争的爆发导致食物供给不足等现象出现,这也直接使食物供给停滞,餐饮市场呈现颓势。其后,随着美国的援助,韩国人逐步开始以面食为主,改变了当时的饮食习惯,形成了韩式与西式、传统与现代交融的餐饮业格局。此外,这时期,餐饮产业的主要特点是餐饮市场不成熟,餐馆数量很少,1950年只有166家餐馆。而具有一定规模的餐饮企业数量极少。韩国人当时基本上以家庭为中心,很少外出就餐。

2. 成长期——韩国餐饮产业的缓慢发展阶段

从1970年开始到1990年的这段时间是韩国餐饮产业的发展期。这时期形成了以个体户为经营主体的餐饮业格局,同时在经济开发计划的带动下，韩国餐饮企业迎来了发展的黄金时期。跨国餐饮企业的连锁化经营逐渐形成规模。此外，餐饮业出现了休闲化和快餐化的趋势。这也带动了韩国餐饮产业的连锁化与快餐化发展。

成长期的特点：1986年亚运会和1988年奥运会以后，韩国国内的餐饮产业开始进入快速发展阶段，在多种因素的带动下，韩国餐饮产业形成了产业结构专一化和高度化的特点。

3. 停滞期——韩国餐饮产业遭遇金融危机的威胁

从20世纪90年代初期开始，韩国餐饮产业进入发展时期。这时期是韩国餐饮企业的产业化时期，大型的餐饮企业逐步品牌化，进入餐饮市场。同时，大量资金的投入，使韩国餐饮产业的大型化和产业化趋势加强。此后，品牌化、连锁化、机制化开始成为大型餐饮企业进入餐饮市场后的主要趋势。

1997年韩国遭遇亚洲金融危机，经济遭受很大损失。然而在这之前的10年间，韩国经济高速增长。此时，调整企业的经营结构、提高企业的国际竞争力、提升企业管理的透明度等成为韩国企业所面临的首要问题。餐饮企业也需要进行改革。

停滞期的特点：这一时期，韩国受到金融危机的影响，餐饮企业也同样遭受巨大的损失。在金融危机期间，餐饮产业发展停滞。在这一背景下，从事餐饮业成为失业者就业的渠道和谋生的手段。不过，这仍然不能掩盖韩国餐饮企业发展缓慢的事实。

4. 饱和期——韩国餐饮业的逐渐繁荣阶段

经济危机过后，韩国经济开始迅速崛起。2000年起，韩国开始注重快餐食品的健康绿色化，因而健康绿色成为这一时期的发展趋势。在韩国政府提出韩餐世界化这一大背景下，韩国的烹调技术向标准化方向发展，韩餐也进入了快速发展阶段。虽然这一时期，韩国首都首尔的餐饮市场已经达到饱和状态，但是地方城市的餐饮产业还有很大的发展空间。因此，韩国地方城市餐饮行业开始进入连锁化经营的飞速发展阶段。但是因为2000年爆发了禽流感以及疯牛病，韩国快餐行业出现了暂时性的停滞，在这一阶段，韩国餐饮产业发展速度放缓。

(二)韩国餐饮产业市场规模

韩国农水产食品有限公司和农林水产食品部为了向政府决策和企业商业计划提供资料,根据统计局等韩国国内食品产业的有关统计分析数据出版了《2011食品行业主要指标统计》。2011年韩国食品餐饮业市场规模达到133兆韩元(食品市场65兆韩元、餐饮业68兆韩元),比2001年增长了两倍。虽然韩国食品行业规模与10年前相比出现大幅度的增长,但与饮食文化类似的日本相比,仍有很大差距,日本食品行业市场规模约470兆日元,是韩国的7倍左右,所以韩国仍有待发展。

2012年4月,在《福布斯》杂志发布的"2012全球领先公司中",中国和日本各上榜9家企业,但韩国只上榜2家企业。为了促进食品行业的发展、提升食品公司的全球竞争能力等,政府和企业需要付出更多的努力。由表2和表3可以看出,韩国食品市场规模相对较小。

表2 韩国食品企业2009~2011年销售额

单位:百亿韩元

企业	2009年			2010年			2011年		
	销售额	利润	%	销售额	利润	%	销售额	利润	%
CJ	38387	2919	6.8	39627	2068	5.2	44210	1695	3.8
农心	18456	1051	5.7	18952	1072	5.7	19706	982	5.0
乐天制果	13168	1123	8.5	14165	1498	10.6	15219	1702	11.2
东源F&B	7966	372	4.7	10201	3798	3.7	10991	465	4.2
好丽友	5978	529	8.8	6775	608	9.0	7571	684	9.0

资料来源:韩国金融监督院公告资料。

(三)韩餐的世界化

韩餐作为一种健康饮食目前备受世界关注。为了使韩餐世界化韩国正积极打造韩餐产业。比如在纽约,2008~2011年,韩餐的企业团体由109个扩展

表3 全球食品市场规模

单位：10亿元

国家	2008年	2009年	2010年	2011年	2012年	2013年	2014年	2015年
中国	578.1	624.3	678.7	738.0	801.8	870.7	944.8	1016.9
韩国	51.5	52.8	54.3	56.0	57.7	59.9	61.4	63.3
日本	404.6	405.5	409.6	414.0	419.7	426.5	434.5	442.7
美国	774.4	787.9	807.6	828.7	851.2	875.1	900.0	925.8
英国	216.3	217.3	223.1	229.7	237.3	245.6	254.3	263.0
法国	244.2	246.8	250.6	254.5	258.6	262.8	267.3	271.8

资料来源：www.datarmonitor.com（2011~2015年）。

到210个。据调查，2009~2011年，纽约人对韩餐的喜爱度由9%增长到41%[①]。以上数据表明，韩餐的推广成果非常显著。

近来，韩国农林水产部为响应韩餐世界化的号召，提出了5大战略和9个重点课题。5大战略是促使企业投资活性化、培养相关人才、扩大研究和开发韩餐及大力宣传饮食文化等。此外，韩国农林水产部还制订了9大重点课题，主要阐明了韩餐推广方法、培养韩食料理大师、以韩食产业为基础在国内构建法律制度、在海外扩大体验韩食的机会及扶植明星韩食店等。韩国在各方面努力实践以实现推进韩餐世界化的目标。

韩国政府作为韩餐世界化的主导者在其中发挥了重要的作用。2009年5月，"韩餐世界化推进委员会"成立。为了实现全力推进韩餐世界化的目标，农林水产部对韩国餐饮企业进行统一管理。韩国第一夫人金润玉女士亲自担任该委员会名誉会长。此外，为推进韩餐的世界化，韩国政府设立专门的机构并提供资金和法律等保证。农林水产部为扩大对食品企业的投资，截至2013年建立了500亿韩元规模的"食品产业投资基金"。同时，政府也为推进韩餐的世界化提供政策、资金、法律等方面的支持。另外，食品企业在法律上也被韩国政府列入农林水产业者信用担保基金的担保对象。

为了避免行业混乱状态，韩国政府主导制定了行业标准。韩国食品研究院

---

① 韩国贸易部。

和农林水产部制定并正式发布了辣椒的辣味分级标准。有了这种分级制度，消费者不仅能够享用符合自己口味的辣味食品，而且将会拥有更多的选择机会。这一举措同样推进了韩餐的世界化。农林水产部还主导制定了海外韩餐餐厅室内装潢标准。按照不同类别，农林水产部设计出了各种室内装潢形式，包括牛肉汤等专业韩餐店、高级韩餐厅以及普通的韩国料理餐厅。设定各种行业标准，不仅保证了高品质的韩餐的供应，还减少了从业者进入行业的阻力。

为推进韩餐世界化，韩国政府组织科研机构提供智力支持。世界泡菜研究所在农林水产部的倡议下设立并开放。韩国政府正积极准备促进研究所发展成为世界最高水平的发酵食品研究所。为了韩餐世界化，农村振兴厅与庆熙大学、梨花女大等合作，从2009年起针对中国人、美国人、日本人、法国人等外国人进行了耗时3年的"对韩餐的感官喜好"的调查，由此大力推进韩餐本土化。

地方政府也积极参与到韩餐世界化的过程中。例如全罗北道全州市制定《全州市企业进军中国市场计划》以促进地区经济的发展。该计划向中国推出全州有代表性的传统食品，即腌制食品和全州拌饭等，并在进军中国的过程中进行改良以适应中国人的口味。此外，随着电视剧《大长今》在中国的热播，韩国料理在中国受到了热捧。因此，全州市制定了一个"大长今旅游计划"，即把韩餐与国内旅游景点和电视剧拍摄地结合在一起。韩餐在这种大好形势下迅速得到推广。

为协助推广和宣传韩国餐饮文化，韩国政府成立了一些附属的非营利性机构。例如大韩贸易投资振兴公社就是由韩国农林水产部设立的。大韩贸易投资振兴公社对如何成功地进入中国市场，以及如何提升韩国食品品牌的价值等问题进行了探讨，并发表题为《中国餐桌上摆放韩餐》的报告。该报告介绍了韩国成功进入中国市场的策略。

韩国企业是韩国餐饮文化走向世界的主体。企业是韩餐世界化过程中的具体承担者，其对在世界上推行韩国食品起主要作用。韩国企业日益走向经营专业化、管理专业化、品牌化经营，以韩国第一制糖企业CJ集团为例。2005年，建立共享财团的CJ集团支持教育和食品领域的社会福利活动，促进韩国食品走向世界。CJ集团在北京王府井开办了第一家拌饭店"Bibigo"。以拌饭为主打的"Bibigo"是新一代的韩式餐厅。在该餐厅内，顾客不仅能享受美味的拌饭，还能品尝到烤肉等其他韩式料理。CJ集团的发展战略是非常明确的。这个战略就是建立一个特殊的韩国品牌，实行连锁经营。韩国2011年亚洲音乐节由CJ集团在新加坡举办，以推广CJ的食品。这种专业化的运作模式以及推广方式值得借鉴。

韩国文化财厅成立了一个特别委员会，积极推进"朝鲜王朝宫廷饮食"列入人类非物质文化遗产名录。此外，韩国文化财厅还邀请外国美食家推动韩国食品走向世界，如韩国邀请香港著名美食家蔡澜访问韩国，邀请其品尝人参鸡汤、韩定食等美食，推出适合中国游客口味的菜品。

娱乐公司进军韩国食品行业。韩国联合通讯社报道，JYP娱乐公司设立在美国的法人公司"JYP食品"在纽约开业。这是一个位于曼哈顿的韩式烧烤餐厅——"KRISTALBELLI"。同时，该公司计划在全球韩流最具影响的6个城市（中国北京和上海、美国洛杉矶、韩国首尔、日本东京等）开设分店。JYP公司在从事娱乐事业的同时从事韩餐经营。这样，可以借助娱乐明星和粉丝的帮助，推动韩餐事业的发展。

韩国公司也积极利用各种大型国际活动在韩国举行的机会进行品牌推广。在首尔召开20国集团首脑会议期间，韩国的五星级酒店以公众为对象，积极开展服务和营销，推出了"领导人套餐"等以20国集团峰会为卖点的菜单。

此外，韩国还开放韩流电视直接对外宣传韩国文化。韩联社报道，日本专门的韩流频道的收视突破400万户。凭借好评，韩餐在日本也受到了极大的推崇。2007年，韩国的泡菜出口值超过了1000亿韩元。2007~2012年，韩国泡菜出口地区和国家从43个增至56个。其中，占比最大的是日本，为86.8%，其次是美国，为2.5%。这当然与韩国和日本饮食习惯相似有关，当然，韩国在日本大力推广韩餐的举措也起到了很大的作用。

流行偶像组合Super Junior（SJ）上传了他们介绍韩国10大美食的视频，提升了韩国饮食文化的认知度。为获得更好的宣传效果，该视频提供了中国、英国、韩国、越南4种字幕语言。随后不久，YouTube网站上的视频的观看人次就达到了150万人次。

韩国食品的推广离不开韩国公众的努力。每当提到韩餐韩国人就有一种民族自豪感,可以说,他们对韩餐倾注了特别的感情。韩国人还乐意向他人介绍韩国的饮食文化和餐桌礼仪,向别人传授韩国料理的制作方法。此外,韩国侨胞也积极努力推广韩餐。据统计,韩国平均1000人拥有12家餐厅,是美国的7倍。这可以说明韩国人民非常支持韩餐的推广。韩国农林食品部曾在上海召开新闻发布会,其中Super Junior组合被任命为韩餐的宣传大使。SJ的10名成员参加活动并且向中国著名主持人周瑾介绍了韩国的10大美食。可以看到,来自各行各业的韩国人都积极响应政府推广韩餐的号召。

在韩国,推广韩餐是以政府为主导,企业为主体,民众广泛参与的上自政府、下至民间的全国性运动。韩餐推广的成功在于广泛的宣传。

二 在华韩国餐饮企业的发展

(一)在华韩国餐饮企业的7P发展战略

在华韩国餐饮企业采用7P发展战略进行营销。如表4所示。

表4 在华韩国餐饮企业的7P发展战略

		主要考虑事项	战略方向
7P	产品	中国人对韩餐浓郁的味道很敏感	开发无刺激性味道的饮食 开发多种套餐
	价格	尽管经济萧条,但产业需求弹性小	免费赠送小菜1~2种,其他食品进行销售
	渠道	主要集中在韩国人聚集的地区	选择餐饮市场规模大、交通便利的东部地区
	促销	在中国找韩国餐厅的主要途径是朋友推荐(37.9%)	利用"韩流"进行宣传及利用美食网站的口碑营销效果最佳
	人员	要求服务的升级	对员工的培训和教育
	有形展示	因禽流感、猪流感等发生人们对卫生条件的关注度提高	强调清洁服务
	过程	喜欢韩国传统味道的中国人	韩国传统与中国风的混搭

从产品的角度来看,7P发展战略考虑到各种因素的影响,包括中国顾客的饮食习惯、饮食文化和消费习惯。以韩国传统饮食为基础或按照中国饮食文化和消费习惯,再添加中国元素,开发新产品,以满足中国消费者的文化需

求,制作出适合中国顾客口味的食品。这样就形成了中国特色的韩国饮食。

从价格来看,可以根据不同的价格以及不同档次的产品制定等级。但一般来说,在中国,相同产品价格略低于韩国。定价时,应充分考虑中国当前的情况,并参考其他同类型的企业以及中国区域的消费水平和平均收入水平。

餐饮企业的选址主要是根据韩国人的聚集程度而定,主要位于韩国人的社区。越来越多的外国企业投资于中国,无论是在地理方面还是在文化方面,韩国都有着天然的优势。因此,韩国企业在中国投资很普遍。这一趋势带动以经营餐饮业务为主的企业也开始进入中国市场。因此,选择经济发达、交通便利、餐饮市场规模较大的东部地区及其城市成为未来的战略方向。

从营销的角度来看,在中国的韩国餐饮企业推广宣传较少。餐饮企业的顾客仍然以韩国人为主。其中,好多人都是听朋友介绍才来的。随着科学技术的发展以及在营销中不断积累实际经验,越来越多的韩国餐饮企业借助"韩流"这一文化趋势,开始利用一些食品网站进行营销。知名的网站有大众点评网、饭统网等。随着2010年团购热潮在中国的兴起,一些韩国的食品企业也尝试开启团购活动模式,进行口碑宣传和体验宣传。

此外,韩国餐饮企业应加强人员培训。中国的顾客到韩式异国情调的餐厅就餐不仅仅是品尝食物,更注重体验异国风情。而让顾客体验异国风情的最好的方法就是提供周到细心的服务。

由于餐饮企业中的厨房和就餐区被分割开来,因此食物处理的过程并不被顾客所熟知。然而,顾客经常想知道他们品尝的食物是如何做出来的。因此,这对很多顾客来说具有吸引力。所以,在征得顾客同意的条件下,对于一些适合在盘子中展示的菜品可以向其展示生产工艺。

三 在华韩国餐饮企业案例分析

(一)乐天利公司案例分析

1. 乐天利公司简介

乐天利是属于乐天集团的汉堡连锁店,属于韩国品牌。在韩国,乐天利的品牌知名度非常高。乐天利在竞争中成功地成为韩国当地汉堡快餐界的第一品

牌。乐天利在韩国成功的关键在于其制定了有针对性的营销策略,开发出了适合韩国人口味的菜品。然而,在中国,乐天利并没有取得其在韩国那样的成功,因此有必要分析其中的原因。

从1994年开始,乐天利开始进驻中国。乐天利在中国早期的发展中获得了一定的市场认可。在中国消费者的心中,乐天利成为"刨冰"的象征。刨冰是冷饮的代表,也反映了乐天利早期在中国的主要影响力。然而,乐天利在进驻中国多年之后却最终走向了失败。分析其原因,笔者认为,虽然企业在经营过程中有具体的问题,但主要原因在于其制定的进入中国的策略不符合当时中国餐饮业发展的趋势。这成为其失败的根本原因。在进入模式中,乐天利不是从商店开始独立,而是采用与其绑定的策略。在餐饮业,集团采取"一刀切"的模式来决定各个商店的有无,是失败的主要原因。

在乐天利从中国市场退出时,麦当劳、肯德基等国际餐饮品牌凭借其雄厚的资本运作和市场营销能力,大举进入中国市场,并扩展到中小城市,品牌影响力迅速提升。目前,中国拥有数千家肯德基和麦当劳的经营门店。两个品牌在中国的影响由此可见。根据中国人的消费特点,中国消费者通常会对一个新进入的外国品牌观望一段时期,在经历一个观望阶段形成积极的判断后,这个品牌在中国将保持较高的忠诚度。

乐天利餐饮在2008年跟随跟乐天集团再次进入中国市场。1995～2008年,中国餐饮业市场发生了翻天覆地的变化。乐天利重新进驻中国前景不太乐观。这并不是时间滞后的问题,而主要是乐天集团制定的整体进入策略存在问题。

在中国,乐天百货采取一种快速消费品市场叠加的方式来拓宽销路。乐天集团还借鉴韩国的成功经验,利用乐天百货商店和乐天利相结合的方式,以产生综合效应。乐天集团在韩国的成功经验并不能完全移植到中国,因此很难在中国取得成功。此外,乐天利不能独立客观地判断商店的可行性,也是失败的原因之一。

2. 乐天利公司在中国失败原因分析

乐天利在2008年重新进入中国后,把主要的经营门店开在了次要的商业地段,仅有2家开在了北京的王府井和望京地区。这种做法相比于其他数千个经营一线品牌的门店相比,在原材料的采购上处于劣势。同时,这还使其必须更加注重对菜品的开发,以便同众多一线品牌形成差异。望京的乐天利由于地处韩国人聚居社区,许多韩国人经常来此消费,因此在这一地段乐天利得到了很大的发展。但消费者仍感觉韩国乐天利的口味和服务,以及促销活动不同于在韩国本土的情况。这样使得乐天利的品牌形象低端,让韩国消费者感到失望。乐天利原本应该如其在韩国的发展一般,变得更有品牌的发展潜力。

乐天集团在发展中制定的战略并没有实际体现其水平,他们想当然地认为韩国的成功经验同样适用于中国。他们并没有深入研究中国社会结构、消费文化、社会现状等。乐天利在中国失败的原因,有以下几点。

第一,乐天利定位的消费人群目标模糊。例如,肯德基将消费目标主要定位于家庭;麦当劳将消费人群主要定位于青少年和商务人士;乐天利与肯德基、麦当劳无异,主要经营快餐。然而它的餐厅设计却给人一种类似于正餐餐厅的感觉。这种设计既不讨孩子们的喜欢,也不讨青年人的喜欢。麦当劳为吸引顾客设计了全球统一的金黄色的"M"标志,就餐区设有报刊栏以方便读者的阅读。中国麦当劳店还设有"希望工程捐款箱",顾客可以为贫困山区捐款,体现了爱心,让顾客感受到了暖暖的爱意。此外,为满足带孩子的顾客的需求,麦当劳还配有儿童餐椅;麦当劳的桌椅摆放很随意,墙上还贴有各式各样的壁画、五颜六色的小旗子、卡通画等,卫生间的墙上也不例外。这营造了一种自由的氛围。顾客在麦当劳可以感受到轻松愉快的气氛以及暖暖的爱意。相对而言,乐天利的门设计得很窄,只有一个米奇老鼠摆放在门边,因此很多人将其误解为酒吧;另外,乐天利除了在墙壁上装饰一些小贴图外,整座商店几乎没有其他的装饰。情侣座椅、软绒座椅虽然比麦当劳、肯德基舒适,但却给人一种拘束感。这些设计显然不能完全起到吸引顾客的作用。

第二,独特的品牌文化的缺失。成功的企业通常会塑造自己的品牌文化,这种品牌文化是基于地域文化的。在这个过程中打造与竞争者之间的差异,从而赢得众多顾客的青睐。实际上乐天利在产品风格方面也做出了不少努力。乐天利在固有的亚洲风格食物(汉堡、单脊、烤肉等)的基础上,开发出了适合中国人口味的特殊食品,包括培根煎蛋汉堡、排骨汉堡、泡菜汉堡、迷你比萨等。1994~1997年,这些新开发出来的商品风靡一时,给乐天利带来了不错的收益。但是，乐天利在食品种类方面，比如说汉堡、炸薯条等，与麦当劳、肯德基相比并没有太大的区别。另外，乐天利在餐厅装修、食品口味等方面没有形成独特的优势。1998年以后，来乐天利用餐的顾客越来越少。顾客人数下降等问题日益突出，导致经营业绩一直在下降。不过，有一点仍能引起大家的注意，乐天利在第一次进驻中国失败后，从中吸取了教训。因而，乐天利在日本的发展情况还比较乐观。2010年6月10日，乐天利在日本开始出售"香辣印度烤鸡堡""香辣炸鸡"。随后，乐天利又推出了颇受消费者欢迎的具有印度特色的"芝士香辣印度烤鸡堡"和"西红柿香辣印度烤鸡堡"。

第三，宣传力度不够，而且竞争也较为激烈。一般而言，包括服务、强大的品牌支持、产品、资金等在内的品牌综合实力是快餐经营获得成功的关键。相对于麦当劳和肯德基来说，乐天利进入中国的时间较晚。而且，乐天利在综合实力方面与肯德基和麦当劳也有很大的差距。西式快餐对于中国消费者来说并非主餐。但是，中国人早已习惯了麦当劳和肯德基这两大快餐的口感。另外，在与肯德基和麦当劳的竞争中，乐天利主要是模仿和跟随他们的步伐，没有多少创新，这成为其失败的原因之一。另外，乐天利从韩国总部获得的广告经费较少，再加上宣传力度不够，新店的开店速度缓慢，因此品牌的知名度和消费者的认知度也不高。距离乐天利第一次进驻中国失败已有5年，2008年8月乐天利又在北京开始了其新的创业历程，成立了乐天利（北京）餐饮管理有限公司。此后，乐天利向中国的东北、华北、华东三个区域扩张。目前，北京、沈阳、青岛、天津等城市陆续有几家乐天利连锁店成立。

韩国和中国文化有许多相似之处，但仍然存在巨大的差异。因此，我们必须深入研究这种差异性才能在变化中取得成功。如果只是一味地根据自己的想法去判断韩国和中国的情况的话，必然会面临失败的命运。

乐天利在中国经营失败主要在于其集团的管理层并不了解中国市场。另外，韩国人性子急，这也使其难于在短时期内获得成功。其实，这不单是乐天利本身的缺陷，还是所有在中国的韩国企业共有的一个弱点。显然，中国市场的增长潜力是无限的。尽管有众多餐饮企业已经获得成功，但我们却无法估量未来有哪些餐饮企业将会获得成功。韩国企业需要有足够的时间和准备，进行客观的研究和分析，以认真的态度去审视一切问题。同时，在判断中发挥一线工作者的作用,并授权于一线员工,以提高操作的灵活性——这是国外餐饮企业在中国取得成功的关键。

3. 乐天利公司 SWOT 分析

根据战略管理的原则,企业战略必须基于公司的竞争能力和胜任能力,以公司的竞争优势和良好的运营为基础。也就是说,公司的战略必须与公司的优势和劣势以及竞争能力相匹配。因此,企业必须充分利用公司的竞争优势,去除竞争劣势。企业要想取得成功必须建立在公司竞争的基础之上。

在全球化的趋势下,韩国知名餐饮企业乐天利公司也积极进入中国市场。乐天利公司还尝试在中国实行本土化经营。乐天利公司在中国的本土化经营的 SWOT 分析(五力分析)如下。

(1)优点(Strength)。

物流操作中心。乐天集团旗下有很多与食品相关的企业,乐天利餐饮是其中之一。比如说,乐天 HAM 负责馅饼的供应;乐天三江负责香料和原料的供应;乐天 ALUMINIUM 负责包装材料及其他材料的供应。乐天利这一品牌的形成与乐天集团与韩国和日本的战略合作相关。但随着乐天利集团在韩国国内市场价值的提升,韩国购买了日本企业手中的股份。所以,乐天利可以说是一个后来移民到韩国的品牌。因此,它的味道符合韩国的传统,如麻辣排骨汉堡、烧烤汉堡、炒饭汉堡等。各种汉堡和最近推出的牛肉汉堡均符合韩国人的口味。因此,乐天利可以说是一个正宗的体现韩国味道的品牌。

(2)缺点(Weakness)。

与其他元素相比,乐天利的租金让人生疑。如果是签订了长期合同,那么租金涨幅应该不大。麦当劳和肯德基已经占据了中国快餐行业的大部分市场,韩国的国内品牌不可能比得过这些大品牌。因此,品牌问题仍然是乐天利的一大缺点。尽管有许多变化和发展,但乐天利一直是一个低端品牌。乐天利的店铺装修费用在韩国四大连锁品牌中最高。即便如此,人们对乐天利低端的定位也很难改变。

(3)机遇(Opportunity)。

中国的餐饮市场极具增长潜力和活力。中国的餐饮市场增长较快,市场也比较庞大。因此,麦当劳和肯德基等许多国际餐饮集团已进入中国市场。与其他国家相比,韩国与中国邻近,而且文化上也有很多相似之处。因此,韩国相对于其他国家来说具有得天独厚的优势。近年来,随着中国和韩国之间文化交流的密切,韩国风——"韩流"已经深深地影响到了中国。随着"韩流"在中国的盛行,韩国的饮食文化和美食也获得了向中国推广的机会。

乐天利要想在中国取得好的销售业绩,必须推行本土化策略。此外,乐天利也必须将目标更多地定位于中国的二线城市,不能仅关注大城市的发展。这样,才能打开乐天利在中国的市场。乐天利还可以利用"韩流"在中国的影响,广泛推广韩国的美食。乐天利要想成为传播韩国味道的企业,必须摆脱汉堡的局限,拓宽自身的发展空间。

(4) 挑战 (Threat)。

2008年,餐饮业受全球经济危机的影响,受到了很大的打击。由于外出就餐的人数变少,餐饮行业很不景气。简言之,国内经济受到了世界经济不景气的影响,人们的实际消费能力降低。动物疫情的发生,也加剧了餐饮行业的萧条;不断上升的原材料成本、日益严格的食品添加剂法规等都对餐饮业构成了影响。此外,麦当劳和肯德基等国际餐饮企业已经在中国站稳脚跟。他们已融入中国消费文化之中,人们已经习惯于消费此类快餐食品。同时,中国本土品牌不断崛起,对乐天利在中国发展构成威胁。

图1显示了乐天利公司的SWOT分析情形。如前文所述,乐天利公司在产品功能方面有一定的优势。在"韩流"的影响下,借助于中国庞大的餐饮市场这一现实基础,乐天利在中国有着充分的市场机会。然而,乐天利自身也有很大的缺点,比如说品牌营销和市场营销策略。同时,乐天利还面对着快速发展的中国本土企业和强大的国际餐饮企业的竞争。随着人员成本和原材料成本的上升,各个企业间竞争的加剧,乐天利在中国竞争对手众多。因此,降低成本、开发特色产品、提高品牌知名度、加大宣传力度、进行本土化经营等方法都应受到乐天利的注重。

(二)在华特许经营成功企业BBQ战略分析

BBQ是Best Believable Quality的缩写,是"世界上最值得信赖的品质"的意思。BBQ中文名称为比比客。这是隶属于韩国GENESIS集团的炸鸡品牌。

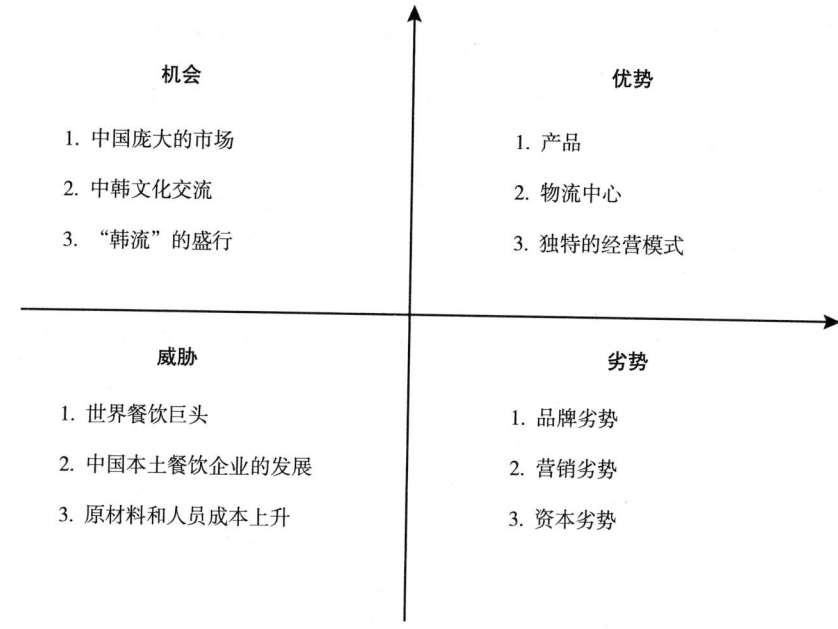

图1 乐天利公司在中国经营的SWOT分析

该品牌是这个集团的黄金品牌之一。GENESIS集团是韩国最大的加盟连锁集团，旗下拥有3500家加盟连锁店和7个品牌。BBQ在韩国拥有1800家加盟店，是韩国快餐文化的代表。2005年，中国首家比比客餐饮管理有限公司在上海成立。比比客公司加盟事业发展迅速，仅经过两年的发展，就已经扩展到上海的周边地区。目前，比比客在中国有42家加盟店。此外，BBQ还获得了"2006年度十大推荐优秀品牌"，是由上海市企业服务中心颁发的。BBQ餐饮在中国获得成功的原因有以下几点。

1. 选址问题

BBQ公司在进入中国市场后，把商店设置在以居住区为中心的小型商业圈之内。这些居住区相对集中度不高。BBQ公司这样的选择是明智的。因为这样不仅避免了和一些资金雄厚、竞争力强的国际知名餐饮品牌的竞争，还节约了成本。因为这些商店主要位于住宅区的胡同、小区的周边或是市场附近，对于儿童、学生、家庭主妇来说很便利。而且，BBQ公司还提供送餐服务，

方便了人们的生活。此外，公司在设备投资、卫生管理、食品供给等方面下足了功夫。店铺整体上看也很美观干净。店铺不销售酒类产品，鲜肉的保存环境很好。选址问题对于公司来说至关重要。特许经营店铺的位置选择也非常重要。它直接影响到特许经营规模的大小。因此，在考虑选址问题时，公司除了要考虑未来的发展规划，还要考虑当前的目标。同时，还应当认真分析消费群体、竞争企业数量、商圈特色等因素，从而选择相对有利的位置。

2. 差异化战略

BBQ 公司是在 2005 年进驻中国市场的。与竞争对手相比，BBQ 的差异化战略主要就是服务的差异化。简而言之，BBQ 的差异化就是提供特殊的服务以及实施积极的营销策略。比如说，由在中国的四家 BBQ 店铺的厨师举行的"Dough Magic Show"，在街上展示他们的绝活。这不仅使得 BBQ 的品牌为人们所熟知，还扩大了它的影响力，达到了很好的宣传效果。BBQ 差异化战略的特征可概括为三点。首先，BBQ 的炸鸡都是新鲜的，顾客现点现做。第二，BBQ 强调要用双手制作出高标准的美味食物，而不是用机器机械地烹制。第三，BBQ 给顾客展示炸鸡的全过程，让客户可以了解自己食用的食物是如何做成的，并且还可以使顾客从中享受到乐趣。此外，BBQ 还利用食物模型展示熟食的制作方法。这样会提高顾客的食欲，从而达到提高销量的目的。食品模型不仅可以增强人们的视觉美感，还会因其制作的艺术性，吸引顾客的注意力，从而提高饭店的档次和菜品的质量。食品模型取代固定材料，不仅可以避免食物腐败造成的浪费，还不受苍蝇和其他昆虫的影响，同时也避免了室内异味。食品模型的展示具有很大的灵活性，它不仅可以作为装饰品，还可以作为广告，这样可以对顾客形成一种吸引力。

3. 本土化战略

韩国的 BBQ 主要经营快餐。中国的 BBQ 和韩国本土的有些不同，BBQ 公司结合中国人的饮食习惯，调整了相应的经营模式，主要是菜单的变化，即增添了一些符合中国人口味的菜品。BBQ 公司不仅在菜单的开发上努力，还不断开发生产各种类别的食物，如鱼糕类和串类产品等，从而更能赢得中国人的青睐。同时，BBQ 公司在选择职员时也加快了本土化的步伐。目前，BBQ 公司制定了人才本土化战略。在此战略的基础上，着力培养当地人才。对职员来说，这是非常好的机会，他们可以为了报酬而更加努力，通过彼此间的竞争，能力强的人可以晋升到更高的职位上去。因此，本土化策略，是指企业在特定环境下，将有限的资源在不同的国家或地方进行优化配置，从而实现企业的最大利益。

（三）在华韩国餐饮企业 SWOT 模型分析

SWOT 模型（即五力分析）可以分析在华韩国餐饮企业竞争战略及企业自身的竞争环境。五力分别为：供应商的讨价还价能力、购买者的讨价还价能力、潜在竞争者进入的能力、替代品的替代能力、行业内竞争者现在的竞争能力。图 2 为五力模型。

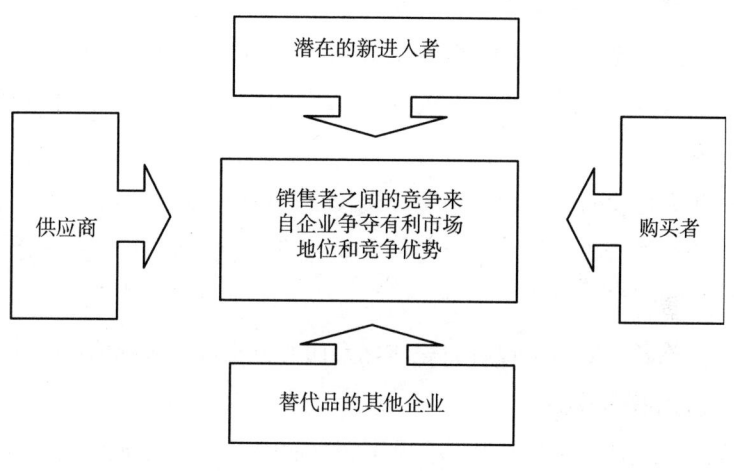

图 2　五力模型

1. 供应商的讨价还价能力

供应商力量的强弱主要取决于他们所提供给买主的是什么投入要素，当供应商所提供的投入要素其价值构成了需求方餐饮产品总成本的较大比例、对需求方产品生产过程非常重要或者严重影响买主产品的质量时，供应商对需求方的潜在讨价还价力量就大大增强。

（1）供应商具有比较稳固的市场地位而不受激烈竞争困扰的企业所控制，其产品的需求方很多，以至于每一单个供应商都不可能成为需求方的重要客户。

(2) 供应商产品各具特色，以至于需求方难以转换或转换成本太高，或者很难找到可与供应商企业产品相竞争的替代品。

(3) 供应商能够方便地实施前向联合或一体化，而需求方难以进行后向联合或一体化。

2. 购买者的讨价还价能力

购买者主要通过压价与要求提供高品质产品或高服务质量的能力，来影响行业中现有企业的盈利能力。

供应商的产品独特性越强，供应产品的规模越大，供应产品的替代性越小，其力量越强大，则供应商的力量越强大；反之力量越弱小。购买群体的数量越少，单个购买者的购买规模越大，购买者可以选择的供应商范围越大，则购买者的力量越强大；反之力量越弱小。

一般来说，满足如下条件的购买者可能具有较强的讨价还价能力。

(1) 购买者的总数较少，而每个购买者的购买量较大，占了卖方销售量的很大比例。

(2) 卖方行业由大量相对来说规模较小的企业所组成。

(3) 购买者所购买的基本上是一种标准化产品，同时向多个卖方购买产品在经济上也完全可行。

(4) 购买者有能力实现后向一体化，而卖方不可能实施前向一体化。

3. 新进入者的威胁

竞争性进入威胁的严重程度取决于两方面因素：进入新领域的障碍大小与预期现有企业对进入者的反应情况。

进入障碍主要包括规模经济、产品差异、资本需要、转换成本、销售渠道开拓、政府行为与政策（如国家建设的石化企业），这其中有些障碍是很难以复制或仿造的方式来突破的。

预期现有企业对进入者的反应情况，主要是采取报复行动的可能性大小，则取决于有关厂商的财力情况、报复记录、固定资产规模、行业增长速度等。

总之，新企业进入一个行业的可能性，取决于进入者主观估计进入所能带来的潜在利益、所需花费的代价与所要承担的风险这三者的相对大小情况。进入者进入行业的难度主要来自两个方面。

一是行业壁垒的大小（技术、资本等）、市场拓展的难度、政府的政策限制。

二是现有企业对其进入的反应，比如实施大规模的价格战，抬高进入者进入市场的成本。

4. 替代品的威胁

总之，替代品价格越低、质量越好、用户转换成本越低，其所能产生的竞争压力就越大；而这种来自替代品生产者的竞争压力的强度，可以具体通过考察替代品销售增长率、替代品厂家生产能力与盈利扩张情况来加以描述。替代品主要取决于消费者选择其他企业产品的可能性。

5. 行业内现有竞争者的竞争

现有企业之间的竞争常常表现在价格、广告、产品介绍、售后服务等方面，其竞争强度与许多因素有关。

一般来说，出现下述情况将意味着行业中现有企业之间竞争的加剧：（1）行业进入障碍较低，势均力敌竞争对手较多，竞争参与者范围广泛；（2）市场趋于成熟，产品需求增长缓慢；（3）竞争者企图采用降价等手段促销；（4）竞争者提供几乎相同的产品或服务，用户转换成本很低；（5）退出障碍较高，即退出竞争要比继续参与竞争代价更高。

行业现有竞争者的竞争，主要表现在：竞争者数量，促销的力度、产品同质化程度、行业退出壁垒。如果竞争者多、实施价格战、产品都相似、竞争者难以退出市场，那么竞争就激烈。比如快餐，真功夫、永和豆浆等众多中式企业产品价格差异不大，都销售中式快餐食品，目标市场相同，因此竞争十分激烈。而咖啡市场，只存在星巴克、Costa等少数几家，则竞争不激烈。

B.18 传承与创新 铸就百年李锦记

李锦记*

摘　要： 李锦记迄今已有126年历史，凭借严格的质量监控和强大的市场拓展能力，自20世纪70年代起，迅速建立起一个蜚声国际的家族企业。至今，李锦记的产品多达220余种，分销网络遍布全球100多个国家和地区，实现了从"有华人的地方就有李锦记"到"有人的地方就有李锦记"再到"无人的太空也有李锦记"的传奇。秉承"思利及人"的核心价值观以及"务实、诚信、永远创业"的理念，李锦记在过去百余年的发展过程中，其管理与经营模式在中国乃至世界堪称典范，并已成为一个家喻户晓的酱料王国，于中式酱料行业中脱颖而出，成为中华民族最具"质量与信心标志"的国际品牌之一。

关键词： 李锦记　百年民族企业　调味品　思利及人

一　百年民族企业　演绎经典传奇

1888年，李锦记创始人李锦裳于广东省珠海市南水镇研制出蚝油，1902年总部迁至澳门，1932年迁往香港，从此扎根于香港。1920年李锦记第二代传人李兆南先生接手管理业务，并致力于改进生产流程及提高产品质量，使李

---

* 李锦记创办人李锦裳先生于1888年在中国广东省珠海市南水镇研制出蚝油并创立李锦记。今天，李锦记拥有超过200款产品，行销于100多个国家和地区，成为一个家喻户晓的百年酱料品牌。

锦记蚝油及虾酱畅销于海外华人小区。1972年李锦记第三代传人李文达先生出任公司主席，大胆改革更新设备，增加产品种类并扩大销路，设计全新企业商标和商品包装，开创了事业崛起的新纪元。如今，李锦记家族第四代传人皆在李锦记集团任职，在传承家族文化的同时，更加以现代化的管理模式持续开创李锦记新的发展空间，延续着百年老店的家族荣誉。

在发展起步期，李锦记采取了与众不同的市场发展策略：先以海外市场为起点，然后致力于拓展香港市场，而正是这样的市场策略使得李锦记的产品畅销海外，并取得了良好的国际声誉，有助于发展香港市场。目前，李锦记在美国、马来西亚、香港、广州黄埔、新会、福州及大连均设立了生产基地，其中新会厂占地1700亩，是目前李锦记全球最大的生产基地。新会是李锦记的家乡，也是李锦记的根。经过深入的考察和调研准备，为支持家乡工业发展、振兴家乡经济，李锦记于1996在新会建立了生产基地。至此新会厂发展一日千里，年产酱料达40万吨，年纳税达数亿元，是江门市百强纳税榜前十名。

独特的管理文化、严谨的质量监控、优质和创新的产品，加上百年的品牌信誉，令李锦记骄人的成就获得外界一致肯定，先后成为2008年北京奥运会、2010年上海世博会以及2010年广州亚运会的指定酱料供货商。李锦记的成功秘诀在于其独特的企业文化及核心价值。

二 李锦记"思利及人"的核心价值

"思利及人"是李锦记企业文化的核心价值观。"思利及人"包含三个要点：换位思考、关注对方感受、直升机思维，即站得高看得远，凡事要想得周详和全面。以"思利及人"角度思考，企业就能以"务实""诚信"的态度去经营，在不断变化的环境中抱着"永远创业精神"求突破，并肩负企业社会责任"造福社会、共享成果"，这正是李锦记实现百年辉煌，成为家族企业典范的原因。

李锦记认为，企业的社会责任是对企业永远创业和永续经营的一份信心，更是对社会持续和谐发展的一份承诺。企业的社会责任不仅表现在为顾客、合

作伙伴、员工等相关利益者谋利益,更表现在对社会、环境、资源等承担责任;不仅考虑企业自身的发展,更要为社会的和谐做出贡献。因为,只有互惠互利,社会和企业才能和谐共存地持续发展和成长。这正是"思利及人"的精髓。

三 质量追求无止境 责任坚守成典范

(一)坚守品质信仰

"民以食为天,食以安为先"。在中国,食品安全已经成为最受关注的问题之一。要真正做好食品安全工作,绝不能单靠口号,而是要身体力行持之以恒地贯彻始终。李锦记百余年来一直追求卓越质量,并提出"100 - 1 = 0"的质量监控理念,即做一百件事情,只要有一件做得不好、不足,那么之前所有的努力就会付诸东流,这不仅给企业自身,还会给消费者和整个社会带来不良的影响。所以李锦记以先知先觉、绝对无误为原则,整合所有的生产程序,从源头开始监控,确保产品达到最高、最可靠的安全标准。

只有通过最严格的生产管理,才能确保李锦记提供的都是安全和高质量的产品。为了保证产品质量,李锦记引进高规格的现代化酱油、酱料生产线,采用自动化计算机监控模式,以先进的 SAP 企业资源优化系统管理各个生产工序,并通过 ISO9001 质量管理体系、ISO22000 食物安全管理体系、HACCP 体系(危害分析与关键控制点——食品安全保证体系)和 TQM(全面质量管理)体系,在各个生产程序进行质量检测及监控,设立 200 多个质量监控点,以"零容忍"的态度,催生了严谨精益的品控体系和"超越标准"的产品。

李锦记还是目前国内唯一一家以零缺陷通过美国食品药品监督管理局(FDA)监测进入美国市场的企业。美国 FDA 检验组到李锦记集团审核的时候,对李锦记销往世界各地的产品统一采用最高标准的生产线表示非常惊讶,因为李锦记产品的标准超越世界上标准最严格的欧盟、日本、美国等。

此外,为了确保产品合符相关的国家或地区的法规,李锦记更设立标准与法规专业部门，负责整理各国与食品相关法规和标准，让李锦记不论在生产、研发新产品或是日常检测中，均能按各地最新的法规进行审核，确保产品符合进口地的规定。

（二）实现全程管控

为确保产品的高质量，李锦记将产品管控的管理范围持续延伸。对种植采购、原料运输、原料清洗及加工、成品分装、成品运输、上架销售等生产环节进行全面安全管理。仅生产过程就有30多道工序，200多个质量控制点。实现了从田间到餐桌的全程管控。

在整个质量监控体系中，李锦记建立先进的SAP企业资源规划系统，以便全方位监察整个生产流程。若有需要追溯产品生产过程数据时，只需备有产品生产日期或代码，通过SAP系统，便能在4小时内追溯该批产品的原材料的来源、包装物料的详情、产量、产地、销售渠道及客户等资料。除了日常的产品质量检测外，李锦记更会定期派员在供货商的厂房进行抽检，更会每年进行仿真产品回收演练，让企业上下熟悉整个质量监控流程，以做好周详的准备。正是基于以上完善的质量监控体系，李锦记至今尚未发生过重大食品回收事故。

李锦记还采用自行设计的原料数据库，详细记录供货商及原料等信息，并建立原料风险评估系统，制定严格的采购控制程序。除在内部全面检测原料及成品的安全指标外，李锦记与政府检测机构签订协议，定期识别原料危害及关键控制指数。以蚝油为例，李锦记始终坚持选料天然、质量至上的原则，只挑选天然原生水域养殖的肥美鲜蚝，致力于打造蚝油的黄金标准。每一瓶李锦记蚝油都遵循家传秘方，利用严谨工艺制造每瓶蚝油，质量远超行业标准，滋味醇厚浓郁，为佳肴增添色、香、味，让广大消费者品尝至鲜至纯的美味。

酱油所用的黄豆也不例外，李锦记安排专门的质检人员到东北黄豆田现场监督种植过程，百分百选用非转基因黄豆，所有黄豆进入储仓罐之前都要经过严格的质量检测和食品卫生检测。在生产过程中，洗豆、蒸煮、灭菌、酿制等工序，不同于传统的小型作坊，李锦记采用了全自动化的生产流程，全厂有几

十个黄豆发酵房和发酵池,全自动计算机化操控其温度和湿度等,以至配料的使用及用量,也通过机器精准的量化来控制。

(三)成就航天质量

人类凭借智慧与创新开启了太空时代,中国的航天事业作为最顶尖的科研事业,需要绝对的高要求和高质量作为保障基础。传统的调味品,能够成为航天事业的一部分,则更显出其质量的卓越。李锦记以崇高的质量理念及用实际行动确保生产过程中的食品安全理念,并以卓越质量入选航天食品,在外层空间失重对味觉的挑战下,用美味支援"神九"和"神十"宇航员完成任务,成为中国航天事业合作伙伴,成就了从"有人的地方就有李锦记"到"无人的地方也有李锦记"的重大突破,实现了中华民族企业的百年梦想。

据了解,早在2011年,航天中心就对李锦记产品的安全性和口味进行了初次检测,同时委托第三方检测机构进行了多次检测。产品通过初次检测后,航天中心派研究员进行了实地考察,重点对质量监控系统、生产过程监控和产品安全性等进行了深入了解。航天中心对李锦记的食品安全监控体系和严谨的质量标准非常满意。李锦记之所以能连续两次入选"神九"及"神十"航天食品,其背后是李锦记经过百年发展日臻完善的品控体系以及其"$100-1=0$"的质量承诺。

李锦记认为一次微小差错都会让所有东西荡然无存。作为持续为"神九""神十"提供佐餐酱料的国家航天事业合作伙伴,李锦记始终坚持"零失误、零缺陷"的航天质量,全力落实食品安全,为国民提供高质量的酱料产品。

四 承传"发扬中华优秀饮食文化"使命

李锦记以"发扬中华优秀饮食文化,弘扬中华优秀养生文化"作为企业发展的两大使命,分别带领集团旗下酱料产品事业与健康产品事业,为顾客提供最严谨、最优质的产品之余,更肩负着为中华饮食及养生文化出一分力的目标大步向前。

中华饮食文化博大精深，有着取之不尽、用之不竭的给养，李锦记没有站在饮食文化的周边来做调味品，而是融入整个中华饮食文化中去，找到自己的定位与使命。李锦记在生产美味的同时，也在传承着中国的饮食文化，努力让中华优秀饮食文化走向世界。

为了与中餐业更好地融合，促进行业发展，李锦记支持一年一度的"中国厨师节"，帮助独具内涵的中华餐饮业界推陈出新、融入世界舞台；同时，在全国和世界各地举办各种创新的餐饮活动，积极促进中国烹饪美食文化的交流与合作。

中国有八大菜系，它们的发展源远流长，但这些极具文化特质的菜系却并未得到有效的传承，传统技艺的流失、文化体系的缺乏、经营管理的落后、人才培养的薄弱等因素，使得这些传统饮食文化没有形成强劲的竞争实力，仅以区域化形式分散地存在着，同时面临着不少洋快餐的市场冲击。

李锦记在保护与传承中华饮食文化方面做了诸多努力。以川菜为例，李锦记协助四川做了川菜的申遗保护工作，目的就是通过大量数据的搜寻和民间菜品的搜集，帮助中国留住具有文化底蕴的饮食文化、传承这种文化。在2011年12月，李锦记曾协助相关协会，在成都举办了"川菜非遗传承与发展论坛"，共同发布了《川菜申遗研究报告》。在论坛上，李锦记还与四川省烹饪协会签订了《支持川菜申遗合作备忘录》，致力于川菜非物质文化遗产的传承与发展。同时，分析总结川菜非遗保护的现状、存在的问题，并提出促进川菜非遗保护可持续发展的建议。

作为四川省政协委员，李锦记酱料集团主席兼行政总裁李惠中先生尤其重视川菜的传承与创新。李锦记凭借126年的调味品研究与制造经验，多年来始终坚持开发研制符合川菜口味的多款酱料产品，让人们能快捷便利地烹制和享用美味的川菜，身体力行地为川菜的发展尽责尽力。湘菜其实也是中国目前崛起得很快的菜系，李锦记大力支持湘菜创新，2012年，李锦记与湖南餐饮协会共同创建湘菜研究中心，就是为了促进地方菜系的蓬勃发展。湘菜研发中心的成立为湘菜的创新和发展提供了系统化的保障。希望中华美食的百花齐放，

能进一步促进中国餐饮行业的发展和提升,希望在行业中冉冉上升的湘菜能够推广到全国的食府,打造新的饮食文化。

五 让中国味道走向世界各地

中国饮食文化源远流长,是中国文化的瑰宝。一直以来,以"发扬中华优秀饮食文化"为使命的李锦记,在面向世界销售中式酱料的同时,还积极与相关机构合作,致力于将中国味道推向全球。孔子学院目前在全球105个国家和地区已建成362所孔子学院和489个孔子课堂,是世界各国学习汉语和了解中华文化的重要平台和窗口。李锦记与孔子学院在向全世界传播中华优秀饮食文化方面意向一致。

2012年5月,李锦记与孔子学院总部展开合作,向4000名志愿者赠送了李锦记方便酱料,并在北京为志愿者开办中国烹饪课堂,举办"李锦记杯"2012年国际汉语教师志愿者摄影比赛等,得到志愿者的积极回馈和认可,取得了良好效果。

2013年,李锦记与孔子学院总部进一步加深合作,联合发布了孔子学院中国烹饪教材。向全球孔子学院志愿者发放一万套教材,帮助志愿者提高烹饪技艺并完善和丰富全球孔子学院教学课程。教材由李锦记酱料集团联同国家汉办编辑印制,介绍了蚝油双菇、麻婆豆腐、鱼香茄子、麻辣火锅等中式家常菜的烹饪方法。

另外,为弘扬中华优秀饮食文化,促进不同饮食文化的交流与融合,李锦记协助中国国务院新闻办公室、云南省人民政府、中国常驻联合国日内瓦办事处于2013年8月27日在联合国驻日内瓦办事处筹办"感知中国、美丽云南"欢迎招待会。作为全球中式酱料领导品牌,李锦记邀请了四位中国顶级烹饪大师在活动中展示中华烹饪技艺,将中华饮食文化再一次带到了国际舞台上。同时,李锦记在会场进行一系列中华饮食文化展览,介绍中国八大名菜的特色、中式酱料及调味品在菜式上的应用和重要性,以及中西融合菜式的发展。借此让联合国的嘉宾了解中华美食,扩大中餐在全球的影响力。

传承与创新　铸就百年李锦记

六　担当社会责任　构筑希望与梦想

厨师是中国餐饮发展的支柱，李锦记多年来充分发挥其全球化的优势，持续为中餐专业厨师提供国内和国际交流学习的平台，不断为中餐业培育人才，在行业人才的发掘和培养方面不遗余力。

李锦记聘请全国各大菜系的烹饪大师为厨艺顾问，通过举办各类型厨艺交流会，展示业内发展的趋势；并在全国各地成立"精英厨师俱乐部"，分享最新的烹饪理念与技巧，扶植中餐骨干厨师；通过"李锦记希望厨师公益项目"资助贫困山区的有志青年就读烹饪专业，在授人以渔的同时，为餐饮业培育年轻的新生力量。其中，"李锦记希望厨师公益项目"备受行业与社会关注，成为企业公益典范。

围绕企业核心价值观"思利及人"和企业使命"发扬中华优秀饮食文化"，并结合中餐业人才培养，以及贫困地区青年渴望改变自己与家庭命运的愿望，"李锦记希望厨师公益项目"应运而生。项目每年从全国贫困地区公开招募数十名有志从事中餐烹饪工作的寒门青年，全额资助他们学习费和生活补助费，以此鼓励学员学习一技之长改变自己的命运，同时为中餐业的发展贡献力量。有别于其他一次性的"输血式"的公益行为，"李锦记希望厨师公益项目"被誉为"造血式"的公益典范。

自2011年启动三年来，"李锦记希望厨师公益项目"已在全国15个省份和地区招募了近200名寒门青年，在北京和成都学习烹饪技艺，站在新的起跑线，看到未来的希望。2013年，首届近20名"希望厨师"已经纷纷踏入五星级酒店或知名饭店，开始了实习工作，这也让他们开始体验厨师这一职业。李锦记借助中餐烹饪界的丰富资源，经常组织"希望厨师"的学生们参观知名餐饮企业、与餐饮界的大师们学习交流并参与竞赛活动，这些从书本上学不到、看不到的知识，让希望厨师们增长了见识，丰富了他们对中餐行业的了解。

由于该项目的持续关怀、透明管理和初现成效，"李锦记希望厨师公益项目"吸引了公益媒体等社会各界的广泛关注。2011年底，李锦记借由该项目

获得"京华公益实践奖"。2012年1月，该项目入选"中国企业十大典范公益项目"。2012年12月，"李锦记希望厨师公益项目"荣获"2012企业社会责任（CSR）十佳案例奖"和"健康中国2012公益行动奖"。

另外，李锦记健康产品集团也通过"思利及人公益基金会"于2013年9月11日全额捐资"思利及人助学圆梦项目——毕节贫困学生厨师培训班"，资助30名来自贵州省毕节市贫困家庭的学员，通过培养受助学生掌握一技之长协助其就业。"思利及人助学圆梦项目"得到中央统战部及当地部门的大力支持，培训班为期3年至2016年8月结束。学员经过三年学习，将可获得国家教育部门认可的职业学校毕业证书，并可自愿考取相关厨师资格证。项目不仅设置了教授中式烹饪技术的课程，还加入了融合中华传统文化以及健康理念元素的课程，为贫困地区学生开设技能培训，既为学生及其家庭带来脱贫希望，同时也为社会输送急需的技术人才，帮助贫困地区实现可持续发展，更让学生成为"思利及人"和健康理念的受益者、传播者。

七　传承百年文化　延续辉煌传奇

"创新"对于李锦记而言是"永远创业"精神的一部分，是企业永续经营的重要前提条件之一。而创新的基础，则是对传统经典的传承。传承与创新，是让百年李锦记承传百年的秘密。

（一）唯有创业　永远创业

李锦记第三代传人，现任集团主席李文达先生说过，李锦记的字典里没有"守业"这个词。因为在变化多端的世界里，没有能够"守住"的东西。唯有创业，永远创业，才能保持健康持续发展。

作为一家百年老字号，李锦记一直坚持着对中国味道的传承，通过对中国饮食文化的研究和创新，充分洞察客户和消费者的需求来生产合适的酱料产品。针对不同国家、不同地区人们在生活习惯和口味特点上的差异，李锦记专门成立了产品研究及控制中心，由专人对新产品试味和尝试酱料各种食用方法，以达到方便和用途广泛的产品概念目标。

传承与创新　铸就百年李锦记

通过诸如此类的方式，李锦记研制出多款新产品以满足消费者个性化的口味需求。既有传统单一味型的产品，也有使用便捷的功能性、复合型产品，比如麻婆豆腐酱、宫保鸡丁酱等，利用这些产品能快速、方便地烹调出传统、正宗的中国菜品。

（二）低头拉车　抬头看路

紧跟客户的需求，才能对准目标、获得先机。李锦记为配合客户的需求推陈出新。例如，关注健康饮食生活，开发了健康系列酱油包括薄盐生抽；引领儿童消费者的趣味需求，开发西红柿沙司挤挤装；为满足客户对烹饪便利性的需求，开发方便酱料包，帮助家庭轻松地用一包酱料三个步骤做出酒店般的好味道。无论是顺应市场需求，还是引导市场走向，这些创新之举都为李锦记的长远发展打下了坚实的基础。

正如李锦记第三代传人李文达先生所说的"低头拉车，抬头看路"，首先要认清方向，看准市场，然后务实地向目标前进才是成功之道。传统调味品行业门槛很低，做的人很多，竞争很激烈，做大不容易。李锦记发展史上也有很长一段时间一直是产品单一、市场单一，这样走下去不会有崛起的可能。李锦记能够做大做强，源于其永远创业精神：在产品上、包装上、市场上及管理理念上的创新。

20世纪70年代起，随市场需求的灵活多变，李锦记实时引进市场导向的营销观念，实施现代营销管理，专门成立了研究及发展部门，以加强产品研发的力度。为获得一个优秀的产品概念，研发人员常常要做大量工作，如做目标消费者调查、向烹饪专业人士以及零售商取经请教等。

（三）引领时代风潮

"蒸鱼豉油"是李锦记的明星产品，至今该产品已经推出近20年，年销售规模高达十几亿元。时至今日，"蒸鱼豉油"已成为市场上消费者餐桌上的经典产品。而在这款经典产品的基础上，李锦记"永远创业"的精神还在延续着，李锦记积极利用"蒸鱼豉油"的成功经验，推出以"蒸鱼豉油"为母版的"酸辣"和"鲜麻辣"新风味产品系列。更有烹饪界的著名人士，借助

李锦记"蒸鱼豉油"系列产品,创新、开发出了更多的美味菜式。这种在创新上再创新的例子,在李锦记还有许多。

尽管是十分细微的口味创新,也源自极其严谨的前期研究工作。李锦记在开创"蒸鱼豉油"新口味之前,曾派出专门的市场人员,针对上海、北京、深圳、成都、长沙、武汉这六个城市的227位厨师进行了全面深入的定量调查。而且调研事项也细到极致,如应当定义为"香辣"还是"麻辣"、"酸辣"还是"甜辣"等,甚至辣度等级,都根据调研结果,以资料对比来统筹,最终依据湘菜、川菜等辣味菜在全国流行的程度,才最终确立下来现在的两种新口味。

如果说,一百多年前,李锦记创始人李锦裳研制出蚝油是意外的收获的话,那么如今李锦记酱料王国的成功,则包含了所有李锦记人的辛勤汗水与智慧结晶。如今的李锦记,早已不是一瓶蚝油打天下、守家业的小作坊。秉承"永远创业"精神的李锦记,无论从粤港名菜清蒸海上鲜的做法捕获灵感在行业率先推出"蒸鱼豉油",还是首创XO酱让高级酒家的至尊味道进入寻常百姓家,到当今顺应时代发展,围绕健康营养便捷需求,开创出的全新产品,都引领了行业发展的新风潮。

荣誉源于责任,责任铸就辉煌。面向未来,李锦记会继续坚持以发扬中华优秀饮食文化和弘扬中华优秀养生文化为使命,更好地履行社会责任,为祖国和社会的和谐发展,做出更多更好更大的贡献。

B.19
浅谈餐饮企业国际化战略模式
——羲和国际餐饮机构竞争力研究

张勇 潘旭 毋芳芳*

摘　要：

改革开放后，中国餐饮业经过三十年的发展，已经进入了一个全新的历史发展阶段。随着中国经济的腾飞，中国的本土餐饮公司纷纷提出了国际化发展的战略目标。本文采用实例研究的方法，选择羲和国际餐饮机构作为案例，探讨中国餐饮企业如何"引进来"和"走出去"，结合国内餐饮国际化发展的现状，探讨国际化发展模式下面临的问题及提出对策。

关键词：

餐饮　国际化　战略模式

一　中国餐饮企业国际化发展战略的选择

中国餐饮业历史悠久，在漫漫的历史长河中，众多精湛的餐饮技艺得到了发展，优秀的传统文化得到了有效的传承。世界各国对中餐文化的接受度也颇高，尤其是近年来，中国餐饮业得到了快速的发展。图1、图2和图3反映了中国2005～2012年餐饮业法人数量、从业人数、餐费收入的变化。

---

* 张勇，中国社会科学院研究生院 MBA 硕士，中国社会科学院财经战略研究院服务经济与餐饮研究中心特聘青年研究员；潘旭，中国社会科学院研究生院 MBA 硕士，中国社会科学院财经战略研究院服务经济与餐饮研究中心特聘青年研究员；毋芳芳，中国社会科学院研究生院 MBA 硕士，中国社会科学院财经战略研究院服务经济与餐饮研究中心特聘青年研究员。

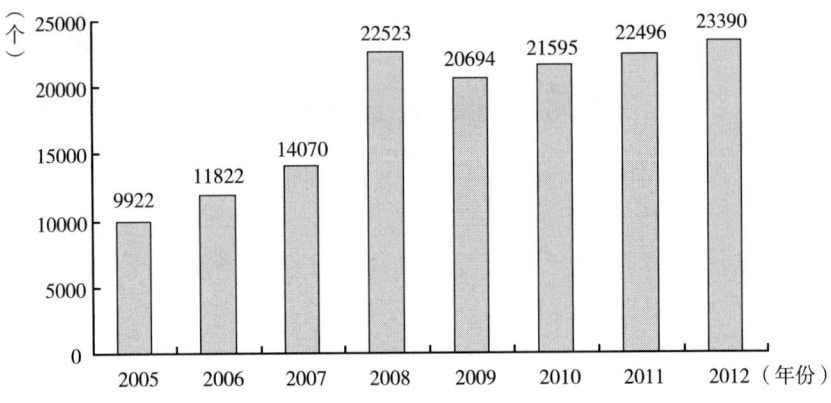

图 1　中国餐饮业法人数量

资料来源：2005~2012年《中国统计年鉴》。

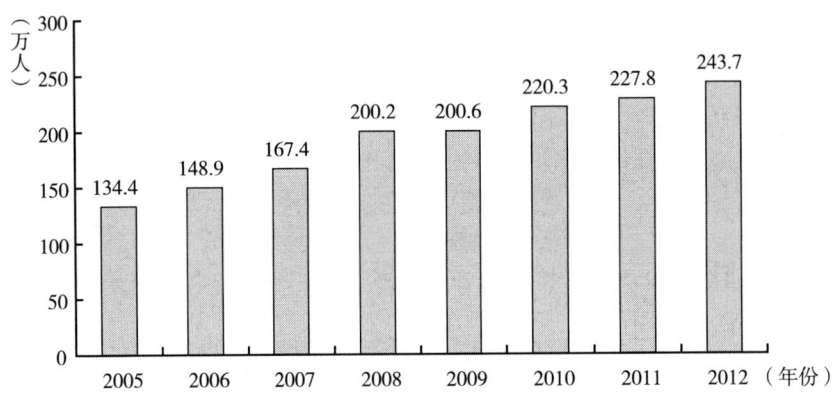

图 2　中国餐饮业年末从业人数

资料来源：2005~2012年《中国统计年鉴》。

中国餐饮业企业在继承弘扬传统饮食文化的基础上，进行了较为全面的升级改造，但遗憾的是中国还没有像肯德基、麦当劳那样的国际化餐饮公司。

自20世纪90年代以来，经济全球化作为不可逆转的历史潮流，正在深刻地改变和影响着中国经济生活的各个方面，如何把中华美食推广到世界各地，把世界的美食介绍到中国，是很多中国餐饮企业家为之奋斗的使命，中国的餐饮企业纷纷开始国际化之路的探索。

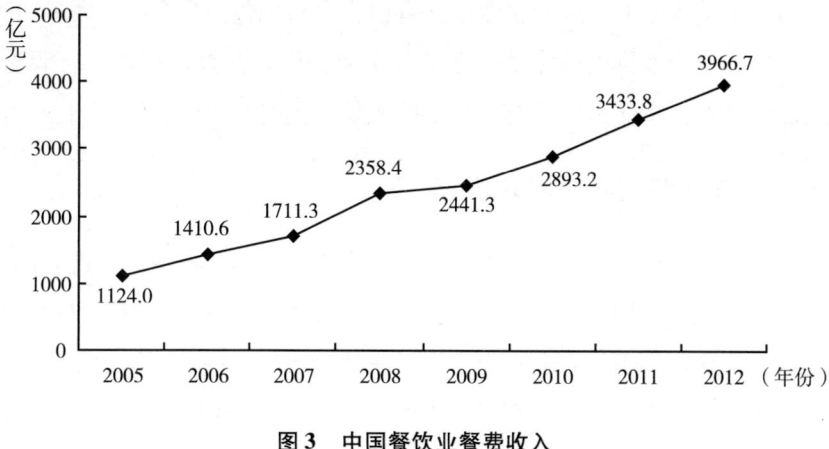

图 3　中国餐饮业餐费收入

资料来源：2005~2012年《中国统计年鉴》。

（一）内向型国际化模式研究

内向型国际化主要指中国企业积极与国外跨国公司进行对接，把国外的公司"引进来"，主动获取国际化的资源，提高企业自身的竞争力，融入国际化的网络中。国外与国内资源的整合与重新配置，国内企业与国际市场接轨，这一内向型国际化为企业提供了一个学习国际贸易技巧、国外企业经营特点及不同营销模式的良好机会，是企业提升自身竞争力的重要途径，也是我国餐饮企业发展的必由之路。中国改革开放以后主要采取"引进来"策略，包括消费品、先进的技术、设备、资金、人才、管理方法等甚至包括很多企业。随着中国经济的高速发展，孕育出了一个发展潜力巨大的餐饮消费市场，中国也成为外资公司争夺进入的对象。据波士顿咨询公司的预计，中国在2015年之前将成为全球第二大消费市场，国外公司纷纷把中国定位为重要的海外市场，这种形势，也为中国餐饮企业实施内向型国际战略提供了有利条件。以星巴克在中国的发展为例，星巴克在大中华区的经营大多是与中国企业合营。美国星巴克、台湾的统一企业、上海烟草集团组成的合资公司经营着上海及华中区的星巴克业务，北京美大星巴克公司经营着北京和天津的星巴克市场，美心集团与美国星巴克合资的 Coffee Concepts HK 经营着广东、香港及澳门的星巴克业务。星巴克在中国要实现标准化和地方化的统一，开发出适合中国人口味和风土人

情的产品是至关重要的,中国企业也就有机会参与到包括生产技术研发、人员培训、标准化建设及供应链体系建立等各个流程中。在投资策略、资源整合、市场层面的合作,将促进中国企业自身的成长,同时获得巨额的利润。

(二)外向型国际化模式研究

外向型国际化模式是利用国内生产要素有效配置国际资源,以占有部分国际市场的份额,拓展国内市场的空间,拓宽资源的利用范围。为了取得国际竞争优势,发展成跨国餐饮企业是很多国内餐饮公司的发展目标。近年来,已有很多本土餐饮企业开始尝试进军海外市场,"秦妈""小肥羊""重庆小天鹅"等品牌先后进入国外市场。重庆小天鹅作为中国火锅的领军品牌,已在我国30多个省市发展了2000余家连锁店,并在美国、澳大利亚和加拿大开设了多家海外直营店,并有大幅扩张的计划。目前,小天鹅在海外的经营策略是:采用本土的经营模式,由总部直接领导,向海外分店配送火锅底料和劳务输出,取得了较为显著的业绩。

(三)双向互动循环模式研究

双向互动循环模式是内向型国际化模式和外向型国际化模式的有效结合。通过对接、合作、技术转让和知识溢出,很好地实现优势互补、资源共享,使企业更快地适应当地市场环境,核心竞争力得到加强。随着中国国内餐饮市场的发展和国内餐饮企业的快速崛起,越来越多的国外企业开始同国内企业合作,进军国内市场,同时协助中国企业开展海外业务。总部设在北京的羲和国际餐饮机构就选择了这种国际化战略的模式。

二 羲和国际餐饮公司竞争力研究

羲和国际餐饮有限公司成立于2010年,在短短的三年中,便成为一家颇具影响力的跨国经营餐饮公司。羲和国际餐饮在经营模式、管理方法、海外扩张策略方面有很多可取之处,下文对其竞争力进行研究。

羲和国际餐饮开始只有一家门店,现在拥有羲和雅苑烤鸭坊和羲和小馆两个运营品牌，在北京、天津共 8 家餐厅，都汇店等门店平均每天的营业额已经达到 7 万 ~ 8 万元，平均每月有 200 万元以上的营业收入。羲和小馆国贸店在 180 平方米的基础上，每月营业额达 120 万元。2010 ~ 2013 年国内 8 家餐厅的年营业额达到了 1.5 亿元的规模。在业务发展扩张的过程中，在新加坡，羲和餐饮与新加坡企业同乐集团合作运营了新的品牌，取名为"同乐羲和"，目前已经实现盈利。

2013 年 7 月，同乐集团与羲和国际餐饮再次合作，共同在北京侨福芳草地购物中心推出新品牌"寒舍羲和"。同乐集团董事长周家萌表示："为了要做烤鸭，为了接地气。我们就必须与更熟悉本地餐饮的人或是集团合作。"同乐羲和按照同乐集团入股 70%、羲和国际入股 30% 的形式开始了在中国的运营。

（一）运筹帷幄，独到的选址策略

著名的连锁酒店希尔顿曾提出"选址是经营成功的重要因素"，餐饮业店铺选择时需要考虑市场定位、投资回报、周边环境的稳定性、顾客视线可见度等，同时也需要考虑选址本身所处的商圈、策划定位与市场细分等因素。

羲和餐饮门店通常会选在五星级酒店、写字楼、高端购物中心内，第一家羲和雅苑烤鸭坊设在北京都汇新天地购物中心内。购物中心拥有众多的国际一线品牌，档次高，周边有威斯汀酒店、昆仑饭店、平安大厦写字楼等。活动于这一区域的人群的消费理念与羲和雅苑烤鸭坊的中高端定位相一致，可以为羲和餐饮提供稳定的消费客流。在北京金融街经营的羲和小馆，对面便是著名的北京连卡佛金融街购物中心，购物中心的有高档消费需求的顾客都是羲和餐饮的潜在客户。在这类高档的经营场所中，由于场地等因素的限制，入驻的餐饮品牌多是以快餐、西餐、自助餐为主，很少有中高端的大型中餐品牌进入。羲和餐饮差异化选址策略很好地把自己跟其他竞争对手区分开来，提供高品质服务和丰富的顾客体验，带来了很高的消费者品牌忠诚度。

（二）价格歧视，进行市场细分

羲和餐饮主要有三个经营时间段，面向不同的群体，第一个时段是工作日

中午,这个时间段主要面向在写字楼里工作的白领和高级管理者。第二个时段是工作日晚上,主要是同事间的聚餐或是小型宴请。第三个时段是周末或者假日,来此消费的通常是商场中的顾客或是聚会的客人。在定价上,羲和餐饮根据顾客的价格弹性特点制定出烤鸭在工作日售价258元、周末198元的策略。这样的定价模式主要是吸引节假日出行的顾客,每月周末的流水会占五分之三左右。国贸店包房的人均消费是300元左右,侨福店人均消费是500元以上。

(三)建立中央工厂,注重品质,便捷高效

羲和餐饮倡导传统与现代结合,致力于弘扬中华饮食文化,集川、鲁、粤、淮扬等众菜系之长,打造精美的"新派中国菜"。羲和通过建立统一原材料加工、统一半成品配送、统一烹饪口味的"中央工厂",探索了一条使随意性较大的中式料理走上标准化、工业化的道路。在中央工厂里生产出半成品或成品,再配送到各个门店,不仅保证了菜品的品质,提高了上菜速度,同时也减少了对大面积厨房的依赖,留出更多有效的盈利面积。

羲和国际餐饮一直以菜品质量为企业生存之"本",每款菜品的食材都要经过严格的挑选和科学搭配,力求推出的菜品能够演绎食材的原汁原味和百味百鲜,同时又保证营养不被破坏。羲和的菜品不添加色素和味精,对菜品原料的要求也十分苛刻,做到低油、低盐、低糖,这种健康的餐饮理念受到了很多消费者的追捧。

(四)多种管理手段,强化运营水平

羲和餐饮是一家懂得运用流行科技的公司,羲和将标签式管理方法和微信相结合,羲和餐饮内部的质检监督部门在每天检查后,会第一时间将检查结果上传到公司的微信管理群,大大提高了员工工作的质量。羲和餐饮推行会员卡业务,顾客可以享受优惠的价格,可以用积分换取优惠价格,一段时间后还会接到会员余额信息的提醒;羲和餐饮是一家注重人才培养的公司,拥有稳定的核心团队,通过与新东方烹饪学校合作,为自己培养高素质的专业人才,并设立激励机制,每三个月进行一次考核,给员工广阔的发展空间,目前最年轻的副经理只有22岁。

三 羲和国际餐饮公司国际化战略的 SWOT 分析

（一）优势分析

独到的门店选址策略，使羲和国际餐饮拥有相对稳定的高消费客流，对中高端商务中餐市场进行了重新定义。传统与现代理念的融合，以及浓厚的文化底蕴，深深地吸引着消费者。与新加坡同乐集团的合作，为羲和注入了一股异域的清风，管理水平、经营理念、烹饪品质都得到了提高。

对菜品品质进行严格控制，聘请著名的美食设计师，不断创新，精益求精，顾客对品牌的满意度不断提高。

（二）劣势分析

虽然宏观上政府支持中餐企业海外发展，但国家的配套设施不完善，鼓励政策欠缺，企业对外投资往往不能得到及时有效的信息服务，对外投资的相关法律体系不健全。

与成熟的跨国企业相比，羲和国际餐饮的跨国业务无论从规模、数量、知名度、供应链效率、管理水平等方面都处于起步阶段。

中餐制作复杂，大规模标准化生产困难。

经过近半个世纪的发展，西式餐饮已经实现了设备、操作、店面、公司的标准化体系建设。相比之下，中餐由于其本身原料繁多、品种多样、技法复杂等特点，标准化程度较低，羲和餐饮经营几十种菜品，大多数操作过程通常是手工完成的，虽然建立了中央厨房，但中餐标准的实现确实不易。

（三）机会分析

国际层面，自 2008 年国际金融危机爆发以来，欧美发达国家资金链紧张，企业生产困难，中国企业可以以低成本收购先进的技术、优秀的研发团队和国际销售团队等优质资源。同时很多国家开始欢迎中国资本的投资，欧美多国开始在华设立联络办公室，专为中资向海外投资服务，并承诺提供优惠政策支持。

随着中国经济高速发展，人民的收入不断提高，消费力量也在逐渐转变，居民外出就餐的概率增加，餐饮消费需求日趋旺盛，大众餐饮市场前景广阔。

（四）威胁分析

国外当地中餐竞争激烈，以美国中餐市场为例，早在100多年前加利福尼亚州采矿的城镇上就出现了中餐馆。随着华人移民数量的增加，到20世纪70~80年代，美国大城市的中餐馆越来越多，90年代起，随着福建移民的大量涌入，中餐馆从纽约等大城市开到了美国全国各地。从一开始的外卖店，发展到中式自助餐店，再到高档的餐厅，各式的中餐馆开遍了全美。如何与这些目标国当地中餐企业竞争，是所有实施国际化战略的中国餐饮公司必须思考的论题。

中西方餐饮的结构和市场标准的差异，增加了中餐理念推广的难度。以欧美国家为代表的西餐以从畜牧文明延伸来的动物性原料为主，中餐以从农耕文明发展而来的植物性原料为主。西方饮食通常具有高热量、高蛋白的特点，中餐更强调"平衡膳食、辩证用膳"。同时，由于各国对食品安全的要求不同，欧美很多国家的标准要高于国内，中国的餐饮企业进入国际市场后，会受到相关国际的市场限制。

四 促进中国餐饮企业国际化发展的对策建议

（一）政府出台扶持配套政策

在餐饮行业高速发展的大背景下，我国餐饮行业的法律法规建设比较滞后，餐饮业缺少统一的规划，常常引发低水平发展和无序竞争。建议国家出台适用于餐饮业的国家性法规，用以规范市场准入门槛和执行强制性标准。餐饮行业对企业、厨师的资格认证制定统一的规范，从根本上遏制滥发证书、牌匾的现象，消除扰乱市场秩序的行为。

为了进一步推进餐饮业国际化战略，各地政府已经出台了多项相关政策，但目前金融扶持政策单一，主要形式有担保贷款、贷款贴息和授信贷款等；扶持范围比较窄，难以满足目前日益发展的餐饮行业对资金的需求，同时没有起到利用金融手段促进餐饮业发展的目的，建议政府相关部门进一步开展修订工作，以满足餐饮业国际化战略的实际需求。

（二）行业层面

1. 重振"老字号"，助力发展

我国拥有一大批餐饮"老字号"品牌，拥有众多的"非物质文化遗产"餐饮制作工艺，这些"老字号"品牌具有厚重的历史、文化底蕴，是中华餐饮文化的重要载体，是经过数十年甚至更长时间的经营成长的，在人们心中具有质量保证和诚信经营的形象，同时具有巨大的商业潜力。在新的经济形势下，"老字号"品牌可以采用现代市场的营销手段，借助厚重的历史积淀扩大"老字号"的知名度；延续"老字号"品牌传承的产品的品质观和对顾客的诚信观来提升"老字号"的美誉度；通过加强消费者的体验感知，建立"老字号"与消费者的情感共鸣来建立"老字号"品牌的顾客信任度和追随度。根据市场环境，调整经营策略，适时让"老字号"品牌走出国门发展。

2. 加大对新企业的扶持力度

据有关部门统计，每年选择跨国经营的新品牌中，只有大概30%获得成功，70%都以失败告终。对成功运营的品牌，行业协会应协调企业与国家间的关系，积极提供信息服务，加强引导，促进企业间平等、公平、互利的发展。

（三）企业层面

1. 及时调整战略

中国餐饮企业国际化发展不应以直营店和加盟店的数量为考量目标，应该有层级地制定出当期目标和长期目标，结合实际的公司形势和市场变化情况，及时调整国际战略取向，以适应国际化战略的发展要求。

2. 延伸产业链，提高盈利能力和管理能力

结合饮食文化和资源优势，可以建立集生产加工、培训教育、休闲娱乐于一体的产业链体系，形成紧密联系餐饮服务的上下游产业链条，实现降低餐饮经营成本、保证食材安全和菜品质量、延长企业的盈利能力。

3. 注重一线生产、服务人才培养

通常情况下，餐饮企业的普通厨师和服务员是顾客消费体验的最直接提供者。他们不仅代表着公司的形象，他们服务于顾客的水平对餐饮业的盈利能力也有着重要的影响。要逐步建立有效机制，培养所需的专业人才，吸引各方人才加盟、给人才创造良好的发展环境。

参考文献

1. 曹伶燕：《跨国连锁餐饮企业在华经营模式研究》，上海外国语大学，2011。
2. 王圣果：《餐饮产品的优化组合与创新设计》，《扬州大学烹饪学报》2009年第2期。
3. 郑京日、李萍：《民族餐饮品牌国际化研究》，《产业经济》2013年第3期。
4. 程小敏、桑建：《探究中餐海外发展困局与走出去策略》，《扬州大学烹饪学报》2012年第3期。
5. 李子晨：《中餐"走出去"前景广阔》，《国际商报》2013年11月26日。
6. 王珂：《"走出去"正逢其时》，《人民日报·海外版》2014年1月3日。

附 录
Appendix

B.20 新消法

中华人民共和国主席令
第七号

《全国人民代表大会常务委员会关于修改〈中华人民共和国消费者权益保护法〉的决定》已由中华人民共和国第十二届全国人民代表大会常务委员会第五次会议于 2013 年 10 月 25 日通过，现予公布，自 2014 年 3 月 15 日起施行。

中华人民共和国主席 习近平
2013 年 10 月 25 日

中华人民共和国消费者权益保护法

（1993 年 10 月 31 日第八届全国人民代表大会常务委员会第四次会议通

过;根据2009年8月27日第十一届全国人民代表大会常务委员会第十次会议《关于修改部分法律的决定》第一次修正;根据2013年10月25日第十二届全国人民代表大会常务委员会第五次会议《关于修改〈中华人民共和国消费者权益保护法〉的决定》第二次修正)

第一章 总则

第一条 为保护消费者的合法权益,维护社会经济秩序,促进社会主义市场经济健康发展,制定本法。

第二条 消费者为生活消费需要购买、使用商品或者接受服务,其权益受本法保护;本法未作规定的,受其他有关法律、法规保护。

第三条 经营者为消费者提供其生产、销售的商品或者提供服务,应当遵守本法;本法未作规定的,应当遵守其他有关法律、法规。

第四条 经营者与消费者进行交易,应当遵循自愿、平等、公平、诚实信用的原则。

第五条 国家保护消费者的合法权益不受侵害。

国家采取措施,保障消费者依法行使权利,维护消费者的合法权益。

国家倡导文明、健康、节约资源和保护环境的消费方式,反对浪费。

第六条 保护消费者的合法权益是全社会的共同责任。

国家鼓励、支持一切组织和个人对损害消费者合法权益的行为进行社会监督。

大众传播媒介应当做好维护消费者合法权益的宣传,对损害消费者合法权益的行为进行舆论监督。

第二章 消费者的权利

第七条 消费者在购买、使用商品和接受服务时享有人身、财产安全不受损害的权利。

消费者有权要求经营者提供的商品和服务,符合保障人身、财产安全的要求。

第八条 消费者享有知悉其购买、使用的商品或者接受的服务的真实情况的权利。

消费者有权根据商品或者服务的不同情况，要求经营者提供商品的价格、产地、生产者、用途、性能、规格、等级、主要成分、生产日期、有效期限、检验合格证明、使用方法说明书、售后服务，或者服务的内容、规格、费用等有关情况。

第九条 消费者享有自主选择商品或者服务的权利。

消费者有权自主选择提供商品或者服务的经营者，自主选择商品品种或者服务方式，自主决定购买或者不购买任何一种商品、接受或者不接受任何一项服务。

消费者在自主选择商品或者服务时，有权进行比较、鉴别和挑选。

第十条 消费者享有公平交易的权利。

消费者在购买商品或者接受服务时，有权获得质量保障、价格合理、计量正确等公平交易条件，有权拒绝经营者的强制交易行为。

第十一条 消费者因购买、使用商品或者接受服务受到人身、财产损害的，享有依法获得赔偿的权利。

第十二条 消费者享有依法成立维护自身合法权益的社会组织的权利。

第十三条 消费者享有获得有关消费和消费者权益保护方面的知识的权利。

消费者应当努力掌握所需商品或者服务的知识和使用技能，正确使用商品，提高自我保护意识。

第十四条 消费者在购买、使用商品和接受服务时，享有人格尊严、民族风俗习惯得到尊重的权利，享有个人信息依法得到保护的权利。

第十五条 消费者享有对商品和服务以及保护消费者权益工作进行监督的权利。

消费者有权检举、控告侵害消费者权益的行为和国家机关及其工作人员在保护消费者权益工作中的违法失职行为，有权对保护消费者权益工作提出批评、建议。

第三章 经营者的义务

第十六条 经营者向消费者提供商品或者服务，应当依照本法和其他有关

法律、法规的规定履行义务。

经营者和消费者有约定的，应当按照约定履行义务，但双方的约定不得违背法律、法规的规定。

经营者向消费者提供商品或者服务，应当恪守社会公德，诚信经营，保障消费者的合法权益；不得设定不公平、不合理的交易条件，不得强制交易。

第十七条 经营者应当听取消费者对其提供的商品或者服务的意见，接受消费者的监督。

第十八条 经营者应当保证其提供的商品或者服务符合保障人身、财产安全的要求。对可能危及人身、财产安全的商品和服务，应当向消费者作出真实的说明和明确的警示，并说明和标明正确使用商品或者接受服务的方法以及防止危害发生的方法。

宾馆、商场、餐馆、银行、机场、车站、港口、影剧院等经营场所的经营者，应当对消费者尽到安全保障义务。

第十九条 经营者发现其提供的商品或者服务存在缺陷，有危及人身、财产安全危险的，应当立即向有关行政部门报告和告知消费者，并采取停止销售、警示、召回、无害化处理、销毁、停止生产或者服务等措施。采取召回措施的，经营者应当承担消费者因商品被召回支出的必要费用。

第二十条 经营者向消费者提供有关商品或者服务的质量、性能、用途、有效期限等信息，应当真实、全面，不得作虚假或者引人误解的宣传。

经营者对消费者就其提供的商品或者服务的质量和使用方法等问题提出的询问，应当作出真实、明确的答复。

经营者提供商品或者服务应当明码标价。

第二十一条 经营者应当标明其真实名称和标记。

租赁他人柜台或者场地的经营者，应当标明其真实名称和标记。

第二十二条 经营者提供商品或者服务，应当按照国家有关规定或者商业惯例向消费者出具发票等购货凭证或者服务单据；消费者索要发票等购货凭证或者服务单据的，经营者必须出具。

第二十三条 经营者应当保证在正常使用商品或者接受服务的情况下其提供的商品或者服务应当具有的质量、性能、用途和有效期限；但消费者在购买该商品或者接受该服务前已经知道其存在瑕疵,且存在该瑕疵不违反法律强制性规定的除外。

经营者以广告、产品说明、实物样品或者其他方式表明商品或者服务的质量状况的,应当保证其提供的商品或者服务的实际质量与表明的质量状况相符。

经营者提供的机动车、计算机、电视机、电冰箱、空调器、洗衣机等耐用商品或者装饰装修等服务,消费者自接受商品或者服务之日起六个月内发现瑕疵,发生争议的,由经营者承担有关瑕疵的举证责任。

第二十四条 经营者提供的商品或者服务不符合质量要求的,消费者可以依照国家规定、当事人约定退货,或者要求经营者履行更换、修理等义务。没有国家规定和当事人约定的,消费者可以自收到商品之日起七日内退货;七日后符合法定解除合同条件的,消费者可以及时退货,不符合法定解除合同条件的,可以要求经营者履行更换、修理等义务。

依照前款规定进行退货、更换、修理的,经营者应当承担运输等必要费用。

第二十五条 经营者采用网络、电视、电话、邮购等方式销售商品,消费者有权自收到商品之日起七日内退货,且无须说明理由,但下列商品除外:

(一)消费者定作的;

(二)鲜活易腐的;

(三)在线下载或者消费者拆封的音像制品、计算机软件等数字化商品;

(四)交付的报纸、期刊。

除前款所列商品外,其他根据商品性质并经消费者在购买时确认不宜退货的商品,不适用无理由退货。

消费者退货的商品应当完好。经营者应当自收到退回商品之日起七日内返还消费者支付的商品价款。退回商品的运费由消费者承担;经营者和消费者另有约定的,按照约定。

第二十六条 经营者在经营活动中使用格式条款的,应当以显著方式提请消费者注意商品或者服务的数量和质量、价款或者费用、履行期限和方式、安全注意事项和风险警示、售后服务、民事责任等与消费者有重大利害关系的内容，并按照消费者的要求予以说明。

经营者不得以格式条款、通知、声明、店堂告示等方式，作出排除或者限制消费者权利、减轻或者免除经营者责任、加重消费者责任等对消费者不公平、不合理的规定，不得利用格式条款并借助技术手段强制交易。

格式条款、通知、声明、店堂告示等含有前款所列内容的，其内容无效。

第二十七条　经营者不得对消费者进行侮辱、诽谤，不得搜查消费者的身体及其携带的物品，不得侵犯消费者的人身自由。

第二十八条　采用网络、电视、电话、邮购等方式提供商品或者服务的经营者，以及提供证券、保险、银行等金融服务的经营者，应当向消费者提供经营地址、联系方式、商品或者服务的数量和质量、价款或者费用、履行期限和方式、安全注意事项和风险警示、售后服务、民事责任等信息。

第二十九条　经营者收集、使用消费者个人信息，应当遵循合法、正当、必要的原则，明示收集、使用信息的目的、方式和范围，并经消费者同意。经营者收集、使用消费者个人信息，应当公开其收集、使用规则，不得违反法律、法规的规定和双方的约定收集、使用信息。

经营者及其工作人员对收集的消费者个人信息必须严格保密，不得泄露、出售或者非法向他人提供。经营者应当采取技术措施和其他必要措施，确保信息安全，防止消费者个人信息泄露、丢失。在发生或者可能发生信息泄露、丢失的情况时，应当立即采取补救措施。

经营者未经消费者同意或者请求，或者消费者明确表示拒绝的，不得向其发送商业性信息。

第四章　国家对消费者合法权益的保护

第三十条　国家制定有关消费者权益的法律、法规、规章和强制性标准，应当听取消费者和消费者协会等组织的意见。

第三十一条　各级人民政府应当加强领导，组织、协调、督促有关行政部门做好保护消费者合法权益的工作，落实保护消费者合法权益的职责。

各级人民政府应当加强监督，预防危害消费者人身、财产安全行为的发生，及时制止危害消费者人身、财产安全的行为。

第三十二条 各级人民政府工商行政管理部门和其他有关行政部门应当依照法律、法规的规定，在各自的职责范围内，采取措施，保护消费者的合法权益。

有关行政部门应当听取消费者和消费者协会等组织对经营者交易行为、商品和服务质量问题的意见，及时调查处理。

第三十三条 有关行政部门在各自的职责范围内，应当定期或者不定期对经营者提供的商品和服务进行抽查检验，并及时向社会公布抽查检验结果。

有关行政部门发现并认定经营者提供的商品或者服务存在缺陷，有危及人身、财产安全危险的，应当立即责令经营者采取停止销售、警示、召回、无害化处理、销毁、停止生产或者服务等措施。

第三十四条 有关国家机关应当依照法律、法规的规定，惩处经营者在提供商品和服务中侵害消费者合法权益的违法犯罪行为。

第三十五条 人民法院应当采取措施，方便消费者提起诉讼。对符合《中华人民共和国民事诉讼法》起诉条件的消费者权益争议，必须受理，及时审理。

第五章 消费者组织

第三十六条 消费者协会和其他消费者组织是依法成立的对商品和服务进行社会监督的保护消费者合法权益的社会组织。

第三十七条 消费者协会履行下列公益性职责：

（一）向消费者提供消费信息和咨询服务，提高消费者维护自身合法权益的能力，引导文明、健康、节约资源和保护环境的消费方式；

（二）参与制定有关消费者权益的法律、法规、规章和强制性标准；

（三）参与有关行政部门对商品和服务的监督、检查；

（四）就有关消费者合法权益的问题，向有关部门反映、查询，提出建议；

（五）受理消费者的投诉，并对投诉事项进行调查、调解；

（六）投诉事项涉及商品和服务质量问题的，可以委托具备资格的鉴定人鉴定，鉴定人应当告知鉴定意见；

（七）就损害消费者合法权益的行为，支持受损害的消费者提起诉讼或者依照本法提起诉讼；

（八）对损害消费者合法权益的行为，通过大众传播媒介予以揭露、批评。

各级人民政府对消费者协会履行职责应当予以必要的经费等支持。

消费者协会应当认真履行保护消费者合法权益的职责，听取消费者的意见和建议，接受社会监督。

依法成立的其他消费者组织依照法律、法规及其章程的规定，开展保护消费者合法权益的活动。

第三十八条 消费者组织不得从事商品经营和营利性服务，不得以收取费用或者其他牟取利益的方式向消费者推荐商品和服务。

第六章 争议的解决

第三十九条 消费者和经营者发生消费者权益争议的，可以通过下列途径解决：

（一）与经营者协商和解；

（二）请求消费者协会或者依法成立的其他调解组织调解；

（三）向有关行政部门投诉；

（四）根据与经营者达成的仲裁协议提请仲裁机构仲裁；

（五）向人民法院提起诉讼。

第四十条 消费者在购买、使用商品时，其合法权益受到损害的，可以向销售者要求赔偿。销售者赔偿后，属于生产者的责任或者属于向销售者提供商品的其他销售者的责任的，销售者有权向生产者或者其他销售者追偿。

消费者或者其他受害人因商品缺陷造成人身、财产损害的，可以向销售者要求赔偿，也可以向生产者要求赔偿。属于生产者责任的，销售者赔偿后，有权向生产者追偿。属于销售者责任的，生产者赔偿后，有权向销售者追偿。

消费者在接受服务时，其合法权益受到损害的，可以向服务者要求赔偿。

第四十一条 消费者在购买、使用商品或者接受服务时，其合法权益受到损害，因原企业分立、合并的，可以向变更后承受其权利义务的企业要求赔偿。

第四十二条 使用他人营业执照的违法经营者提供商品或者服务,损害消费者合法权益的,消费者可以向其要求赔偿,也可以向营业执照的持有人要求赔偿。

第四十三条 消费者在展销会、租赁柜台购买商品或者接受服务,其合法权益受到损害的,可以向销售者或者服务者要求赔偿。展销会结束或者柜台租赁期满后,也可以向展销会的举办者、柜台的出租者要求赔偿。展销会的举办者、柜台的出租者赔偿后,有权向销售者或者服务者追偿。

第四十四条 消费者通过网络交易平台购买商品或者接受服务,其合法权益受到损害的,可以向销售者或者服务者要求赔偿。网络交易平台提供者不能提供销售者或者服务者的真实名称、地址和有效联系方式的,消费者也可以向网络交易平台提供者要求赔偿;网络交易平台提供者作出更有利于消费者的承诺的,应当履行承诺。网络交易平台提供者赔偿后,有权向销售者或者服务者追偿。

网络交易平台提供者明知或者应知销售者或者服务者利用其平台侵害消费者合法权益,未采取必要措施的,依法与该销售者或者服务者承担连带责任。

第四十五条 消费者因经营者利用虚假广告或者其他虚假宣传方式提供商品或者服务,其合法权益受到损害的,可以向经营者要求赔偿。广告经营者、发布者发布虚假广告的,消费者可以请求行政主管部门予以惩处。广告经营者、发布者不能提供经营者的真实名称、地址和有效联系方式的,应当承担赔偿责任。

广告经营者、发布者设计、制作、发布关系消费者生命健康商品或者服务的虚假广告,造成消费者损害的,应当与提供该商品或者服务的经营者承担连带责任。

社会团体或者其他组织、个人在关系消费者生命健康商品或者服务的虚假广告或者其他虚假宣传中向消费者推荐商品或者服务,造成消费者损害的,应当与提供该商品或者服务的经营者承担连带责任。

第四十六条 消费者向有关行政部门投诉的,该部门应当自收到投诉之日起七个工作日内,予以处理并告知消费者。

第四十七条 对侵害众多消费者合法权益的行为,中国消费者协会以及在省、自治区、直辖市设立的消费者协会,可以向人民法院提起诉讼。

第七章 法律责任

第四十八条 经营者提供商品或者服务有下列情形之一的，除本法另有规定外，应当依照其他有关法律、法规的规定，承担民事责任：

（一）商品或者服务存在缺陷的；

（二）不具备商品应当具备的使用性能而出售时未作说明的；

（三）不符合在商品或者其包装上注明采用的商品标准的；

（四）不符合商品说明、实物样品等方式表明的质量状况的；

（五）生产国家明令淘汰的商品或者销售失效、变质的商品的；

（六）销售的商品数量不足的；

（七）服务的内容和费用违反约定的；

（八）对消费者提出的修理、重作、更换、退货、补足商品数量、退还货款和服务费用或者赔偿损失的要求，故意拖延或者无理拒绝的；

（九）法律、法规规定的其他损害消费者权益的情形。

经营者对消费者未尽到安全保障义务，造成消费者损害的，应当承担侵权责任。

第四十九条 经营者提供商品或者服务，造成消费者或者其他受害人人身伤害的，应当赔偿医疗费、护理费、交通费等为治疗和康复支出的合理费用，以及因误工减少的收入。造成残疾的，还应当赔偿残疾生活辅助具费和残疾赔偿金。造成死亡的，还应当赔偿丧葬费和死亡赔偿金。

第五十条 经营者侵害消费者的人格尊严、侵犯消费者人身自由或者侵害消费者个人信息依法得到保护的权利的，应当停止侵害、恢复名誉、消除影响、赔礼道歉，并赔偿损失。

第五十一条 经营者有侮辱诽谤、搜查身体、侵犯人身自由等侵害消费者或者其他受害人人身权益的行为，造成严重精神损害的，受害人可以要求精神损害赔偿。

第五十二条 经营者提供商品或者服务，造成消费者财产损害的，应当依照法律规定或者当事人约定承担修理、重作、更换、退货、补足商品数量、退还货款和服务费用或者赔偿损失等民事责任。

第五十三条　经营者以预收款方式提供商品或者服务的，应当按照约定提供。未按照约定提供的，应当按照消费者的要求履行约定或者退回预付款；并应当承担预付款的利息、消费者必须支付的合理费用。

第五十四条　依法经有关行政部门认定为不合格的商品，消费者要求退货的，经营者应当负责退货。

第五十五条　经营者提供商品或者服务有欺诈行为的，应当按照消费者的要求增加赔偿其受到的损失，增加赔偿的金额为消费者购买商品的价款或者接受服务的费用的三倍；增加赔偿的金额不足五百元的，为五百元。法律另有规定的，依照其规定。

经营者明知商品或者服务存在缺陷，仍然向消费者提供，造成消费者或者其他受害人死亡或者健康严重损害的，受害人有权要求经营者依照本法第四十九条、第五十一条等法律规定赔偿损失，并有权要求所受损失二倍以下的惩罚性赔偿。

第五十六条　经营者有下列情形之一，除承担相应的民事责任外，其他有关法律、法规对处罚机关和处罚方式有规定的，依照法律、法规的规定执行；法律、法规未作规定的，由工商行政管理部门或者其他有关行政部门责令改正，可以根据情节单处或者并处警告、没收违法所得、处以违法所得一倍以上十倍以下的罚款，没有违法所得的，处以五十万元以下的罚款；情节严重的，责令停业整顿、吊销营业执照：

（一）提供的商品或者服务不符合保障人身、财产安全要求的；

（二）在商品中掺杂、掺假，以假充真，以次充好，或者以不合格商品冒充合格商品的；

（三）生产国家明令淘汰的商品或者销售失效、变质的商品的；

（四）伪造商品的产地，伪造或者冒用他人的厂名、厂址，篡改生产日期，伪造或者冒用认证标志等质量标志的；

（五）销售的商品应当检验、检疫而未检验、检疫或者伪造检验、检疫结果的；

（六）对商品或者服务作虚假或者引人误解的宣传的；

（七）拒绝或者拖延有关行政部门责令对缺陷商品或者服务采取停止销

售、警示、召回、无害化处理、销毁、停止生产或者服务等措施的；

（八）对消费者提出的修理、重作、更换、退货、补足商品数量、退还货款和服务费用或者赔偿损失的要求，故意拖延或者无理拒绝的；

（九）侵害消费者人格尊严、侵犯消费者人身自由或者侵害消费者个人信息依法得到保护的权利的；

（十）法律、法规规定的对损害消费者权益应当予以处罚的其他情形。

经营者有前款规定情形的，除依照法律、法规规定予以处罚外，处罚机关应当记入信用档案，向社会公布。

第五十七条 经营者违反本法规定提供商品或者服务，侵害消费者合法权益，构成犯罪的，依法追究刑事责任。

第五十八条 经营者违反本法规定，应当承担民事赔偿责任和缴纳罚款、罚金，其财产不足以同时支付的，先承担民事赔偿责任。

第五十九条 经营者对行政处罚决定不服的，可以依法申请行政复议或者提起行政诉讼。

第六十条 以暴力、威胁等方法阻碍有关行政部门工作人员依法执行职务的，依法追究刑事责任；拒绝、阻碍有关行政部门工作人员依法执行职务，未使用暴力、威胁方法的，由公安机关依照《中华人民共和国治安管理处罚法》的规定处罚。

第六十一条 国家机关工作人员玩忽职守或者包庇经营者侵害消费者合法权益的行为的，由其所在单位或者上级机关给予行政处分；情节严重，构成犯罪的，依法追究刑事责任。

第八章 附则

第六十二条 农民购买、使用直接用于农业生产的生产资料，参照本法执行。

第六十三条 本法自2014年3月15日起施行。

B.21
食品安全法

国务院法制办公室关于公布《中华人民共和国食品安全法（修订草案送审稿）》公开征求意见的通知

2013年10月10日，国家食品药品监管总局向国务院报送了《中华人民共和国食品安全法（修订草案送审稿）》（以下简称送审稿）。送审稿从落实监管体制改革和政府职能转变成果、强化企业主体责任落实、强化地方政府责任落实、创新监管机制方式、完善食品安全社会共治、严惩重处违法违规行为六个方面对现行法律作了修改、补充，增加了食品网络交易监管制度、食品安全责任强制保险制度、禁止婴幼儿配方食品委托贴牌生产等规定和责任约谈、突击性检查等监管方式。在行政许可设置方面，国家食品药品监管总局经过专项论证，在送审稿中增加规定了食品安全管理人员职业资格和保健食品产品注册两项许可制度。

为了进一步增强立法的公开性和透明度，提高立法质量，国务院法制办公室决定将送审稿及其修订说明、送审稿与现行法律条文对照表全文公布，征求社会各界意见。

有关单位和各界人士可以在2013年11月29日前，通过以下三种方式提出意见：

（一）可登录中央政府门户网站（网址：http：//www.gov.cn）、中国政府法制信息网（网址：http：//www.chinalaw.gov.cn），国家食品药品监管总局网站（网址：http：//www.sda.gov.cn），浏览送审稿及其修订说明、送审稿与现行法律条文对照表全文。

对送审稿的相关意见、建议，请登录中国政府法制信息网（网址：http：//www.chinalaw.gov.cn），通过网站首页左侧的《法规规章草案意见征

集系统》提出。

(二)通过信函方式将意见寄至：北京市 2067 信箱(邮政编码：100035),并请在信封上注明"食品安全法修订征求意见"字样。

(三)通过电子邮件方式将意见发送至：spaq@chinalaw.gov.cn。

国务院法制办公室
2013 年 10 月 29 日

中华人民共和国食品安全法
(修订草案送审稿)

第一章　总则

第一条　为保证食品安全,保障公众身体健康和生命安全,制定本法。

第二条　在中华人民共和国境内从事下列活动,应当遵守本法：

(一)食品生产和加工(以下称食品生产),食品流通和餐饮服务(以下称食品经营);

(二)食品添加剂的生产经营;

(三)用于食品的包装材料、容器、洗涤剂、消毒剂和用于食品生产经营的工具、设备(以下称食品相关产品)的生产经营;

(四)食品生产经营者使用食品添加剂、食品相关产品;

(五)对食品、食品添加剂和食品相关产品的安全管理。

供食用的源于农业的初级产品(以下称食用农产品)的质量安全管理,遵守《中华人民共和国农产品质量安全法》的规定,但本法另有规定的,应当遵守本法的有关规定。

第三条　食品安全监督管理工作遵循预防为主、风险管理、全程控制、社会共治的原则。

第四条　食品生产经营者是食品安全第一责任人,应当依照法律、法规和食品安全标准从事生产经营活动,诚信自律,对社会和公众负责,保证食品安全，接受社会监督，承担社会责任。

第五条 国务院设立食品安全委员会，其工作职责由国务院规定。

国务院食品药品监督管理部门依照本法和国务院规定的职责，承担食品安全综合协调职责，负责对食品生产经营活动实施监督管理。

国务院卫生行政部门依照本法和国务院规定的职责，负责食品安全风险评估、食品安全标准制定。

国务院质量监督检验检疫部门依照本法和国务院规定的职责，负责对食品相关产品生产和食品进出口活动实施监督管理。

国务院公安部门依照本法和国务院规定的职责，负责组织食品安全犯罪案件侦查工作。

国务院其他与食品安全工作相关的部门依照本法和国务院有关规定，履行相应职责。

第六条 县级以上地方人民政府统一负责、领导、组织、协调本行政区域的食品安全监督管理工作，建立健全食品安全全程监督管理的工作机制；将食品安全工作纳入当地国民经济和社会发展规划；加强食品安全监督管理能力建设，为食品安全监督管理工作提供保障；统一领导、指挥食品安全突发事件应对工作；完善、落实食品安全监督管理责任制，对食品安全工作进行评议、考核。

县级以上地方人民政府依照本法和国务院的规定确定本级食品药品监督管理、质量监督检验检疫、农业行政、卫生行政部门的食品安全监督管理职责。有关部门在各自职责范围内负责本行政区域的食品安全监督管理工作。

上级人民政府所属部门在下级行政区域设置的机构应当在所在地人民政府的统一组织、协调下，依法做好食品安全监督管理工作。

县级食品药品监督管理部门可以在乡镇或者区域设立食品药品监督管理派出机构。

乡镇人民政府和街道办事处负责本区域食品安全工作，组织开展食品安全隐患排查、信息报告、协助执法和宣传教育等工作。

第七条 县级以上食品安全监督管理部门以及其他与食品安全工作相关的部门应当加强沟通、密切配合，按照各自职责分工，依法行使职权，承担责任。

第八条 食品行业协会应当加强行业自律，引导食品生产经营者依法生产经营，推动行业诚信建设，宣传、普及食品安全知识。

第九条 国家将食品安全知识纳入国民素质教育，普及食品安全法律、法规以及食品安全标准和知识，开展食品安全公益宣传。

国家鼓励社会团体、基层群众性自治组织开展食品安全法律、法规以及食品安全标准和知识的普及工作，倡导健康的饮食方式，增强消费者食品安全意识和自我保护能力。

新闻媒体应当开展食品安全法律、法规以及食品安全标准和知识的公益宣传，客观、公正报道食品安全问题，并对违反本法的行为进行舆论监督。

第十条 国家鼓励和支持开展与食品安全有关的基础研究和应用研究，鼓励和支持食品生产经营者为提高食品安全水平采用先进技术和先进管理规范。

第十一条 任何组织或者个人有权举报食品生产经营中违反本法的行为，有权向有关部门了解食品安全信息，对食品安全监督管理工作提出意见和建议。

第二章 食品安全风险监测、评估和交流

第十二条 国家建立食品安全风险监测制度，对食源性疾病、食品污染以及食品中的有害因素进行监测。

国务院卫生行政部门会同国务院食品药品监督管理等部门制定、实施国家食品安全风险监测计划。省、自治区、直辖市人民政府卫生行政部门会同同级食品药品监督管理等部门，根据国家食品安全风险监测计划，结合本行政区域的具体情况，组织制定、实施本行政区域的食品安全风险监测方案。

第十三条 国务院食品安全监督管理部门获知有关食品安全风险信息后，应当立即向国务院卫生行政部门通报。国务院卫生行政部门会同有关部门对信息核实后认为有必要的，应当及时调整食品安全风险监测计划。

第十四条 国家建立食品安全风险评估制度，对食品、食品添加剂、食品相关产品中生物性、化学性和物理性危害进行风险评估。

国务院卫生行政部门负责组织食品安全风险评估工作，成立由医学、农业、粮食、食品、营养等方面的专家组成的食品安全风险评估专家委员会进行食品安全风险评估。

对农药、肥料、兽药、饲料和饲料添加剂等的安全性评估，应当有食品安全风险评估专家委员会的专家参加。

食品安全风险评估应当运用科学方法，根据食品安全风险监测信息、科学数据以及其他有关信息进行。

第十五条 国务院卫生行政部门通过食品安全风险监测或者接到举报发现食品、食品添加剂、食品相关产品可能存在安全隐患的，应当及时会同国务院食品安全监督管理部门进行核实、检验。对需要进行风险评估的，国务院卫生行政部门应当立即组织开展食品安全风险评估。

第十六条 国务院食品安全监督管理部门应当向国务院卫生行政部门提出食品安全风险评估的建议，并提供有关信息和资料。

国务院卫生行政部门应当及时向国务院有关部门通报食品安全风险评估的结果。

第十七条 食品安全风险评估结果是制定、修订食品安全标准和对食品安全实施监督管理的科学依据。

食品安全风险评估结果得出食品、食品添加剂、食品相关产品不安全结论的，国务院食品安全监督管理部门应当依据各自职责立即采取相应措施，责令生产经营者停止生产经营，并告知消费者停止食用或者使用；需要制定、修订相关食品安全国家标准的，国务院卫生行政部门应当立即制定、修订。

第十八条 国务院食品药品监督管理部门对食品安全风险评估结果、食品安全监督管理信息表明可能具有较高程度安全风险的食品，应当及时提出食品安全风险警示，并予以公布。

国务院食品药品监督管理部门应当会同国务院有关部门，根据食品安全风险评估结果、食品安全监督管理信息，对食品安全状况进行综合分析。

第十九条 国家建立食品安全风险交流制度。食品安全监督管理部门、食品安全风险评估机构按照科学、客观、及时、公开的原则，组织开展食品安全风险交流。

第三章 食品安全标准

第二十条 制定食品安全标准，应当以保障公众身体健康为宗旨，做到科学合理、公开透明、安全可靠。

第二十一条 食品安全标准是强制执行的标准。除食品安全标准外，不得制定其他的食品强制性标准。

第二十二条 食品安全标准应当包括下列内容：

（一）食品、食品添加剂、食品相关产品中的致病性微生物、农药残留、兽药残留、重金属、生物毒素、污染物质、放射性物质以及其他危害人体健康物质的限量规定；

（二）食品添加剂的品种、使用范围、用量；

（三）专供婴幼儿和其他特定人群的主辅食品的营养成分要求；

（四）对与食品安全、营养有关的标签、标识、说明书的要求；

（五）与食品安全有关的质量要求；

（六）食品检验方法与规程；

（七）其他需要制定为食品安全标准的内容。

第二十三条 食品安全国家标准由国务院卫生行政部门负责制定、公布。国务院标准化行政部门提供国家标准编号。

食品中农药残留、兽药残留的限量规定及其检验方法与规程由国务院卫生行政部门、国务院农业行政部门制定。

屠宰畜、禽的检验规程由国务院农业行政部门会同国务院卫生行政部门制定。

有关产品国家标准涉及食品安全国家标准规定内容的，应当与食品安全国家标准相一致。

第二十四条 国务院卫生行政部门应当对现行的食用农产品质量安全标准、食品卫生标准、食品质量标准和有关食品的行业标准中强制执行的标准予以整合，统一公布为食品安全国家标准。

本法规定的食品安全国家标准公布前，食品生产经营者应当按照现行食用农产品质量安全标准、食品卫生标准、食品质量标准和有关食品的行业标准生产经营食品。

第二十五条 食品安全国家标准应当经食品安全国家标准审评委员会审查通过。食品安全国家标准审评委员会由医学、农业、粮食、食品、营养等方面的专家以及国务院有关部门、食品行业协会、消费者协会的代表组成。

制定食品安全国家标准，应当依据食品安全风险评估结果并充分考虑食用农产品质量安全风险评估结果，参照相关的国际标准和国际食品安全风险评估结果，并广泛听取食品生产经营者和消费者的意见。

第二十六条 没有食品安全国家标准的，可以制定食品安全地方标准。

省、自治区、直辖市人民政府卫生行政部门组织制定食品安全地方标准，应当参照执行本法有关食品安全国家标准制定的规定，并报国务院卫生行政部门备案。国务院卫生行政部门应当及时公布。

第二十七条 企业生产的食品没有食品安全国家标准或者地方标准的，应当制定企业标准，作为组织生产的依据。国家鼓励食品生产企业制定严于食品安全国家标准或者地方标准的企业标准。企业标准应当报省级卫生行政部门备案，在本企业内部适用。省级卫生行政部门应当及时公布。

第二十八条 食品安全标准应当供公众免费查阅。

第四章 食品生产经营

第二十九条 食品生产经营应当符合食品安全标准和食品生产经营管理规范，并符合下列要求：

（一）具有与生产经营的食品品种、数量相适应的食品原料处理和食品加工、包装、贮存等场所，保持该场所环境整洁，并与有毒、有害场所以及其他污染源保持规定的距离；

（二）具有与生产经营的食品品种、数量相适应的生产经营设备或者设施，有相应的消毒、更衣、盥洗、采光、照明、通风、防腐、防尘、防蝇、防鼠、防虫、洗涤以及处理废水、存放垃圾和废弃物的设备或者设施；

（三）有食品安全专业技术人员、管理人员和保证食品安全的规章制度；

（四）具有合理的设备布局和工艺流程，防止待加工食品与直接入口食品、原料与成品交叉污染，避免食品接触有毒物、不洁物；

（五）餐具、饮具和盛放直接入口食品的容器，使用前应当洗净、消毒，炊具、用具用后应当洗净，保持清洁；

（六）贮存、运输和装卸食品的容器、工具和设备应当安全、无害，保持

清洁,防止食品污染,并符合保证食品安全所需的温度等特殊要求,不得将食品与有毒、有害物品一同运输;

(七)直接入口的食品应当有小包装或者使用无毒、清洁的包装材料、餐具;

(八)食品生产经营人员应当保持个人卫生,生产经营食品时,应当将手洗净,穿戴清洁的工作衣、帽;销售无包装的直接入口食品时,应当使用无毒、清洁的售货工具;

(九)用水应当符合国家规定的生活饮用水卫生标准;

(十)使用的洗涤剂、消毒剂应当对人体安全、无害;

(十一)法律、法规规定的其他要求。

食品生产经营管理规范由国务院食品药品监督管理部门制定。

第三十条 禁止食品生产经营活动中有下列行为:

(一)用非食品原料生产食品,或者用回收的食品、超过保质期的食品作为原料生产食品;

(二)添加食品添加剂以外的化学物质和其他可能危害人体健康的物质;

(三)采购、贮存国家公布的食品中可能违法添加的非食用物质;

(四)超范围、超限量使用食品添加剂;

(五)生产经营致病性微生物、农药残留、兽药残留、重金属、生物毒素、污染物质、放射性物质以及其他危害人体健康的物质含量超过食品安全标准限量的食品;

(六)生产经营营养成分不符合食品安全标准的专供婴幼儿和其他特定人群的主辅食品;

(七)生产经营腐败变质、油脂酸败、霉变生虫、污秽不洁、混有异物、掺假掺杂或者感官性状异常的食品;

(八)生产经营病死、毒死或者死因不明的禽、畜、兽、水产动物肉类及其制品;

(九)生产经营未经检疫或者检疫不合格的肉类,或者未经检验或者检验不合格的肉类制品;

(十)生产经营被包装材料、容器、运输工具、餐饮具等污染的食品;

（十一）经营超过保质期的食品、食品添加剂、食品相关产品；

（十二）生产经营无标签、标签及说明书不符合要求的预包装食品，以及未按规定标识的散装食品；

（十三）生产经营国家为防病等特殊需要明令禁止生产经营的食品；

（十四）利用废弃、回收等不符合要求的材料生产加工食品相关产品；

（十五）伪造、变造证照、标签、标识、说明书、检验报告、检疫证明等；

（十六）其他不符合法律法规要求的行为。

第三十一条 国家对食品生产经营实行许可制度。从事食品生产经营活动，应当依法取得食品生产经营许可。

食品生产加工小作坊、小食品店、小餐饮店、食品摊贩等从事食品生产经营活动，应当符合本法规定的与其生产经营规模、条件相适应的食品安全要求，保证所生产经营的食品卫生、无毒、无害，有关部门应当对其加强监督管理，具体管理办法由省、自治区、直辖市人民代表大会常务委员会或者省、自治区、直辖市人民政府依照本法制定。

第三十二条 县级以上地方人民政府鼓励和支持食品生产加工小作坊、小食品店、小餐饮店、食品摊贩改进生产经营条件；鼓励和支持食品摊贩进入集中交易市场、店铺等固定场所经营。

第三十三条 县级以上食品安全监督管理部门应当依照《中华人民共和国行政许可法》的规定，审核申请人提交的本法要求的相关资料，对申请人的生产经营场所进行现场核查；对符合规定条件的，决定准予许可；对不符合规定条件的，决定不予许可并书面说明理由。

第三十四条 食品生产经营企业应当建立健全本单位的食品安全管理制度，设立食品安全管理机构，明确分管负责人，做好对所生产经营食品的检验工作，依法从事食品生产经营活动。

第三十五条 国家建立食品安全管理人员职业资格制度。具体管理办法由国务院食品药品监督管理部门会同国务院人力资源社会保障部门制定。

食品生产经营者应当按照国家有关规定配备专职或者兼职食品安全管理人员。

食品生产经营者应当建立食品从业人员培训制度。食品从业人员经培训考核合格后方可上岗。从业人员培训考核管理办法由国务院食品药品监督管理部门制定。

第三十六条 国家鼓励食品生产经营企业实施危害分析与关键控制点体系等先进的食品安全管理体系，提高食品安全管理水平。

对通过危害分析与关键控制点体系等先进的食品安全管理体系认证的食品生产经营企业，认证机构应当依法实施跟踪调查；对不再符合认证要求的企业，应当依法撤销认证，及时向有关食品安全监督管理部门通报，并向社会公布。认证机构跟踪调查不得收取任何费用。

第三十七条 食品生产经营者应当建立并执行从业人员健康管理制度。食品从业人员每年应当进行健康检查，取得健康合格证明后方可从事食品生产经营活动。

患有痢疾、伤寒、病毒性肝炎等消化道传染病的人员，以及患有活动性肺结核、化脓性或者渗出性皮肤病等有碍食品安全的疾病的人员，不得从事接触直接入口食品的工作。

第三十八条 食用农产品生产者应当依照食品安全标准和国家有关规定使用农药、肥料、兽药、饲料和饲料添加剂等农业投入品，保证食用农产品安全。食用农产品的生产企业和农民专业合作经济组织应当建立食用农产品生产销售记录制度，并向购货者出具检验合格证明和产地证明等文件。

县级以上农业行政部门应当加强对农业投入品使用的管理和指导，建立健全农业投入品的安全使用制度。

第三十九条 食品生产经营企业应当建立食品追溯管理制度，保证食品可追溯。

鼓励和支持食品生产经营企业采用信息化手段实现食品可追溯。

第四十条 食品生产者应当建立食品原料、食品添加剂、食品相关产品进货查验记录制度。采购食品原料、食品添加剂、食品相关产品，应当查验供货者的许可证和产品合格证明文件，保存相关凭据，如实记录食品原料、食品添加剂、食品相关产品的名称、规格、数量、进货日期以及供货者的名称、地址及联系方式等内容。对无法提供合格证明文件的食品原料，应当依照食品安全标准进行检验。不得采购或者使用不符合食品安全标准的食品原料、食品添剂、食品相关产品。

食品原料、食品添加剂、食品相关产品进货查验记录应当真实，保存期限不得少于二年。

第四十一条 食品生产企业应当建立食品出厂检验记录制度，查验出厂食品的检验合格证和安全状况，并如实记录食品的名称、规格、数量、生产日期、生产批号、检验合格证号、购货者名称及联系方式、销售日期等内容。

食品出厂检验记录应当真实，保存期限不得少于二年。

第四十二条 食品、食品添加剂和食品相关产品的生产者，应当依照食品安全标准对所生产的食品、食品添加剂、食品相关产品进行检验，检验合格后方可出厂或者销售。

第四十三条 食品经营者应当建立进货查验记录制度，采购食品应当查验供货者的许可证、食品合格证明文件和产品标识，保存相关凭据，如实记录食品的名称、规格、数量、生产日期、保质期、进货日期以及供货者的名称、地址及联系方式等内容。

食品进货查验记录应当真实，保存期限不得少于二年。

实行统一配送经营方式的食品经营企业，可以由企业总部统一查验供货者的许可证和食品合格的证明文件，进行食品进货查验记录，保存相关凭据。食品进货查验记录应当在其分店可以查询。

第四十四条 食品生产经营者应当按照保证食品安全的要求贮存、运输和配送食品，定期检查库存食品，及时清理变质或者超过保质期的食品。

第四十五条 食品经营者贮存散装食品，应当在贮存位置或者在散装食品的容器、外包装上标明食品的名称、生产日期、保质期、生产者名称及联系方式等内容。

食品经营者销售散装食品，应当在散装食品的容器、外包装上标明食品的名称、成分或者配料表、生产日期、保质期、生产经营者名称及联系方式等内容。

第四十六条 预包装食品的包装上应当有标签。标签应当标明下列事项：

（一）名称、规格、净含量、生产日期、产地；

（二）成分或者配料表；

（三）生产者的名称、地址、联系方式；

（四）保质期；

（五）产品标准代号；

（六）贮存条件；

（七）所使用的食品添加剂在国家标准中的通用名称；

（八）生产许可证编号；

（九）法律、法规或者食品安全标准规定必须标明的其他事项。

专供婴幼儿和其他特定人群的主辅食品，其标签还应当标明主要营养成分及其含量。

第四十七条 国家对食品添加剂的生产经营实行许可制度。从事食品添加剂生产经营活动，应当依法取得食品添加剂生产经营许可。

食品添加剂生产经营活动除遵守本法有关食品添加剂的特别规定外，还应当遵守食品生产经营活动的有关要求。

第四十八条 申请利用新的食品原料从事食品生产或者从事食品添加剂新品种、食品相关产品新品种生产活动的单位或者个人，应当向国务院卫生行政部门提交相关产品的安全性评估材料。国务院卫生行政部门应当自收到申请之日起六十日内组织对相关产品的安全性评估材料进行审查；对符合食品安全要求的，依法决定准予许可并予以公布；对不符合食品安全要求的，决定不予许可并书面说明理由。

第四十九条 食品添加剂应当在技术上确有必要且经过风险评估证明安全可靠，方可列入允许使用的范围。国务院卫生行政部门应当根据技术必要性和食品安全风险评估结果，及时对食品添加剂的品种、使用范围、用量的标准进行修订。

第五十条 食品生产经营者应当依照食品安全标准关于食品添加剂的品种、使用范围、用量的规定使用食品添加剂。

第五十一条 食品添加剂应当有标签、说明书和包装。标签、说明书应当载明本法第四十六条第一款第一项至第六项、第八项、第九项规定的事项，以及食品添加剂的使用范围、用量、使用方法，并在标签上载明"食品添加剂"字样。

第五十二条 食品和食品添加剂的标签、说明书，不得含有虚假、夸大的内容，不得涉及疾病预防、治疗功能。生产者对标签、说明书上所载明的内容负责。

食品和食品添加剂的标签、说明书应当清楚、明显，容易辨识。

食品和食品添加剂与其标签、说明书所载明的内容不符的，不得上市销售。

第五十三条 国家对食品相关产品的生产实行安全评价审查制度。食品相关产品的生产者应当对食品相关产品及其生产过程形成安全鉴定说明文件。质量监督检验检疫部门对安全鉴定说明文件进行评价审查。食品相关产品安全评价审查规范由国务院质量监督检验检疫部门制定。

第五十四条 食品经营者应当按照食品标签标示的警示标志、警示说明或者注意事项的要求，销售预包装食品。

第五十五条 生产经营的食品中不得添加药品，但是可以添加按照传统既是食品又是中药材的物质。

食品生产经营者在食品中添加传统上既是食品又是中药材的物质，应当严格按照国务院卫生行政部门制定公布的目录执行。

第五十六条 国家对保健食品实行严格监督管理。对在我国首次上市新品种、使用新原料和首次进口的保健食品实行注册管理；对其他声称具有特定保健功能的食品实行备案管理。具体管理办法由国务院制定。

保健食品不得对人体产生急性、亚急性或者慢性危害，其标签、说明书内容必须真实，应当载明适宜人群、不适宜人群、功效成分或者标志性成分及其含量等，并载明"本产品不具有疾病预防、治疗功能"字样；产品的功能和成分必须与标签、说明书相一致。

保健食品生产者对其声称的产品功能的真实性、有效性负责。

第五十七条 国家对婴幼儿配方食品实行严格监督管理。

食品生产企业生产婴幼儿配方食品应当将生产原料、产品配方及标签等向食品安全监督管理部门备案。

不得以委托、贴牌、分装方式生产婴幼儿配方食品。

第五十八条 集中交易市场的开办者、柜台出租者和展销会举办者，应当审查入场食品经营者的许可证，承担入场食品经营者的食品安全管理责任，定

期对入场食品经营者的经营环境和条件进行检查，发现食品经营者有违反本法规定的行为的，应当及时制止并立即报告所在地县级食品药品监督管理部门。

集中交易市场的开办者、柜台出租者和展销会举办者未履行前款规定义务，发生食品安全事故的，应当承担连带责任。

第五十九条 网络食品交易第三方平台提供者应当取得食品生产经营许可。

网络食品交易第三方平台提供者应当查验入网食品经营者的许可证或者对入网食品经营者实行实名登记，承担食品安全管理责任。

网络食品交易第三方平台提供者发现入网食品经营者有违反本法规定的行为的，应当及时制止，并立即报告网络食品交易第三方平台提供者食品生产经营许可证颁发地食品药品监督管理部门。

网络食品交易第三方平台提供者未履行规定义务，使消费者的合法权益受到侵害的，应当承担连带责任，并先行赔付。

网络食品交易第三方平台提供者食品生产经营许可证颁发地食品药品监督管理部门负责对网络食品交易第三方平台提供者实施监督管理。

第六十条 食品生产经营者应当建立食品安全自查制度，定期对本单位食品安全状况进行检查并记录。

鼓励食品生产经营者聘请食品安全社会专业机构，定期对本单位食品安全管理体系进行评价。

食品生产经营者发现存在重大食品安全隐患时，应当及时进行处理，并报告县级以上食品安全监督管理部门。

第六十一条 国家建立食品召回制度。食品生产者发现其生产的食品不符合食品安全标准，应当立即停止生产，召回已经上市销售的食品，通知相关生产经营者和消费者，并记录召回和通知情况。

食品经营者发现其经营的食品不符合食品安全标准，应当立即停止经营，通知相关生产经营者和消费者，并记录停止经营和通知情况。食品生产者认为应当召回的，应当立即召回。

食品安全监督管理部门在日常监督检查中发现食品不符合食品安全标准，可以责令食品生产经营者召回其生产经营的食品。

食品生产经营者应当将食品召回和停止生产经营情况向县级以上食品安全监督管理部门报告。

食品生产经营者未依照本条规定召回或者停止经营不符合食品安全标准的食品的，县级以上食品安全监督管理部门应当按照职责分工责令其召回或者停止经营。

第六十二条　食品生产经营企业应当对召回、超过保质期等市场退出的食品采取补救、无害化处理、销毁等措施。

县级以上地方人民政府鼓励和支持建立不合格食品无害化处理设施。

第六十三条　食品广告的内容应当真实合法，不得含有虚假、夸大的内容，不得涉及疾病预防、治疗功能。食品生产经营者应当对其食品广告内容的真实性、合法性负责。

明知或者应知食品广告虚假仍设计、制作、发布，使消费者的合法权益受到损害的，广告的设计者、制作者、发布者与食品生产经营者承担连带责任。

食品安全监督管理部门或者承担食品检验职责的机构、食品行业协会、消费者协会不得以广告或者其他形式向消费者推荐食品。

第六十四条　社会团体或者其他组织、个人在虚假广告中向消费者推荐食品，使消费者的合法权益受到损害的，与食品生产经营者承担连带责任。

第六十五条　国家建立食品安全责任强制保险制度。食品生产经营企业应当按照国家有关规定投保食品安全责任强制保险。

食品安全责任强制保险具体管理办法由国务院保险监督管理机构会同国务院食品药品监督管理部门制定。

第六十六条　地方各级人民政府鼓励食品规模化生产和连锁经营、配送。

第五章　食品检验

第六十七条　食品检验机构按照国家有关认证认可的规定取得资质认定后，方可从事食品检验活动。但是，法律另有规定的除外。

食品检验机构的资质认定条件和检验规范，由国务院食品药品监督管理部门规定并监督实施。

本法施行前经国务院有关主管部门批准设立或者经依法认定的食品检验机

构，可以依照本法继续从事食品检验活动。

第六十八条 食品检验由食品检验机构指定的检验人独立进行。

检验人应当依照有关法律、法规的规定，并依照食品安全标准和检验规范对食品进行检验，尊重科学，恪守职业道德，保证出具的检验数据和结论客观、公正，不得出具虚假的检验报告。

第六十九条 食品检验实行食品检验机构与检验人负责制。食品检验报告应当加盖食品检验机构公章，并有检验人的签名或者盖章。食品检验机构和检验人对出具的食品检验报告负责。

第七十条 食品安全监督管理部门对食品不得实施免检。

县级以上食品安全监督管理部门应当对食品进行定期或者不定期的抽样检验，并依据有关规定公布检验结果。

进行抽样检验，应当购买抽取的样品，不收取检验费和其他任何费用。

县级以上食品安全监督管理部门在执法工作中需要对食品进行检验的，应当委托符合本法规定的食品检验机构进行，并支付相关费用。

检验结果表明相关食品不符合食品安全标准的，食品生产经营者应当立即停止生产经营。

第七十一条 食品生产经营者对检验结论有异议的，自收到检验结果之日起五日内，可以向组织实施食品抽检的食品安全监督管理部门或者上级食品安全监督管理部门申请复检，并说明理由。

食品生产经营者申请复检，复检结论合格的，费用由抽样检验的部门承担；复检结论不合格的，费用由食品生产经营者承担。

第七十二条 食品生产经营企业可以自行对所生产的食品进行检验，也可以委托符合本法规定的食品检验机构进行检验。

食品行业协会等组织、消费者需要委托食品检验机构对食品进行检验的，应当委托符合本法规定的食品检验机构进行。

第六章 食品进出口

第七十三条 进口的食品、食品添加剂以及食品相关产品应当符合我国食品安全国家标准。

进口的食品应当经出入境检验检疫机构检验合格后，海关凭出入境检验检疫机构签发的通关证明放行。

进口的食品应当随附检验合格证明材料。

第七十四条 进口尚无食品安全国家标准的食品，进口商应当向国务院卫生行政部门提出所执行的有关国家的食品安全标准或者国际标准、食品检验结果、生产国合法生产证明等材料，由国务院卫生行政部门组织审查，经审查同意的，指定适用标准。

首次进口食品添加剂新品种、食品相关产品新品种，进口商应当向国务院卫生行政部门提出申请并提交相关的安全性评估材料。国务院卫生行政部门依照本法第四十八条的规定作出是否准予许可的决定，并及时制定相应的食品安全国家标准。

第七十五条 进口商应当建立境外出口商、境外食品生产企业审核制度，保证进口的食品符合本法以及我国其他有关法律、法规的规定和食品安全国家标准的要求，并对进口食品的标签、说明书所载明的内容负责。

第七十六条 境外发生的食品安全事件可能对我国境内造成影响，或者在进口食品中发现严重食品安全问题的，国家出入境检验检疫部门应当及时采取风险预警或者控制措施，并向国务院食品药品监督管理、卫生行政、农业行政部门通报。接到通报的部门应当及时采取相应措施。

第七十七条 向我国境内出口食品的出口商或者代理商、进口食品的进口商应当向国家出入境检验检疫部门备案。向我国境内出口食品的境外食品生产企业应当经国家出入境检验检疫部门注册。

国家出入境检验检疫部门应当定期公布已经备案的出口商、代理商、进口商和已经注册的境外食品生产企业名单。

国务院食品安全监督管理部门可以组织对向我国境内出口食品的境外食品生产企业进行现场检查。

第七十八条 进口的预包装食品应当有中文标签、中文说明书。标签、说明书应当符合本法以及我国其他有关法律、行政法规的规定和食品安全国家标准的要求，载明食品的名称、规格、净含量、生产日期、成分或者配料表、保质期、贮存条件、适用标准、原产地，以及生产企业和境内代理商的名称、地

址、联系方式。预包装食品没有中文标签、中文说明书或者标签、说明书不符合本条规定的，不得进口。

第七十九条 进口商应当建立食品进口和销售记录制度，如实记录食品的名称、规格、数量、生产日期、生产或者进口批号、保质期、出口商和购货者名称及联系方式、交货日期等内容。

食品进口和销售记录应当真实，保存期限不得少于二年。

第八十条 进口的食品不符合我国食品安全国家标准，或者可能对人体健康和生命安全造成损害的，进口商应当立即停止进口，召回已经销售的食品，通知相关生产经营者和消费者，并将召回和处理情况向国家出入境检验检疫部门报告。

未按照规定召回或者停止进口的，国家出入境检验检疫部门应当责令其召回、停止进口。

第八十一条 出口的食品由出入境检验检疫机构进行监督、抽检，海关凭出入境检验检疫机构签发的通关证明放行。

出口食品生产企业、向国外出口食品的出口商和出口食品原料种植、养殖场应当向国家出入境检验检疫部门备案。

第八十二条 国家出入境检验检疫部门应当收集、汇总进出口食品安全信息，并及时通报相关部门、机构和企业。

国家出入境检验检疫部门应当对进出口食品的进口商、出口商和出口食品生产企业实施信用管理，建立信用记录，并予以公布。对有不良记录的进口商、出口商和出口食品生产企业，应当加强对其进出口食品的检验检疫。

第八十三条 国家出入境检验检疫部门可以对向我国境内出口食品的国家或者地区的食品安全管理体系和食品安全状况进行评估和审查，并根据评估和审查结果，确定相应检验检疫要求。

第七章 食品安全事故处置

第八十四条 国家建立食品安全事故应急处置制度。按照分类管理、分级负责、条块结合、属地为主的原则，建立食品安全应急管理体系和运行机制。

第八十五条 国务院组织制定国家食品安全事故应急预案。

县级以上地方人民政府应当根据有关法律、法规的规定和上级人民政府的食品安全事故应急预案以及本地区的实际情况,制定本行政区域的食品安全事故应急预案,并报上一级人民政府备案。

县级以上地方人民政府应当加强食品安全应急能力建设,建立应急处置队伍,配备设施设备,组织开展食品安全事故应急演练。

食品生产经营企业应当制定食品安全事故处置方案,定期检查本企业各项食品安全防范措施的落实情况,及时消除食品安全事故隐患。鼓励食品生产经营企业开展食品安全事故应急演练。

第八十六条 发生食品安全事故的单位应当立即予以处置,防止事故扩大。事故发生单位和接收病人进行治疗的单位应当及时向事故发生地县级食品药品监督管理、卫生行政部门报告。

农业行政、质量监督检验检疫部门在日常监督管理中发现食品安全事故,或者接到有关食品安全事故的举报,应当立即向食品药品监督管理部门通报。

发生食品安全事故的,接到报告的县级食品药品监督管理部门应当按照规定向本级人民政府和上级人民政府食品药品监督管理部门报告。县级人民政府和上级人民政府食品药品监督管理部门应当按照规定上报。

任何单位或者个人不得对食品安全事故隐瞒、谎报、缓报,不得隐匿、伪造、毁灭有关证据。

第八十七条 县级以上地方人民政府接到食品安全事故的报告后,应当立即组织食品安全监督管理部门以及有关部门进行调查处理,并采取下列措施,防止或者减轻社会危害:

(一)开展应急救援工作,对因食品安全事故导致人身伤害的人员,卫生行政部门应当立即组织救治;

(二)封存可能导致食品安全事故的食品及其原料,并立即进行检验;对确认属于被污染的食品及其原料,责令食品生产经营者依照本法第六十一条的规定予以召回、停止经营并销毁;

(三)封存被污染的食品用工具及用具,并责令进行清洗消毒;

(四)做好信息发布工作,依法对食品安全事故及其处理情况进行发布,并对可能产生的危害加以解释、说明。

发生食品安全事故的，县级以上人民政府应当按照有关规定立即成立食品安全事故处置指挥机构，启动应急预案，依照前款规定进行处置。

第八十八条 发生食品安全事故，设区的市级以上人民政府食品药品监督管理部门应当按照有关规定会同有关部门进行事故责任调查，督促有关部门履行职责，向本级人民政府提出事故责任调查处理报告。

重大食品安全事故涉及两个以上省、自治区、直辖市的，由国务院食品药品监督管理部门依照前款规定组织事故责任调查。

第八十九条 发生食品安全事故，县级以上疾病预防控制机构应当协助卫生行政部门和有关部门对事故现场进行卫生处理，并对与食品安全事故有关的因素开展流行病学调查。

疾病预防控制机构应当及时向卫生行政、食品药品监督管理部门提交流行病学调查报告。

第九十条 调查食品安全事故，除了查明事故单位的责任，还应当查明负有监督管理和认证职责的监督管理部门、认证机构的工作人员失职、渎职情况。

第八章　监督管理

第九十一条 国家建立食品安全风险分类分级监督管理制度。食品安全监督管理部门根据食品安全风险程度确定监督管理的重点、方式和频次等。

第九十二条 国务院授权有关部门制定食品安全监督管理能力建设标准，明确各级人民政府食品安全监督管理能力建设要求。

县级以上地方人民政府应当整合食品安全检验、信息等资源，实现资源共享。

第九十三条 县级以上地方人民政府应当将食品安全监督检查、抽样检验、风险监测、宣传教育、能力建设等经费纳入同级政府财政预算。

第九十四条 县级以上地方人民政府组织本级食品安全监督管理部门制定本行政区域的食品安全年度监督管理计划，并按照年度计划组织开展工作。

第九十五条 县级以上食品安全监督管理部门履行各自食品安全监督管理

职责,有权采取下列措施:

(一)进入生产经营场所实施现场检查;

(二)对生产经营的食品、食品添加剂、食品相关产品进行抽样检验;

(三)查阅、复制有关合同、票据、账簿以及其他有关资料;

(四)查封、扣押、责令停止生产经营有证据证明不符合食品安全标准或者有证据证明存在安全隐患的食品,违法使用的食品原料、食品添加剂、食品相关产品,以及用于违法生产经营或者被污染的工具、设备;

(五)查封违法从事食品生产经营活动的场所。

第九十六条 对没有食品安全国家标准,但有证据证明存在安全隐患的食品,国务院卫生行政部门应当及时会同有关部门设定食品中有害物质的临时限量值。

第九十七条 县级以上食品安全监督管理部门对食品生产经营者进行监督检查,应当记录监督检查的情况和处理结果。监督检查记录经监督检查人员和食品生产经营者签字后归档。

第九十八条 县级以上食品安全监督管理部门应当建立食品生产经营者食品安全信用档案,记录许可颁发、日常监督检查结果、违法行为查处等情况;根据食品安全信用档案的记录,对有不良信用记录的食品生产经营者增加监督检查频次。

第九十九条 食品生产经营过程中存在安全隐患,未及时采取措施消除的,食品安全监督管理部门可以对其法定代表人或者主要负责人进行责任约谈。

地方人民政府未履行食品安全职责,未及时消除区域性重大食品安全隐患的,上级人民政府可以对其主要负责人进行责任约谈。

第一百条 对涉嫌违反本法规定,可能造成严重危害或者重大社会影响的食品生产经营企业,上级食品安全监督管理部门可以对其实施突击性现场检查。

第一百零一条 国家建立食品安全有奖举报制度。县级以上食品药品监督管理部门建立食品安全投诉举报系统,对查证属实的,给予举报人奖励。

县级以上食品安全监督管理部门接到咨询、投诉、举报,对属于本部门职责的，应当受理，并及时进行答复、核实、处理；对不属于本部门职责的，应当书面通知并移交有权处理的部门处理。有权处理的部门应当及时处理，不得推诿；属于食品安全事故的，依照本法第七章有关规定进行处置。

县级以上地方人民政府应当落实财政专项奖励资金。

第一百零二条 县级以上食品安全监督管理部门应当按照法定权限和程序履行食品安全监督管理职责；对生产经营者的同一违法行为，不得给予二次以上罚款的行政处罚；涉嫌犯罪的，应当依法向公安机关移送。

第一百零三条 国家建立食品安全信息统一公布制度。下列信息由国务院食品药品监督管理部门统一公布：

（一）国家食品安全总体情况；

（二）食品安全风险警示信息；

（三）重大食品安全事故及其处理信息；

（四）其他重要的食品安全信息和国务院确定的需要统一公布的信息。

前款第二项、第三项规定的信息，其影响限于特定区域的，也可以由有关省、自治区、直辖市人民政府食品药品监督管理部门公布。县级以上食品安全监督管理部门依据各自职责公布食品安全日常监督管理信息。

食品安全监督管理部门公布信息，应当做到准确、及时、客观。

国务院食品药品监督管理部门建立统一食品安全信息平台，依法公布食品安全信息。

任何单位和个人未经授权不得发布依法由食品安全监督管理部门公布的食品安全信息。

第一百零四条 县级以上地方食品安全监督管理部门获知本法规定的需要统一公布的信息，应当向上级主管部门报告，由上级主管部门立即报告国务院食品药品监督管理部门；必要时，可以直接向国务院食品药品监督管理部门报告。

县级以上食品安全监督管理部门应当相互通报获知的食品安全信息。

第一百零五条 国家建立食品安全统计制度。国务院食品药品监督管理部门会同有关部门，建立食品安全统计指标体系，组织开展食品安全统计工作。

食品安全统计数据应当真实、完整。

第一百零六条 任何单位和个人发布可能对社会或者食品产业造成重大影响的食品安全信息,应当事先向食品生产经营企业、行业协会、科研机构、食品安全监督管理部门核实。

任何单位和个人不得发布未经核实的食品安全信息,不得编造、散布虚假食品安全信息。

第一百零七条 国务院食品安全监督管理部门与公安部门建立食品安全行政执法和刑事司法工作衔接机制。

食品安全监督管理部门发现涉嫌食品安全犯罪的,应当及时移送公安机关。对食品安全监督管理部门移送的案件,公安机关应当及时核查;公安机关认为符合立案标准的,应当立案侦查。

公安机关在侦办食品安全犯罪案件中发现的依法不构成犯罪的案件,应当及时移送食品安全监督管理部门,有关部门应当依法处置。

公安机关请求食品安全监督管理部门给予检验、鉴定、认定等协助的,食品安全监督管理部门应当予以协助。

第一百零八条 省级以上人民政府按照国务院有关规定,对在食品安全工作中取得显著成绩的单位和个人给予表彰。

第九章 法律责任

第一百零九条 违反本法规定,未经许可从事食品、食品添加剂生产经营活动的,由食品安全监督管理部门按照各自职责分工,没收违法所得和违法生产经营的食品、食品添加剂以及用于违法生产经营的工具、设备、原料等物品;违法生产经营的食品、食品添加剂货值金额不足一万元的,并处二千元以上五万元以下罚款;货值金额一万元以上的,并处货值金额五倍以上十倍以下罚款。

第一百一十条 违反本法规定,有下列情形之一的,由食品安全监督管理部门按照各自职责分工,没收违法所得、违法生产经营的食品和用于违法生产经营的工具、设备、原料等物品;违法生产经营的食品货值金额不足一万元的,并处五万元以上十五万元以下罚款;货值金额一万元以上的,并处货值金额十五倍以上三十倍以下罚款;情节严重的,吊销许可证,并由公安机关对直

接责任人给予行政拘留；构成犯罪的，依法追究刑事责任：

（一）用非食品原料生产食品，或者用回收的食品、超过保质期的食品作为原料生产食品；

（二）在食品中添加食品添加剂以外的化学物质或者其他可能危害人体健康的物质；

（三）生产经营营养成分不符合食品安全标准的专供婴幼儿和其他特定人群的主辅食品；

（四）以委托、贴牌、分装方式生产婴幼儿配方食品；

（五）生产经营病死、毒死或者死因不明的禽、畜、兽、水产动物肉类及其制品；

（六）经营未经检疫或者检疫不合格的肉类，或者生产经营未经检验或者检验不合格的肉类制品；

（七）生产经营掺假掺杂的食品；

（八）在食品生产经营活动中添加药品；

（九）生产的食品、食品添加剂的标签、说明书或者广告涉及疾病预防、治疗功能；

（十）生产经营国家为防病等特殊需要明令禁止生产经营的食品；

（十一）利用废弃、回收等不符合要求的材料生产加工食品相关产品；

（十二）伪造、变造证照、标签、标识、说明书、检验报告、检疫证明以及其他违背诚信义务的行为。

第一百一十一条 违反本法规定，有下列情形之一的，由食品安全监督管理部门按照职责分工，没收违法所得、违法生产经营的食品；违法生产经营的食品货值金额不足一万元的，并处二千元以上五万元以下罚款；货值金额一万元以上的，并处货值金额五倍以上十倍以下罚款；情节严重的，吊销许可证；构成犯罪的，依法追究刑事责任：

（一）生产经营致病性微生物、农药残留、兽药残留、重金属、生物毒素、污染物质、放射性物质以及其他危害人体健康的物质含量超过食品安全标准限量的食品；

（二）生产经营腐败变质、油脂酸败、霉变生虫、污秽不洁、混有异物或者感官性状异常的食品；

（三）经营超过保质期的食品、食品添加剂、食品相关产品；

（四）利用新的食品原料从事食品生产或者从事食品添加剂新品种、食品相关产品新品种生产，未经过安全性评估；

（五）食品生产经营者在有关主管部门责令其召回或者停止生产经营不符合食品安全标准的食品后，仍拒不召回或者停止生产经营的；

（六）采购、贮存国家公布的食品中可能违法添加的非食用物质。

食品生产经营者故意实施前款所列行为的，按照本法第一百零九条的规定予以处罚。

第一百一十二条 违反本法规定，有下列情形之一的，由食品安全监督管理部门按照职责分工，责令改正，给予警告；情节较重的，没收违法所得、违法生产经营的食品；违法生产经营的食品货值金额不足一万元的，并处五千元以上五万元以下罚款；货值金额一万元以上的，并处货值金额二倍以上五倍以下罚款；情节严重的，责令停产停业，直至吊销许可证；构成犯罪的，依法追究刑事责任：

（一）生产经营被包装材料、容器、运输工具等污染的食品；

（二）生产经营无标签的预包装食品、食品添加剂或者标签、说明书不符合本法规定的食品、食品添加剂，以及未按规定标识的散装食品；

（三）食品生产经营者采购、使用不符合食品安全标准的食品原料、食品添加剂、食品相关产品；

（四）生产经营过程中超范围、超限量使用食品添加剂；

（五）食品生产经营者未依法履行召回义务；

（六）食品生产经营用水不符合国家有关规定；

（七）生产经营其他不符合食品安全标准或者要求的食品、食品添加剂、食品相关产品。

第一百一十三条 违反本法规定，有下列情形之一的，由食品安全监督管理部门按照各自职责分工，责令改正，给予警告；拒不改正的，处二千元以上二万元以下罚款；情节严重的，责令停产停业，直至吊销许可证：

（一）未按规定配备食品安全管理人员；未按规定设立食品安全管理机

构、未明确分管负责人;

(二)从业人员未经培训或者培训考核不合格;

(三)食品生产经营者安排未取得健康合格证明的人员从事生产经营活动,或者安排患有本法所列疾病的人员从事接触直接入口食品的工作;

(四)未建立并遵守查验记录制度、出厂检验记录制度;未制定食品安全事故处置方案;

(五)婴幼儿配方食品生产企业未将生产原料、产品配方、标签等向食品安全监督管理部门备案;

(六)未对生产的食品、食品添加剂、食品相关产品进行检验和记录;

(七)制定食品安全企业标准未依照本法规定备案;

(八)未按规定要求贮存、销售食品或者清理库存食品;

(九)餐具、饮具和盛放直接入口食品的容器,使用前未经洗净、消毒或者清洗消毒不合格;

(十)未定期对食品安全状况开展自查并记录;

(十一)未按规定投保食品安全责任强制保险;

(十二)其他违反食品生产经营管理规范的行为。

第一百一十四条 违反本法规定,事故单位在发生食品安全事故后未进行处置、报告的,由有关主管部门按照各自职责分工,责令改正,给予警告;隐匿、伪造、毁灭有关证据的,责令停产停业,没收违法所得,并处十万元以上五十万元以下罚款;造成严重后果的,吊销许可证;构成犯罪的,依法追究刑事责任。

第一百一十五条 违反本法规定,有下列情形之一的,依照本法第一百一十条、第一百一十一条、第一百一十二条、第一百一十三条的相关规定给予处罚:

(一)进口不符合我国食品安全国家标准的食品,或者未随附检验合格证明材料;

(二)进口尚无食品安全国家标准的食品,未经审查并指定适用标准,或者首次进口食品添加剂新品种、食品相关产品新品种,未经过安全性评估;

(三)出口商未遵守本法的规定出口食品;

(四)进口商在有关主管部门责令其召回不符合食品安全标准的食品后,仍拒不召回;

(五)进口的预包装食品没有中文标签、中文说明书,或者标签、说明书不符合本法以及我国其他有关法律、行政法规的规定和食品安全国家标准的要求。

(六)进口商未建立并遵守食品进口和销售记录制度、进口食品境外出口商或生产企业审核制度。

第一百一十六条 违反本法规定,集中交易市场的开办者、柜台出租者、展销会的举办者、网络食品交易第三方平台提供者允许未取得许可的食品经营者进入市场或在网络交易平台销售食品,或者未履行实名登记、检查、报告等义务的,由有关主管部门处二千元以上五万元以下罚款;造成严重后果的,责令停业,直至吊销许可证。

第一百一十七条 违反本法规定,未按照要求进行食品、食品添加剂运输、配送的,由食品药品监督管理部门责令改正,给予警告;拒不改正的,责令停产停业,并处二千元以上五万元以下罚款;情节严重的,吊销许可证。

第一百一十八条 拒绝、阻挠食品安全监督管理部门及其工作人员依法开展监督检查、抽样检验的,由食品安全监督管理部门按照各自职责分工,责令停产停业,并处二千元以上五万元以下罚款;情节严重的,吊销许可证;扰乱公共秩序的,由公安机关依照《中华人民共和国治安管理处罚法》给予处罚;构成犯罪的,依法追究刑事责任。

第一百一十九条 被吊销食品生产经营许可证的单位,其主要负责人和食品安全管理人员自处罚决定作出之日起五年内不得从事食品生产经营管理工作。

因食品安全犯罪被判处有期徒刑以上刑罚的,终身不得从事食品生产经营管理工作。

食品生产经营者聘用不得从事食品生产经营管理工作的人员从事管理工作的,吊销许可证。

第一百二十条 违法本法规定,承担食品安全风险监测、风险评估工作的技术机构、技术人员出具虚假监测、评估报告的,依法对技术机构直接负责的主管人员和技术人员给予撤职或者开除的处分；构成犯罪的，依法追究刑事责任。

第一百二十一条 违反本法规定，食品检验机构、食品检验人员出具虚假检验报告的，由有关部门没收所收取的检验费用，并处检验费用三至五倍的罚款，由授予其资质的主管部门或者机构撤销该检验机构的检验资格；依法对检验机构直接负责的主管人员和食品检验人员给予撤职或者开除的处分；构成犯罪的，依法追究刑事责任。

违反本法规定，受到刑事处罚或者开除处分的食品检验机构人员，自刑罚执行完毕或者处分决定作出之日起十年内不得从事食品检验工作。食品检验机构聘用不得从事食品检验工作的人员的，由授予其资质的主管部门或者机构撤销该检验机构的检验资格。

食品检验机构出具虚假检验报告，使消费者的合法权益受到损害的，应当承担赔偿责任。

第一百二十二条 违反本法规定，认证机构出具虚假认证结论，由认证认可监督管理部门没收所收取的认证费用，给予认证费用三至五倍的罚款、责令停业或者撤销认证机构批准文件等处罚，并予公布；对直接负责的主管人员和负有直接责任的认证人员，撤销其执业资格；构成犯罪的，依法追究刑事责任。

认证机构出具虚假认证结论，使消费者的合法权益受到损害的，应当承担赔偿责任。

第一百二十三条 违反本法规定，在广告中对食品作虚假宣传，欺骗消费者的，依照《中华人民共和国广告法》的规定给予处罚。

违反本法规定，食品安全监督管理部门或者承担食品检验职责的机构、食品行业协会、消费者协会以广告或者其他形式向消费者推荐食品的，由有关主管部门没收违法所得，依法对直接负责的主管人员和其他直接责任人员给予记大过、降级或者撤职的处分，情节严重的，给予开除的处分。

第一百二十四条 违反本法规定，编造、散布食品安全虚假信息，扰乱公共秩序的，由公安机关依照《中华人民共和国治安管理处罚法》给予处罚；构成犯罪的，依法追究刑事责任。

编造、散布食品安全虚假信息，或者发布未经核实的食品安全信息，使食品生产经营者的合法权益受到损害的，依法承担民事责任。

第一百二十五条 违反本法规定，县级以上地方人民政府在食品安全监督管理中未履行职责，有下列情形之一，本行政区域出现重大食品安全事故、造成严重社会影响的，依法对地方人民政府直接负责的主管人员和其他直接责任人员给予记大过、降级、撤职或者开除的处分；构成犯罪的，依法追究刑事责任。

（一）未落实食品安全监督管理责任制，未按照规定开展食品安全工作评议考核；

（二）未按照规定落实食品安全监管能力建设标准，或者未按照规定保障食品安全工作经费；

（三）未按照规定组织制定并实施食品安全年度监督管理计划；

（四）未按照规定报告和组织处置食品安全事故；

（五）未依法履行法律法规规定的其他职责。

违反本法规定，本行政区域出现重大食品安全事故、造成严重社会影响的，对地方人民政府主要负责人依法问责。

第一百二十六条 违反本法规定，县级以上食品安全监督管理部门或者其他有关行政部门有下列行为之一，不履行本法规定的职责或者滥用职权、玩忽职守、徇私舞弊的，依法对直接负责的主管人员和其他直接责任人员给予记大过或者降级的处分；造成严重后果的，给予撤职或者开除的处分；构成犯罪的，依法追究刑事责任。

（一）未按照规定的条件予以许可，造成严重后果的；

（二）未依法开展监督检查，造成严重后果的；

（三）未按照规定报告或者通报重大食品安全信息；

（四）未按照规定查处食品安全事故，或者查处食品安全事故时收受贿赂；

（五）瞒报、谎报、缓报、漏报重大食品安全事故；

（六）参与、包庇或者纵容食品安全违法犯罪；

（七）未依法履行法律法规规定的其他职责。

违反本法规定，出现重大食品安全事故、造成严重社会影响的，对有关部门主要负责人依照有关规定问责。

第一百二十七条 违反本法规定，造成人身、财产或者其他损害的，依法承担赔偿责任。

生产不符合食品安全标准的食品或者销售明知是不符合食品安全标准的食品，消费者除要求赔偿损失外，还可以向生产者或者销售者要求支付价款十倍或者损失三倍的赔偿金。赔偿金额不足一千元的，赔偿一千元。

第一百二十八条 违反本法规定，应当承担民事赔偿责任和缴纳罚款、罚金，其财产不足以同时支付时，先承担民事赔偿责任。

第十章 附则

第一百二十九条 本法下列用语的含义：

食品，指各种供人食用或者饮用的成品和原料以及按照传统既是食品又是药品的物品，但是不包括以治疗为目的的物品。

食品安全，指食品无毒、无害，符合应当有的营养要求，对人体健康不造成任何急性、亚急性或者慢性危害。

保健食品，指声称具有特定保健功能，适宜于特定人群食用，具有规定用量的食品。

预包装食品，指预先定量包装或者制作在包装材料和容器中的食品。

食品添加剂，指为改善食品品质和色、香、味以及为防腐、保鲜和加工工艺的需要而加入食品中的人工合成或者天然物质。

用于食品的包装材料和容器，指包装、盛放食品或者食品添加剂用的纸、竹、木、金属、搪瓷、陶瓷、塑料、橡胶、天然纤维、化学纤维、玻璃等制品和直接接触食品或者食品添加剂的涂料。

用于食品生产经营的工具、设备，指在食品或者食品添加剂生产、流通、使用过程中直接接触食品或者食品添加剂的机械、管道、传送带、容器、用具、餐具等。

用于食品的洗涤剂、消毒剂，指直接用于洗涤或者消毒食品、餐饮具以及直接接触食品的工具、设备或者食品包装材料和容器的物质。

食品安全风险监测，指通过系统和持续地收集食源性疾病、食品污染以及食品中有害因素的监测数据及相关信息，并进行综合分析和及时通报的活动。

食品安全风险评估，指对食品、食品添加剂、食品相关产品中生物性、化学性和物理性危害对人体健康可能造成的不良影响所进行的科学评估，包括危害识别、危害特征描述、暴露评估、风险特征描述等。

食品安全风险交流，指食品安全监督管理部门、食品安全风险评估机构，按照科学、客观、及时、公开的原则，组织食品生产经营者、行业协会、技术机构、新闻媒体及消费者协会，就食品安全风险评估信息和食品安全监督管理信息进行的交流。

餐饮服务，指通过即时制作加工、商业销售和服务性劳动等，向消费者提供食品和消费场所及设施的服务活动。

保质期，指预包装食品在标签指明的贮存条件下保持品质的期限。

食物中毒，指食用了被有毒有害物质污染的食品或者食用了含有毒有害物质的食品后出现的急性、亚急性疾病。

食源性疾病，指食品中致病因素进入人体引起的感染性、中毒性等疾病。

食品安全事故，指食物中毒、食源性疾病、食品污染等源于食品，对人体健康有危害或者可能有危害的事故。

第一百三十条 食品生产经营者在本法施行前已经取得相应许可证的，该许可证继续有效。

第一百三十一条 乳品、转基因食品、畜禽屠宰、酒类和食盐的食品安全管理，适用本法；法律、行政法规另有规定的，依照其规定。

第一百三十二条 铁路、航空运营中食品安全的管理办法由国务院食品药品监督管理部门会同国务院有关部门依照本法制定。

粮食收购、储存和政策性粮食加工、销售等环节的食品安全监督管理由国家粮食行政管理部门参照本法执行。

军队专用食品和自供食品的食品安全管理办法由中央军事委员会依照本法制定。

第一百三十三条 国务院根据实际需要，可以对食品安全监督管理体制作出调整。

第一百三十四条 本法自　年　月　日起施行。

B.22 国务院办公厅关于印发中国食物与营养发展纲要（2014~2020年）的通知

国办发〔2014〕3号

各省、自治区、直辖市人民政府，国务院各部委、各直属机构：

《中国食物与营养发展纲要（2014~2020年）》已经国务院同意，现印发给你们，请认真贯彻执行。

国务院办公厅
2014年1月28日
（此件公开发布）

中国食物与营养发展纲要（2014~2020年）

近年来，我国农产品综合生产能力稳步提高，食物供需基本平衡，食品安全状况总体稳定向好，居民营养健康状况明显改善，食物与营养发展成效显著。但是，我国食物生产还不能适应营养需求，居民营养不足与过剩并存，营养与健康知识缺乏，必须引起高度重视。为保障食物有效供给，优化食物结构，强化居民营养改善，特制定本纲要。

一 总体要求

（一）指导思想

以邓小平理论、"三个代表"重要思想、科学发展观为指导，顺应各族人民过上更好生活的新期待,把保障食物有效供给、促进营养均衡发展、统筹协调生产与消费作为主要任务,把重点产品、重点区域、重点人群作为突破口,着力推动食物与营养发展方式转变,着力营造厉行节约、反对浪费的良好社会风尚,着力提升人民健康水平,为全面建成小康社会提供重要支撑。

（二）基本原则

坚持食物数量与质量并重。实施以我为主、立足国内、确保产能、适度进口、科技支撑的国家粮食安全战略。在重视食物数量的同时,更加注重品质和质量安全,加强优质专用新品种的研发与推广,提高优质食物比重,实现食物生产数量与结构、质量与效益相统一。

坚持生产与消费协调发展。充分发挥市场机制的作用,以现代营养理念引导食物合理消费,逐步形成以营养需求为导向的现代食物产业体系,促进生产、消费、营养、健康协调发展。

坚持传承与创新有机统一。传承以植物性食物为主、动物性食物为辅的优良膳食传统,保护具有地域特色的膳食方式,创新繁荣中华饮食文化,合理汲取国外膳食结构的优点,全面提升膳食营养科技支撑水平。

坚持引导与干预有效结合。普及公众营养知识,引导科学合理膳食,预防和控制营养性疾病;针对不同区域、不同人群的食物与营养需求,采取差别化的干预措施,改善食物与营养结构。

（三）发展目标

食物生产量目标。确保谷物基本自给、口粮绝对安全,全面提升食物质量,优化品种结构,稳步增强食物供给能力。到2020年,全国粮食产量稳定在5.5亿吨以上,油料、肉类、蛋类、奶类、水产品等生产稳定发展。

食品工业发展目标。加快建设产业特色明显、集群优势突出、结构布局合理的现代食品加工产业体系,形成一批品牌信誉好、产品质量高、核心竞争力强的大中型食品加工及配送企业。到2020年,传统食品加工程度大幅提高,食品加工技术水平明显提升,全国食品工业增加值年均增长速度保持

在10%以上。

食物消费量目标。推广膳食结构多样化的健康消费模式，控制食用油和盐的消费量。到2020年，全国人均全年口粮消费135公斤、食用植物油12公斤、豆类13公斤、肉类29公斤、蛋类16公斤、奶类36公斤、水产品18公斤、蔬菜140公斤、水果60公斤。

营养素摄入量目标。保障充足的能量和蛋白质摄入量，控制脂肪摄入量，保持适量的维生素和矿物质摄入量。到2020年，全国人均每日摄入能量2200～2300千卡，其中，谷类食物供能比不低于50%，脂肪供能比不高于30%；人均每日蛋白质摄入量78克，其中，优质蛋白质比例占45%以上；维生素和矿物质等微量营养素摄入量基本达到居民健康需求。

营养性疾病控制目标。基本消除营养不良现象，控制营养性疾病增长。到2020年，全国5岁以下儿童生长迟缓率控制在7%以下；全人群贫血率控制在10%以下，其中，孕产妇贫血率控制在17%以下，老年人贫血率控制在15%以下，5岁以下儿童贫血率控制在12%以下；居民超重、肥胖和血脂异常率的增长速度明显下降。

二 主要任务

（一）构建供给稳定、运转高效、监控有力的食物数量保障体系

稳定耕地面积，加快高标准农田建设，积极调整农业结构，提高粮食等重要农产品综合生产能力。大力发展畜牧业，提高牛肉、羊肉、禽肉供给比重。大力发展海洋经济，保障水产品供应。广辟食物资源，因地制宜发展杂粮、木本粮油等生产。大力发展农产品储藏、保鲜等产地初加工。积极推进物联网等信息技术应用，加强市场网络和配送服务体系建设，加快形成安全卫生、布局合理的现代食物市场流通体系。加强农产品数量安全智能分析与监测预警，健全中央、地方和企业三级食用农产品收储体系，增强宏观调控能力。更加积极地利用国际农产品市场和农业资源，有效调剂和补充国内食物供给。

（二）构建标准健全、体系完备、监管到位的食物质量保障体系

建立最严格的覆盖全过程的食物安全监管制度，健全各类食物标准，落实地方政府属地管理和生产经营主体责任，规范食物生产、加工和销售行为。加快推进原料标准化基地建设，集中创建一批园艺作物标准园、畜禽养殖标准化示范场、水产标准化健康养殖示范场和农业标准化示范县。完善投入品管理制度，加强农产品质量安全监管，推进农产品质量安全监管示范县创建活动。推进食物生产、加工和流通企业诚信制度建设，加大对失信企业惩处力度，增强企业诚信经营意识。加强食物安全信息共享与公共管理体系建设，健全快速反应机制，加强应急处置，强化舆论监督和引导。

（三）构建定期监测、分类指导、引导消费的居民营养改善体系

建立健全居民食物与营养监测管理制度，加强监测和信息分析。对重点区域、重点人群实施营养干预，重视解决微量营养素缺乏、部分人群油脂摄入过多等问题。开展多种形式的营养教育，引导居民形成科学的膳食习惯，推进健康饮食文化建设。

三 发展重点

（一）重点产品

1. 优质食用农产品

全面推行食用农产品标准化生产，提升"米袋子"和"菜篮子"产品质量。大力发展无公害农产品和绿色食品生产、经营，因地制宜发展有机食品，做好农产品地理标志工作。积极培育具有地域特色的农产品品牌，严格保护产地环境。

2. 方便营养加工食品

加快发展符合营养科学要求和食品安全标准的方便食品、营养早餐、快餐食品、调理食品等新型加工食品，不断增加膳食制品供应种类。强化对主

食类加工产品的营养科学指导,加强营养早餐及快餐食品集中生产、配送、销售体系建设,推进主食工业化、规模化发展。发展营养强化食品和保健食品,促进居民营养改善。加快传统食品生产的工业化改造,推进农产品综合开发与利用。

3. 奶类与大豆食品

扶持奶源基地建设,强化奶业市场监管,培育乳品消费市场,加强奶业各环节衔接,推进现代奶业建设。充分发挥我国传统大豆资源优势,加强大豆种质资源研究和新品种培育,扶持国内大豆产业发展,强化大豆生产与精深加工的科学研究,实施传统大豆制品的工艺改造,开发新型大豆食品,推进大豆制品规模化生产。

(二)重点区域

1. 贫困地区

采取扶持与开发相结合的方式,提高贫困地区居民的食物消费水平。创新营养改善方式,合理开发利用当地食物资源。动员社会各界参与扶贫开发,采取营养干预措施,实现贫困人口食物与营养的基本保障和逐步改善。

2. 农村地区

加快农村经济社会发展,增加农民收入。加强农村商贸与流通基础设施建设,将城镇现代流通业向广大农村地区延伸,推进"万村千乡"市场工程,开拓农村食物市场,方便农村居民购买食物。

3. 流动人群集中及新型城镇化地区

改善外来务工人员的饮食条件,加强对在外就餐人员及新型城镇化地区居民膳食指导,倡导文明生活方式和合理膳食模式,控制高能量、高脂肪、高盐饮食,降低营养性疾病发病率。

(三)重点人群

1. 孕产妇与婴幼儿

做好孕产妇营养均衡调配,重点改善低收入人群孕妇膳食中钙、铁、锌和维生素 A 摄入不足的状况,预防中高收入人群孕妇因膳食不合理而导致的肥胖、巨大儿等营养性疾病。大力倡导母乳喂养，重视农村地区6个月龄至24个月龄婴幼儿的辅食喂养与营养补充，加强母乳代用品和婴幼儿食品质量监管。

2. 儿童青少年

着力降低农村儿童青少年生长迟缓、缺铁性贫血的发生率，做好农村留守儿童营养保障工作。遏制城镇儿童青少年超重、肥胖增长态势。将食物与营养知识纳入中小学课程，加强对教师、家长的营养教育和对学生食堂及学生营养配餐单位的指导，引导学生养成科学的饮食习惯。强化营养干预，加大蛋奶供应，保障食物与营养需求。

3. 老年人

研究开发适合老年人身体健康需要的食物产品，重点发展营养强化食品和低盐、低脂食物。开展老年人营养监测与膳食引导，科学指导老年人补充营养、合理饮食，提高老年人生活质量和健康水平。

四 政策措施

（一）全面普及膳食营养和健康知识

加强对居民食物与营养的指导，提高全民营养意识，提倡健康生活方式，树立科学饮食理念。研究设立公众"营养日"。开展食物与营养知识进村（社区）入户活动，加强营养和健康教育。发布适宜不同人群特点的膳食指南，定期在商场、超市、车站、机场等人流集中地发放。发挥主要媒体对食物与营养知识进行公益宣传的主渠道作用，增强营养知识传播的科学性。加大对食物与营养事业发展的投入，加强流通、餐饮服务等基础设施建设。

（二）加强食物生产与供给

全面落实"米袋子"省长负责制和"菜篮子"市长负责制，强化地方人民政府的食物安全责任。加大对食用农产品生产的支持力度，保护农民发展生产的积极性。加大对食物加工、流通领域的扶持力度，鼓励主产区发展食物加

工业，支持大中城市食品加工配送中心建设，发展共同配送、统一配送。加强农业生态环境保护，有效治理面源污染。支持到境外特别是与周边国家开展互利共赢的农业生产和进出口合作。

（三）加大营养监测与干预

开展全国居民营养与基本健康监测工作，进行食物消费调查，定期发布中国居民食物消费与营养健康状况报告，引导居民改善食物与营养状况。加大财政投入，改善老少边穷地区的中小学校和幼儿园就餐环境。

（四）推进食物与营养法制化管理

抓紧进行食物与营养相关法律法规的研究工作，适时开展营养改善条例的立法工作。针对食物与营养的突出问题，依法规范食物生产经营活动，开展专项治理整顿，营造安全、诚信、公平的市场环境。创新食物与营养执法监督，提高行政监管效能。弘扬勤俭节约的传统美德，形成厉行节约、反对浪费的良好社会风尚。

（五）加快食物与营养科技创新

针对食物、营养和健康领域的重大需求，引导企业加大食物与营养科技投入，加强对食物与营养重点领域和关键环节的研究。加强对新食物资源开发和食物安全风险分析技术的研究，在科技创新中提高食物安全水平。加强食物安全监测预警技术研究，促进食物安全信息监测预警系统建设。深入研究食物、营养和健康的关系，及时修订居民膳食营养素参考摄入量标准。

（六）加强组织领导和咨询指导

由农业部、卫生计生委牵头，发展改革委、教育部、科技部、工业和信息化部、财政部、商务部、食品药品监管总局、林业局等部门参加，建立部际协调机制，做好本纲要实施工作。继续发挥国家食物与营养咨询委员会的议事咨询作用，及时向政府提供决策咨询意见。省级人民政府要根据本纲要确立的目标、任务和重点，结合本地区实际，制定当地食物与营养发展实施计划。

权威报告　热点资讯　海量资源

当代中国与世界发展的高端智库平台

皮书数据库　　www.pishu.com.cn

皮书数据库是专业的人文社会科学综合学术资源总库,以大型连续性图书——皮书系列为基础,整合国内外相关资讯构建而成。该数据库包含七大子库,涵盖两百多个主题,囊括了近十几年间中国与世界经济社会发展报告,覆盖经济、社会、政治、文化、教育、国际问题等多个领域。

皮书数据库以篇章为基本单位,方便用户对皮书内容的阅读需求。用户可进行全文检索,也可对文献题目、内容提要、作者名称、作者单位、关键字等基本信息进行检索,还可对检索到的篇章再作二次筛选,进行在线阅读或下载阅读。智能多维度导航,可使用户根据自己熟知的分类标准进行分类导航筛选,使查找和检索更高效、便捷。

权威的研究报告、独特的调研数据、前沿的热点资讯,皮书数据库已发展成为国内最具影响力的关于中国与世界现实问题研究的成果库和资讯库。

皮书俱乐部会员服务指南

1. 谁能成为皮书俱乐部成员?
- 皮书作者自动成为俱乐部会员
- 购买了皮书产品(纸质皮书、电子书)的个人用户

2. 会员可以享受的增值服务
- 加入皮书俱乐部,免费获赠该纸质图书的电子书
- 免费获赠皮书数据库100元充值卡
- 免费定期获赠皮书电子期刊
- 优先参与各类皮书学术活动
- 优先享受皮书产品的最新优惠

3. 如何享受增值服务?

(1) 加入皮书俱乐部,获赠该书的电子书

　　第1步　登录我社官网(www.ssap.com.cn),注册账号;

　　第2步　登录并进入"会员中心"—"皮书俱乐部",提交加入皮书俱乐部申请;

　　第3步　审核通过后,自动进入俱乐部服务环节,填写相关购书信息即可自动兑换相应电子书。

(2) **免费获赠皮书数据库100元充值卡**

　　100元充值卡只能在皮书数据库中充值和使用

　　第1步　刮开附赠充值的涂层(左) ;

　　第2步　登录皮书数据库网站(www.pishu.com.cn),注册账号;

　　第3步　登录并进入"会员中心"—"在线充值"—"充值卡充值",充值成功后即可使用。

4. 声明

　　解释权归社会科学文献出版社所有

卡号: 5700207971907026

皮书俱乐部会员可享受社会科学文献出版社其他相关免费增值服务,有任何疑问,均可与我们联系
联系电话: 010-59367227　企业QQ: 800045692　邮箱: pishuclub@ssap.cn
欢迎登录社会科学文献出版社官网(www.ssap.com.cn)和中国皮书网(www.pishu.com.cn)了解更多信息

法律声明

"皮书系列"（含蓝皮书、绿皮书、黄皮书）由社会科学文献出版社最早使用并对外推广，现已成为中国图书市场上流行的品牌，是社会科学文献出版社的品牌图书。社会科学文献出版社拥有该系列图书的专有出版权和网络传播权，其LOGO（ ）与"经济蓝皮书"、"社会蓝皮书"等皮书名称已在中华人民共和国工商行政管理总局商标局登记注册，社会科学文献出版社合法拥有其商标专用权。

未经社会科学文献出版社的授权和许可，任何复制、模仿或以其他方式侵害"皮书系列"和LOGO（ ）、"经济蓝皮书"、"社会蓝皮书"等皮书名称商标专用权的行为均属于侵权行为，社会科学文献出版社将采取法律手段追究其法律责任，维护合法权益。

欢迎社会各界人士对侵犯社会科学文献出版社上述权利的违法行为进行举报。电话：010-59367121，电子邮箱：fawubu@ssap.cn。

社会科学文献出版社